U0901557

的晚年

王东华◎著

團結出版社

图书在版编目（C I P）数据

宋子文的晚年 / 王东华著. -- 北京 : 团结出版社,2011.6
ISBN 978-7-5126-0391-2

Ⅰ. ①宋… Ⅱ. ①王… Ⅲ. ①宋子文（1894～1971）—生平事迹 Ⅳ. ①K827=7

中国版本图书馆 CIP 数据核字(2011)第 056523 号

出　版： 团结出版社
（北京市东城区东皇城根南街 84 号　邮编：100006）
电　话：（010）65228880　65244790（出版社）
（010）65238766　85113874　65133603（发行部）
（010）85113694（邮购）
网　址： http://www.tjpress.com
E-mail： 65244790@163.com（出版社）　65228880@163.com（投稿）
65133603@163.com（购书）
经　销： 全国新华书店
印　装： 三河市腾飞印务有限公司

开　本： 170X240 毫米　1/16
印　张： 20.75
字　数： 312 千字
印　数： 6000
版　次： 2011 年 6 月　第 1 版
印　次： 2011 年 6 月　第 1 次印刷

书　号： ISBN 978-7-5126-0391-2/K.662
定　价： 38.00 元

序

千秋功罪任评说——风云人生

月光如水，繁星点缀。在历史的夜空中，有的人璀璨夺目；有的人快如流星，转瞬即逝；有的人甘愿暗淡，却永不熄灭；而有的人却能兼而有之，既有叱咤风云的显赫一时，又有风光过后的默默无语，更有谜一样的身后事。

宋子文或许就是这样的人。他曾追随孙中山先生左右，却成为蒋介石的得力助手；他曾任国民党政府的高官，最后仍成为被开除国民党党籍的第二人；他曾与中共密切接触与合作，却在战犯名单中，仅列于蒋介石之后。他是金融家，掌握国民政府的经济命脉，却中饱私囊，挂上了“世界首富”的头衔；他是外交家，在抗战期间为中国争取了大量宝贵的外国援助，却在解放战争开始后遭遇“老朋友”美国的冷遇。他前半生无比辉煌，却在后半生毅然“退隐江湖”，直至终老，留给我们许多未解的疑问。

宋子文或许就是这样的人。他曾追随孙中山先生左右，却成为蒋介石的得力助手；他曾任国民党政府的高官，最后仍成为被开除国民党党籍的第二人；他曾与中共密切接触与合作，却在战犯名单中，仅列于蒋介石之后。他是金融家、外交家，他前半生无比辉煌，却在后半生毅然“退隐江湖”。

这就是宋子文，与中国历史上许多赫赫有名的名字紧密联系，来自于一个时代最有权势的家族，尽管这个家族最终四分五裂，有的亲人间甚至成为至死不见的敌人。对他的评论毁誉参半，争论不一。回顾一下他多姿多彩、波澜起伏的人生，或许每个人都会有不同的感受。

宋子文是“衔着银匙出生”的人物。他的父亲宋嘉树在美国生活、学习了九年。曾在圣三学院（后杜克大学）、万德毕尔特大学学习。1885 年作为见习牧师被派回中国上海传教。1887 年，宋嘉树与倪氏结婚。宋子文的母亲倪桂珍是明代科学家徐光启的后代，也是受过西式教育的新女性。1894 年，宋子文出生时，宋嘉树已经不在教会工作，转而开办实业，并颇有成就。宋家也有了两位千金，霭龄和庆龄。此后，美龄、子良、子安相继出生。六姐弟均成为中国政坛和商界耀眼的明星。这一年，也是宋嘉树结识孙中山的开始。不久，他就折服于孙中山的革命主张，加入同盟会，成为革命的热情支持者和帮助者。他的政治主张对其子女也产生了重要影响。霭龄和庆龄先后任孙中山的秘书，庆龄后来与孙中山结为连理，在孙去世后坚持追求革命理想，子文早期也曾追随孙中山。孙与宋一家可谓结下了不解之缘。

宋嘉树不愧在美国接受了九年教育，他对于子女的教育也极具西方色彩。平等、民主是其对六个孩子教育的原则。无论是男孩、女孩都接受同样的新式教育。从孩子们小时，宋就用“忍饥挨饿”的方式锻炼他们的意志力和忍耐力。徒步旅行，禁食是常修的课业。而中文和英文学习则是由夫妇两人共同担当教师。孩子们不仅学习毛笔字、古文，还学习英语。宋家还常在家中举行小型的演讲会，提高子女的口才和应变能力。1898 年，宋嘉树还与长女霭龄办了一份英文的《上海儿童报》，刊出由宋家子女创作的文学、绘画等作品，直到他们都进入中学才停刊。宋嘉树的确是一位了不起的父亲，他独特的教育方式如其所愿，培养出中国历史上最显赫的家族。宋子文在父亲身上也学到了使其受益终生的重要才能。正如一位外国作家在《宋家王朝和对它的评论》一书中所说，“在宋氏兄弟姐妹中，宋子文是受过宋嘉树特殊熏陶的唯一男孩，不但能吃苦耐劳、专心致志、坚忍不拔、富有进取精神，而且性情活泼，不乏幽默诙谐”。

宋氏夫妇不仅在家中对孩子们言传身教，而且对于社会和学校教育更为重视。在宋子文很小的时候，宋嘉树就开始锻炼他的社交能力。他鼓励孩子们出面接待家中的客人，一同谈天说地。将六个儿女先后都送入教会学校寄宿，培养独立的生活、思维能力，全面接受现代科学文化教育。宋子文在圣约翰大学学习了从少年班到大学班的课程。在他的校友中，不乏民国的各界名人，如顾维钧、颜惠庆、王正廷、施肇基、俞鸿钧、严家淦等。在这所 1879 年创办的教会学校里，除了接受宗教信仰的传播外，更为重要的是学习天文、地理、数学、物理、化学、哲学等众多现代化课程。宋子文还自创了一套绝妙的记忆数字的窍门，从而使他在数字记忆上的天赋得到了充分的体现。在学校演讲会上，他流利的中英文讲演也让大家惊叹不已。

尽管宋子文在学校接受的教育是西式的，但他的父亲却时刻不忘对孩子们的爱国教育。1904 年 4 月 30 日，上海人民为抗议沙俄侵占东北，在张园举行拒俄大会。宋嘉树带着孩子们来到会场散发自家印书馆刊印的《爱国歌》，10 岁的宋子文在现场聆听了蔡元培宣读的东京留日学生要求组织义勇军奔赴战场的电报。会场盛大的场面，群众激昂的情绪使他深受感染。1905 年，全国爆发了反美爱国运动，人民自发地起来反抗美国政府迫害华工的行为。宋家的孩子们在父亲的影响下也积极参与到爱国运动中。他们走上街头散发传单，丢弃心爱的美国玩具，加入“中国童子抵制美约会”，劝导平民抵制美货，出席据美特别大会。这些早期的爱国行动在宋子文的心灵上留下了深刻的烙印，以至于影响了他的一生。

1912 年，宋子文和家人一起参加了作为宋家常客、朋友的中华民国临时大总统——孙中山的就职典礼。这一年，宋子文也完成了圣约翰大学的学业，赴美国留学。1915 年，他在哈佛大学取得了经济学硕士学位，期间他周到地照顾同在美国读书的妹妹美龄，兄妹之间的感情日益深厚。毕业后，子文在纽约国际银行谋得了职位，一边工作，一边在哥伦比亚大学攻读经济学博士学位。他的工作是负责办理向中国汇款。这为其提供了了解国际金融业务的重要经验，也为其以后跃升为中国政坛新星打下了良好的基础。1917 年，宋子文与美龄一同回国，开始在国内工作。先后任汉冶萍公司秘书、汉阳公司会计处科长和华义银行总经理等。1923 年，宋子文辞职，南下广州，开始追随孙中山。从此，宋子文正式踏入中国政坛。

初到广州，宋子文被任命为孙中山成立的中华民国军政府陆海军大元帅大本营秘书，他的经济才能受到孙中山的赏识。后又担任了广州中央银行行长。1924 年 10 月，宋子文协助孙中山成功处理了广州商团叛乱，这一表现大大提升了他在国民党中的地位。1925 年 2 月，宋子文与孔祥熙、孙科、汪精卫共同见证了孙中山的最后时刻，并在《总理遗嘱》上签字。这进一步巩固了宋子文举足轻重的政治地位。从此，宋子文成为中国政坛上一颗耀眼的明星。

1925 年 9 月，国民政府财政部长廖仲恺遇刺身亡，宋子文担当重任，身兼数职：财政部长、广东财政厅厅长、商务厅长、中央银行行长。在武汉政府中，他也是一路青云直上，当选为中央执行委员会政治会议武汉分会会员、政治委员会主席团成员、军事委员会委员、国民政府常务委员。在 1926 年至 1927 年的武汉、南京政权之争中，宋子文虽

哈佛大学时期，宋子文与友人的合影。

宋子文被任命为孙中山成立的中华民国军政府陆海军大元帅大本营秘书，他的经济才能受到孙中山的赏识。

然开始支持武汉国民政府，但在除庆龄以外的所有家人的游说下，在南京政府不断制造事端的恐怖威胁下，最终倒向了蒋介石的怀抱，并为蒋介石忠心耿耿地“工作”了三十余年。

1928年初，操办完妹妹美龄与蒋介石的盛大婚礼后，宋子文走马上任担任南京国民政府财政部长。为保证北伐军费开支，宋子文一赴任，就召开紧急会议。采取硬性摊派苏、浙、皖三省政府征税、强迫江浙财团筹款、认购公债等紧急措施，总算满足了战事需要。北伐成功后，他腾出手来对财政进行了一次全面整理：统一财政，明确中央、地方财政权限，设立中央银行，确立预算制度，进行“废两改元”和推行法币政策。这些改革帮助国民政府度过了财政、金融危机。

在他的任期内，还有一个重要的贡献：实现关税自主。1928年7月25日，宋子文主持与美国政府签订《整理中美两国关税关系之条约》。此后，到1930年5月，德国、挪威、荷兰、英国、瑞典、法国、日本等也相继与中国签订关税新约。各国不仅以此形式承认了南京国民政府，而且从法理上使中国实现了关税自主。宋子文维护国家主权利益的良好表现也获得了国人的普遍好评。

他的外交才华也在此时开始显露。1933年4月，宋子文以南京国民政府行政副院长兼财政部长的身份出席华盛顿会议，在访美过程中，中美发表了《罗斯福——宋子文联合声明》表明了美国对日本侵华的不满。另外，还签订了《棉麦借款》协定，美国向中国提供5000万美元以缓解中国的经济紧张，支持国防需求。这次美国之行，使南京国民政府与美国关系前进了一大步。宋子文本人也给美国政府留下了深刻印象，成为中国英美派的领袖。同年6月12日，宋子文又出席了伦敦世界经济会议，向欧美展示了中国向其开放的愿望，并先后出访了法、德、意等国。7月，宋子文出席在巴黎召开的国联行政院中国技术合作委员会首次会议，会议决定派遣国联秘书处卫生股股长拉斯曼来华作为国联驻华技术合作联络员。8月29日，宋子文回国抵达上海。此次历时4个月的欧美之行，宋子文收获良多。外交才华得到充分展示，得到国人的空前盛赞。

从1928年起历任中央银行总裁、国民政府委员、国民政府财政委员会委员、国防会议委员、特别外交委员会副会长、全国经济委员会常委、行政院副院长、代院长、国民党中央执行委员等职的宋子文，此时的人生和事业都可谓处于第一个顶峰。

然而，好景不长，1933年10月，声望正如日中天的宋子文突然辞去行政院副院长兼财政部长之职，只担任国民党内职务及全国经济委员会常委，暂时淡出了政坛。官场失意的宋子文将精力转移到老本行经济上，很快就使宋家的经济实力剧增。

1936年12月12日，震惊中外的“西安事变”爆发，从而将宋子文拉回了政治前台。此次“兵谏”在他两次亲赴斡旋下得以和平解决。这个“救驾”有功的重臣却没有被论功行赏，直至全面抗战爆发。其实，早在九·一八事变后，宋子文就开始以特种外交委员会副会长的身份与日本进行交涉。一·二八事变后，他的对日态度更加强硬。除了公开发表谈话和文章对日本予以指责和揭露外，他还将财政部所辖的税警团交由第十九路军指挥，直接参与淞沪抗战。1933年，长城抗战打响后，他又亲赴北平筹款并部署抗战事宜。同年，赴欧美访问期间，他还断然拒绝了访日的邀请。这些做法都得到了国内舆论的高度赞扬，抗日强硬派代表的称号也为大家所公认。1935年至1936年，宋子文还在蒋介石的授意下，同共产党有过秘密接触。通过董健吾与中共商议和谈期间，毛泽东也曾致信宋子文。虽然没有达成实质结果，但为以后的国共二次合作打下了基础。这些都是宋子文在“西安事变”中能够发挥重要作用的条件。

1937年，全面内战爆发后，他以全国经济委员会常委、中国银行董事长、中央银行常务理事的身份“协助政府维持战事财政金融”。在上海成立了中央、交通、中国、中国农民四个银行的联合办事处，但不久由于淞沪失陷暂停办公，后由孔祥熙接任管理。1937年8月24日，宋子文又发起了以支持军需为目的的救国公债劝募总会，并任会长，受到民众热情支持。1938年10月，武汉沦陷后，宋子文在香港居住了两年。期间，1938年11月，出任国际反侵略总会中国分会会长，分会向国内外揭露日军暴行，宣传抗日主张。同年4月，任非党派救济机构保卫中国同盟会长，并为该会提供了很多物质帮助。他还与保卫中国同盟主席宋庆龄一起发表了部分重要文件，呼吁海外友人支持抗战，产生了良好的国际、国内影响。但是，“皖南事变”发生后，宋子文坚决支持国民党，与庆龄发生分歧，遂退出同盟。

1940年，宋子文以蒋介石私人代表身份赴美，与罗斯福商谈援华事宜，随后就常驻美国。1942年底，正式被任命为外交部长后，宋子文往返于美、英、苏之间，为中国争取援助发挥了重要作用。

这次的欧美生活使宋子文的外交才华得以充分发挥。1940年10月，在宋子文的反复游说下，中美签订了2500万美元的钨砂借款，这

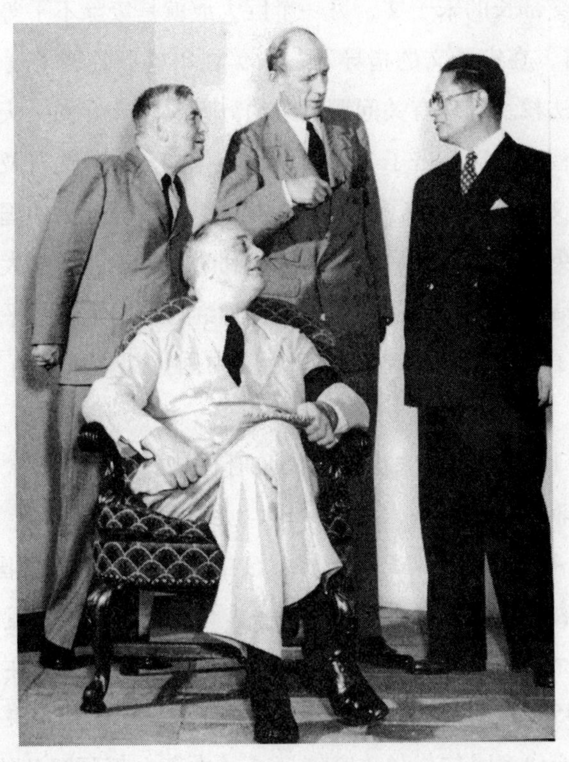

1942年1月1日，宋子文代表中国在《联合国宣言》上签字，国际反法西斯统一战线正式形成，中国成为其中重要一员。

是抗战以来美国向中国提供的第一笔现金贷款。1941 年 2 月，美国又向中国提供了 1 亿美元的信用贷款，次年，宋子文又争取到美国 5 亿美元的借款，这些经济援助为中国抗战提供了巨大的财力支持。除了经济援助，宋子文还为中国请来了著名的“飞虎队”，这支空军志愿队为中国抗战立下了卓著功勋。同时宋子文还向美国提出了军需用品援助的要求，并于1941 年 3 月“租借法案”通过后，获得了部分租借物资。1942 年1 月1 日，宋子文代表中国在《联合国宣言》上签字，国际反法西斯统一战线正式形成，中国成为其中重要一员。6 月 2 日，宋子文与美国国务卿赫尔签署了《中美租借协定》，此后美国大大增加了对华军事援助，对中国抗日战争给予了大力支持。

作为外交部长的宋子文，另一个巨大成就是废除不平等条约。1943 年 1 月 11 日，在宋子文的指导下，中美在华盛顿签署了《关于取消美国在华治外法权及处理有关问题之条约》及其换文。同一天，宋子文与英国代表薛穆在重庆签署了《关于取消英国在华治外法权及其有关特权条约》及换文。从此开启了中美、中英关系的新纪元，中国从法理上实现了与美、英的平等。此后，巴西、比利时、挪威、加拿大、瑞典、荷兰、法国、瑞士、丹麦、葡萄牙等国也相继与中国签订了平等新约。此举大大提高了中国的国际地位，无疑为中国抗战带来了巨大的振奋和支持。

1944 年 12 月，宋子文出任国民政府行政院代院长，次年 5 月，就任行政院长兼外交部长。

1945 年 4 月，宋子文率团出席旧金山会议，参与联合国筹建工作。作为中方代表团长和联合会议主席之一，他在大会上做了发言，举行了记者招待会，给与会人员留下了良好的印象，提高了中国在国际事务中的地位。1945 年 8 月 14 日，经过近 2 个月的反复谈判，宋子文带领的中国国民政府代表团与苏联政府签订了《中苏友好同盟条约》，但在谈判期间，宋子文辞去外交部长的职务，由继任者王世杰在条约上签字。此后，宋又飞往美国，争取援华事宜。

经过中国人民八年艰苦卓绝的奋战，抗日战争终于取得了最终胜

1945 年 4 月，宋子文率团出席旧金山会议，参与联合国筹建工作。作为中方代表团长和联合会议主席之一，他在大会上做了发言，举行了记者招待会，给与会人员留下了良好的印象，提高了中国在国际事务中的地位。

利。面对战后千疮百孔的中国，国民政府却急于抢夺胜利果实，以接收敌伪物资为由，疯狂掠夺国家和人民的财富。1945 年 9 月，宋子文回国后，成立行政院收复区全国性事业接收委员会，来平衡国民党内利益及权力斗争。同时全国性的接收也为政府聚敛了大量财富，使国家资本和官僚资本迅速膨胀，全国通货膨胀、物价飞涨、经济濒临崩溃。宋子文为挽救财政危机采取的开放外汇、抛售黄金两项政策均告失败，尤其是黄金风潮对宋子文造成了极端恶劣的影响，直接导致了他从权力巅峰的摔落。

1947 年 3 月 1 日，宋子文被迫辞去行政院长一职，后又被免去绥靖区政务委员会主任和四行联合办事处理事会副主席职务，在国民党中执会常委改选中也以落选告终。在宋子文下野赋闲的这段时间，国内外对他的贪污行为进行了猛烈抨击，不仅国民党内要求彻查其账目、财产，美国的特使魏德迈也对宋子文、孔祥熙的贪污腐败进行了严厉指责。富有戏剧性的是，在蒋介石的庇护下，宋子文刚辞职就被国民政府授予“大同勋章”。1947 年 4 月，又被任命为国民政府委员。9 月，再度当选国民党中执会常委。宋子文也颇明事理，随后捐献出 1800 亿元的中国建设银行全部股权。一周后，宋子文东山再起，被任命为广东省政府委员兼主席。

此时，中国人民解放战争已转入战略进攻。宋子文一到广东就积极利用省内资源，以图美国继续支持蒋介石内战。宋子文在广东修建了黄埔港、黄埔公路及粤汉通黄埔的支线，加强省营工业。但同时，他还不忘继续盘剥人民、聚敛财富。

1948 年 12 月 25 日，中共宣布了“举世闻名的头等战争罪犯”名单 43 人。蒋介石排名第一，宋子文位居第十位。战势一日千里，人民解放军以摧枯拉朽之势横扫华夏大地。1949 年 1 月 28 日，在中共再次公布的“必须立即动手逮捕的”“最主要的”内战罪犯名单中，蒋介石仍然高居榜首，宋子文紧随其后，令人瞩目。

1949 年 1 月 21 日，蒋介石为逃避罪责，宣告“引退”下野，由李宗仁任代总统。宋子文与之“患难与共”，同日递交辞呈，移居香港。4 月 23 日，人民解放军攻占南京，国民党政权的末日已经指日可待，宋子文却仍心存幻想。5 月，他偕夫人飞赴巴黎，6 月到美国定居。初到美国，宋子文积极四处活动，妄图再为蒋介石争得美国更多的援助，以扭转败局。但此时美国对他的态度已发生巨大变化，不再充满笑脸和热情的掌声，而代之以嘲讽和不耻。他的那些经济丑闻早就让美国对其充满了厌恶，再加上蒋介石政权退守台湾的狼狈处境，宋子文此次的求援只能以失败告终。

美国的拒绝使宋子文似乎也对蒋介石心灰意冷，以至于对蒋氏邀请其赴台效力的电报置若罔闻，还任由国民党将他开除党籍。此后，宋子文淡出政坛，在美国专心他庞大的产业经营。尽管后来他两次赴港，并于 1963 年 2 月赴台与蒋介石夫妇小聚，但仍未能再次踏入政坛。1971 年 4 月，宋子文在旧金山去世，走完了他矛盾、复杂、充满故事的一生，时年77岁。

宋子文人生的前60年充满了荣誉、斗争，而后十几年趋对于淡泊，似乎突然将生活掉转了另外一个方向。这看似默默无闻的十几年的确不曾再有过惊天动地的震撼，但翻开尘封的历史，我们会发现，仍然有许多故事值得回味和思索。

目　录

第一章

独在异乡为异客——隐居美国

台湾的最后通牒

1950年初，来美已经半年的宋子文夫妇终于在曼哈顿公园大街1133号的一栋豪华公寓中安顿下来，开始享受他们富有的晚年生活。在《于凤至旅美五十年》中对美国的新宋宅做了这样的描述："这是一幢高层巨厦的9楼。可是却显得异常舒适豪华，富丽堂皇的陈设和那些中国古董字画，会让于凤至油然记起在南京时曾经造访过的鸡鸣寺宋

宋子文夫妇与大女儿、女婿的合影。

宅。可是，在于凤至的眼里终究今非昔比，宋子文和张乐怡尽管在美国仍旧过着锦衣玉食的生活，排场毕竟不如当年那般显赫了。”

而远在台湾的蒋介石日子却更不好过。他急需这位大舅哥经济和外交上的支援，以利于他“反攻大陆”，实现他重掌中国大权的美梦。因此宋子文收到了一份急电，蒋介石邀请他到台湾共商大计，继续为党国效力。宋子文当然明白，此时国民党内他的政敌们正在清查他的贪污劣迹。他在任财政部长、行政院长、外交部长期间为自家攫取了多少财富可能只有他本人才知道。但他迅速膨胀的个人家业却是众所周知的事实。国民政府中的政敌们公开宣称他们已经掌握了宋子文盗用巨额公款的文字材料证据。这封电报“很像从意大利黑手党分子发来的一封要他回索伦托的邀请信，或者回去‘看看那不勒斯就死去’。”

当然，宋子文是不愿在台湾反宋声浪正高时回去冒险的。他的考虑不无道理。宋子文在国民党内树敌不少，美国《纽约时报》曾对此有过评论：“国民党说，宋子文这位世界上的首富之一，宁愿选择辞职，也不愿回到受共产党威胁的小岛。这个岛屿是：‘蒋委员长’从他原有的亿万人口大国所剩下的全部地盘，就只是这块避难所。”此时，宋子文的政敌们正拿着已经掌握的证据，胁迫他捐出财产的一半给国民政府，用来建设和增强国力。他当然不会轻易就范，因为他很明白，回到台湾势必受到多方的攻击和约束，多年积累的家业也可能被“光荣”地用于党国事业。那种生活自然没有在美国逍遥自在。谁会愿意在自家巨额财富被剥夺的同时又陷于困境呢？

另一方面，对于国民党前途的失望灰心也是他不愿再涉足政坛的原因。蒋介石政府的迅速溃败使美国上至政府，下至民众都对蒋失去了信心。他们普遍认为蒋介石在台湾待上一年必定再次被逐，而归于彻底失败。英国已于1950年1月承认了中华人民共和国，尽管美国还未与国民党“台湾政府”断交，暧昧地对待是否支持新中国政府恢复在联合国合法地位的问题，但其与新中国建交是迟早的事。美国方面也表示出对国民党的失望，他们耗费大量财力、物力、人力支援的政权最终惨败在一群“土得掉渣的农民”手中，这让美国对蒋彻底失去了兴趣。但是，美国的风向标地位转得飞快。蒋刚刚退守台湾，美国国务院就通知他的外交人员做出台湾被共产党占领的准备，同时不再向蒋提供军事上的任何援助和建议。这引起了美统治集团内部的激烈争论，毕竟长期以来支持蒋介石的还大有人在。甚至参议员麦卡锡公开指责国务院里已充满了共产党人。这样的政治氛围当然影响了与美国长期打交道的宋子文，他同美国舆论一样，认为蒋介石的失败是不可避免的，即使蒋能守住台湾，也只能偏于一隅。这种情绪很可能被无意中透露给蒋派驻美国的外交官员，从而传到蒋的耳中，这当然对于蒋宋之间的关系没有好处。因此，回台湾对宋来说是笔赔钱的买卖。他当然并不想为此投资。

于是，对于蒋介石的邀请未做回应。蒋试图请宋出山，得到经济援助的计划与请宋再次同美国交涉支援台湾的计划统统落了空。但是，蒋仍不死心，妄图再做进一步的努力。这次蒋软硬兼施，在电报中坚持要宋回台，并威胁他如不回台"就任政府正式职务"，就要将他开除出国民党核心集团。可是宋子文依然无动于衷。此后，国民党中央党部也屡次邀请宋回台湾，宋子文不再像前几次辞官下野时那样易于被说服了，他始终坚持了自己留在美国的意愿，或许是蒋已经令其最忠心的人也改变了初衷吧。

1952 年 10 月，国民党在台湾召开了第七次全国代表大会，与会人员通过了第六届中央委员会拟定的"党内重大整肃案"，这项决议规定：此次会议后，所有国民党中央委员应进行党员总登记。"详订办法，严加考核，分别去取。"对于留居海外，拒不回台的党员予以开除党籍。这是国民党向其海外成员发出的最后通牒。宋子文既然已经作出了退出蒋氏集团的决定，就索性对此不再理会了。

1953 年，眼见宋子文回台无望，蒋介石亲自圈定了开除国民党党籍人员的名单。他的两位贵戚孔祥熙和宋子文分别列第一、第二位。至此，蒋氏集团正式宣告解体，统治中国近三十年的国民党政权集团如今只剩蒋介石还坚守在那个孤悬于中国大陆之外的小岛上，继续做着反攻大陆，恢复昔日显赫的大国首脑地位的千秋大梦。

这个来自台湾的最后通牒，非但没有将蒋介石需要的人脉和财富召

1953 年，眼见宋子文回台无望，蒋介石亲自圈定了开除国民党党籍人员的名单。他的两位贵戚孔祥熙和宋子文分别列第一、第二位。

唤回国民党部，反而不得不明确向外宣布蒋宋孔的完全决裂，使自己陷入了尴尬的境地。其实，宋子文对蒋介石还算忠心耿耿，他对蒋的最终失望和放弃是在其 1949 年离开大陆后慢慢形成的，期间经历了一个可谓痛苦、狼狈的过程。

1949 年初，解放战争战略决战已接近尾声，辽沈战役、淮海战役已宣告取得巨大胜利，平津战役也已取得绝对优势。元旦当天，蒋介石发表了求和声明，妄图用“和平谈判”阻止解放军进军的脚步，以取得喘息时间，积聚力量，卷土重来。新华社随后也发表了毛泽东的《将革命进行到底》的新年献词和《关于时局的声明》，提出了向长江以南进军，追击残余国民党军的号令。

正当解放军以摧枯拉朽之势横扫中华大地，兵临长江以北时，国民党顽固派也不得不为自家考虑一条退路了。于是，1 月 24 日，已辞去广东省政府主席的宋子文乘坐向中国航空公司租用的专机，带着夫人张乐怡匆匆逃往香港。他也清楚地意识到国民党在大陆的统治已经走到了尽头，这是无可挽回的事实。

飞机在启德机场降落。机场护卫森严，各色保卫人员警惕地观望着四周是否有可疑人员，以保证宋氏夫妇的绝对安全。毕竟宋子文在国民党政府中身居高位，显赫一时。尽管几经沉浮，但他仍是蒋介石最有用的外交牌和经济牌。

宋子文穿着双排扣西装，戴着一顶翘边帽。即使在这样落魄的时节，他仍然极力保持着其一贯的欧美风度：手中拿着手杖，西服翻领上别着两排显示曾经辉煌历史和显赫地位的国民党政府和国民党颁发的勋章。一位同样落魄的朋友问他此时如何还能这般炫耀，他从最阴沉的表情中勉强挤出一丝苦笑，回应说：“这恐怕是我一生中对外显示国家勋章的最后一次了。”他的确很有预见性和自知之明。此后，国民党政府退守台湾，宋子文也定居美国。1950 年以后，他果然未再涉足政坛，只是在寓所中安稳度日，自然是再没有炫耀过他的政治资本，也再没有如以前那样频繁正式接触高层政要了。当然，这也从另一个角度表明了当时宋子文就有了退出政坛的打算以及不想再追随蒋介石退守台湾的想法。

此时的宋夫人张乐怡也明显地表现出沮丧。她虽然披着一件貂皮大衣，仍然衣着光鲜华贵，但却跟在丈夫身边低着头，默不作声。一副大墨镜试图遮掩住早已哭肿了的双眼。这位年轻、漂亮、活泼、洋味十足

宋子文穿着双排扣西装，戴着一顶翘边帽。他保持着其一贯的欧美风度：手中拿着手杖，西服翻领上别着两排显示曾经辉煌历史和显赫地位的国民党政府和国民党颁发的勋章。

的贵妇人还从未经历过如此沉重的打击。即使是在宋子文几次下野之时，他们也总是充满东山再起的信心和希望。可是这一次，他们无限忠诚的“领袖”蒋介石真的自身难保了，更无暇顾及他们这些除了合作，也有许多矛盾的亲戚了。虽然宋子文还在幻想为蒋做最后一次努力。

抵达九龙后，宋子文夫妇随即在保卫人员护送下，乘私人渡船渡海至港，回到他位于浅水湾的私邸。在香港，宋子文对个人和家人的安全显得有些担忧，他要求当局给他配备英国警卫。这位国民政府重要人物的要求自然不会被拒绝，这多少为其增加了一些安全感。

记者们对宋子文此行颇多猜测，他们问宋是否有赴美国的打算。宋子文给出了一个很断然的回答“决不”，事实证明，这个回答在当时恐怕有做秀之嫌。因为，就在此后的几个月，宋子文带着全家老少逃到了美国，并就此定居下来，度过了余生。当然，他当时的否定回答或许也是其正在观望时势的结论。当记者问到他对未来有何计划时，他没有给出明确答复，只是模糊地使用了一个外交辞令，称对中国局势的发展采取观望态度。这也与其前一日晚的说法有些出人。离开广州前发表临时广播演说时，宋子文曾宣布“本人的政治生涯已告完毕”，还满怀自信地总结自家对于广东省的建设颇多建树。仅仅是一日之隔，他的态度已发生了微妙的变化。也许从广州到香港，在地理上并不遥远，政治上却相差万里的两个城市让宋子文重新思考了自己的未来吧。的确，他在香港一直密切观望着中国大陆的局势。

中国人民解放军1948年下半年开始的战略决战，仅用五个月时间就取得了辽沈、淮海、平津三大战役的绝对胜利。辽沈战役从1948年9月12日到11月2日结束，共歼灭国民党军队一个“剿匪”总部、4个兵团部、11个军部、33个整师，共47万人，解放了东北全境，使敌我力量对比发生了明显变化。国民党军队总兵力下降到290万人，共产党军队增加到300万人，由长期的处于劣势转变为优势。随后的淮海战役，从1948年11月6日开始到1949年1月10日结束。历时66天，歼敌55万余人。将蒋介石的五大主力消灭了两个，即第5军和第18军。同时发起的还有1948年11月29日至1949年1月31日的平津战役，歼敌52万人，北平傅作义守军25万人接受和平改编。至此，长江中下游地区以北全部解放，我军与国民党政府所在地南京，以及重镇武汉隔江对峙。三大战役使国民党政府濒临崩溃边缘。其总兵力下降到204万人，作战部队却只有146万人。而我军已发展到358万人，其中野战军就有218万人。敌我兵力对比为1∶1.7。另外，在政治、经济等各方面，国民党也已处于困境，市场混乱，物价暴涨。各民主党派和民主人士纷纷前往解放区，拥护我党民主联合政府，召开新政治协商会议的主张。随着毛主席向全国进军命令的发表，我军整编后的野战军地方军高达400万人。

尽管国民党败势已定，但宋子文此时仍不习惯一下子离开他争斗了几十年的官场。就在1948年徐州会战开始时，他还在广州为国民党大唱胜利之歌。他说："本人具有绝大信心，徐州此次大捷，国军已转守为攻，尤以黄伯韬兵团官兵多属百粤子弟，此次大战转危为安，我粤同胞实同感荣幸。"但是，徐州会战并没有因宋子文的满怀信心而取得胜利。

作为反共的死硬派，宋子文声称对中共"不抱幻想"，他认为毛泽东的"天津方式"和"北平方式"没有实质的区别，充其量只是"被打败的和平"和"投降的和平"的关系而已。他主张仍然采用军事斗争的方式来应对共产党不断前进的步伐，还认为应把华南、西南广大地区作为抵御中共扩展势力范围的坚固堡垒来大力建设。正如与之关系密切的司徒雷登的私人顾问傅泾波所说"TV这些日子对蒋先生的态度可以看出，蒋先生在台上的时候，TV有许多地方不能同意，甚至反对他；但蒋先生下台以后，TV却绝对支持他。在TV的脑子里，假定中国要反共，即非蒋先生来领导不可。"宋子文尽管与蒋介石矛盾重重，但在对于共产党的立场上，两人却是相同的，而宋子文对蒋介石这方面的信任和推崇也是坚定的。

1949年3月25日，赴港仅2个月的宋子文低调返回广东，住进其弟宋子良位于东山高级住宅区的私邸。新闻界对宋此行相当敏感。第二天，各种媒介对于他回穗的目的发表了各式各样大量的猜测。一些媒体认为宋子文此行势为继续与中共对抗，请蒋介石出山主政。他本人已经拟定了建立华南集团，帮助华南建军改政，发行地方货币，谋求经济独立等计划。一些报道称宋在主政广东期间对情况有很好的了解，曾承诺帮助广东。此行就是履行诺言，协助时任广东省主席的薛岳处理财政危机，摆脱已蔓延至所有国统区的经济危机。另一些媒体则将宋子文与海南联系起来，说他将出面与海南行政长官陈济棠一起为开创海南新局面而共同努力。还有文章猜测宋此行的目的单纯，只是要对其个人在穗的巨额投资作以处理。总之，舆论界议论纷纷，猜测不断。而宋子文也的确验收了他卸任前订购的美国军械物资。尽管这或许并不需要他如此兴师动众。

就在人们揣度宋子文突然赴广东的种种原因时，3 月 26 日，孙科由上海飞抵广州。刚刚到达广州的孙科只是进行了短暂的休息，就迫不及待地在中午约见宋子文，与之进行了长时间的秘密会谈。当然，会谈的内容进行了严格保密，我们不得而知。但可以肯定的是，他们的谈话必然与当时中共迅猛进军和国军节节溃败的政局有关。或许他们商谈了挽救国民政府的出路。因为在与广州的其他国民党中央委员短暂会面后，3 月 27 日，宋子文只在广州停留了两天就匆忙启程前往宁波，再转至溪口，专程看望下野在老家“赋闲”的蒋介石。当时的蒋介石并不寂寞，他甚至认为“现在我摆脱了国家行政元首的地位，今后可以总裁身份就重大政策问题表达意见，反而要好得多。”当时他们可能都没有想到，此后的 14 年间，他们未能再见面“共商国是”。

在溪口蒋家背山面水，风水极佳的老屋里，宋子文和蒋介石尽管一同研究了对付中共的方法，但像往常一样他们的许多观点仍然针锋相对。蒋介石希望宋子文能够一直留在他的身边，但是宋似乎已经厌倦了蒋的“关心”，他说：“我们总不能到死都要吵架吧？”蒋说：“你为党国做了许多事，我都记得。”宋子文立即尖刻地反驳：“你打了我几次，我也记得。”当然，这些小插曲并不影响他们一致对敌的立场。经过这次短暂相聚，他们又商定了新的对付中共节节取胜攻势的计划。关于军队的征募、训练以及下一步阻止中共南进的部署，两人达成了一致意见。关于经营台湾的问题，他们也进行了探讨。当然，下野的蒋介石本人不便出面办理，于是宋子文理所当然地担负起具体操作的重任。

28 日当天，宋子文即启程返回香港。在晚上他接见了迫不及待想得到最新消息的法国新闻社记者。他镇定自若地否认了各种有关蒋介石和他将东山再起的传言，信誓旦旦地保证他将择日前往法国疗养。还强调这完全是个人行为，不代表任何人，也不参与任何政治活动。当被问及他前日溪口之行的目的和内容时，他宣称那纯粹是为了处理家族内部的私人事务。这样，宋子文对外界的言论完全是一副置身事外，不理朝政的架势。可是，就在当天的《香港虎报》上，刊登了一篇解密宋子文法国之行的文章。文中披露宋子文去欧洲的目的是帮助国民党政府购买军火，还将到巴黎与各方代表会谈，商洽有关太平洋公约的问题。另外一家报纸《正义》也刊文称宋子文到法国“是代表政府洽商将马歇尔计划中之援欧物资的一部分转借援华”。这些揭秘的报道虽然并不能被证实完全属实，但也反映了当时中国民众对于宋子文法国之行的种种猜测。这当然与他一直以来“亲英美派”，不断寻求欧美外援的做法有关。似乎人们相信，只要国民党遇到困难，宋子文就会利用外交手段向国外寻求帮助，而不是试图依靠自身的力量，找出国内问题的症结所在，去解除危机。以往他多次采用这个办法，有时也颇为奏效，但这一次，国内解放战争的形势一日千里，宋子文的拿手好戏也不能再屡试不爽了。

1949 年春，中国人民解放军根据解放全国的战争需要，进行了全军大整编，将西北、中原、华东、东北四个野战军分别改编为第 1、2、3、4 野战军，共 400 万人。将在长江以南坚持斗争的敌后武装组成中国人民解放军闽粤赣边、粤赣湘边、桂滇黔边、闽浙赣边四个大纵队以及其他纵队，这些游击部队共 5 万多人。在进军全国的战争中，有力地配合了主力兵团作战。理顺了军队编制建制后，中共于 1949 年 3 月 5 日至 13 日在河北省平山县西柏坡村召开七届二中全会，毛泽东在会上提出了解决 100 万国民党残余部队的“天津”、“北平”、“绥远”三种方式，号召全体指战员用战斗去解决敌人。指示要加紧渡江和向全国进军的准备。

代理“总统”李宗仁为争取修整、补充军队和武器装备的时间，幻想通过暂时停战积蓄力量，卷土重来。遂提出与中共进行“和谈”。而中共虽然对反动派的真实目的有所认识，但本着争取和平建国的良好初衷仍同意与之谈判。而国民党一方面提出“和平谈判”，另一方面又继续其军事部署，在闽、赣、粤、湘、云、贵、川、陕等省设置了14各编连司令部，积极训练新兵，制订了将军队扩充到350万至500万人的宏伟计划；任命汤恩伯为京沪杭警备司令部总司令，在长江中下游动用130余艘舰艇，300架飞机，以及70万军队构成海、陆、空立体防线，大大加强了长江防线的实力；在西南、华南、台湾等重地任命蒋的亲信为军政长官，控制局势，确保对地方的掌控。针对国民党的假和谈、真备战，解放军总前委于1949年3月31日制定了《京沪杭战役实施纲要》，纲要计划组成中、东、西三个突击集团，宽正面、有重点、多路突击，迅速割裂合围，各个歼灭京沪杭地区国民党军。根据这一计划，第二、三野战军全军和四野先遣兵团于3月初至4月初先后到达长江北岸，做渡江作战的前期准备。

1949年4月1日，以张治中为主席代表的南京政府和平谈判代表团到达北平，与周恩来率领的中共代表团进行谈判。经过数日的磋商、酝酿，以中共提出的和平协议方案为基础，双方达成了《国内和平协定》（最后修正案）。期间，为保证和谈成功，中共方面将渡江战役的日期向后推迟了一周，还要求各部不要发生任何战斗，充分表达了和谈的诚意。但是，在原拟定正式签字的4月20日，南京国民政府却恢复拒绝接受《协议》。至此，最后的和谈努力宣告失败。

张治中

4月21日，中国人民革命军事委员会主席毛泽东和中国人民解放军总司令朱德，联名发出《向全国进军的命令》，命令中国人民解放军“奋勇前进，坚决、彻底、干净、全部地歼灭中国境内一切敢于抵抗的国民党反动派，解放全国人民，保卫中国领土主权的独立和完整”。总前委书记邓小平奉命统一指挥第二、第三野战军在江西湖口至江苏江阴的千里长江上分三路强渡长江，迅速突破国民党苦心经营多日，号称固若金汤的长江防线。4 月 22 日，东路主力进抵百丈镇、南闸一线，江阴要塞守军起义；中路攻占铜陵、南陵等城；西路攻占彭泽、东流等地，进入安庆。23 日，东路占领常州、无锡，切断宁沪铁路，解放镇江和国民党政府所在地南京；西路攻占贵池、青阳等地；中路攻占芜湖，渡过青弋江。随着南京城头八一军旗的飘扬，国民党 22 年的反动统治宣告灭亡。

这时，远在北京的毛泽东，坐在香山别墅院子里的藤椅上，面对着青山和平静的湖面，在春日暖暖的阳光下看到了《人民日报》号外上刊登的人民解放军占领南京的消息。他应该比其他人更加激动和喜悦。从那首《七律·人民解放军占领南京》，我们可以感受到他豪情满怀，将革命进行到底的决心。“钟山风雨起苍黄，百万雄师过大江。虎踞龙盘今胜昔，天翻地覆慨而慷。宜将胜勇追穷寇，不可沽名学霸王。天若有情天亦老，人间正道是沧桑。”这一天，距离毛泽东在国民党“重点进攻”下退出延安整整两周年，而毛泽东“追穷寇”的决定与蒋介石当年急着召开庆功大会的行为形成了鲜明对比。领袖与独裁者的差距也在于此。

至 5 月中旬，上海、武汉等大城市已基本解放，中国人民解放军迅速扫荡江南重镇，国民党最后的希望已趋于覆灭，国民政府的统治彻底失败。

眼看着国民党的局势急转直下，许多国民党立法委员、监察委员、国大代表等要员纷纷逃亡海外。宋子文在香港也无法继续安稳地居住下去。5 月 16 日，宋子文夫妇飞赴巴黎“疗养”。但没过多久，6 月 9 日，他们又乘机由巴黎抵达纽约。在宋氏夫妇出走法国后不久，蒋介石也在一片失败的炮火声中乘战舰逃往台湾，为其最后的退路进行部署。

早在 1948 年 10 月，他就派国防部长陈诚到台湾准备在这里建立一个国民党退守的基地，一个维持他继续统治的小朝廷。这一点上，他还是很有远见的。

来到台湾后，蒋介石没有住进陈诚为他安排的前总督府，而是选择了台北城北八英里处的台湾糖业公司种植园的招待所。这里青山环抱，绿树成荫，空气清新，环境幽雅，是怡情休养的胜地。但是，幽美的环境无法改变蒋介石恶劣的心情。随同蒋介石来到台湾的蒋经国在6月4日和9日的日记中写道："雷雨初晴，精神为之一振，但很快地又感觉到愁苦。连夜多梦，睡眠不安"；"昨晚月色澄朗，在住宅前静坐观赏。海天无际，白云苍狗，变幻无常，遥念故乡，深感流亡之苦"。尽管蒋介石一个月后开始频繁往复于广州、厦门、重庆等地部署他的东南、西南防线，但是很快都相继失守。

同样，国民党在大陆战势的节节败退让远在美国的宋子文无法安枕。上海俄文报纸《新生活》报道："中国前行政院长宋子文，已在法国和西班牙的边境，替政府首要购置很多别墅和私宅。他们在法国的尼斯、贝维拉斯等地，已经购买和租定了100多所别墅。因为害怕法国可能发生政治变化，以致影响其安全，宋子文又派人到佛朗哥统治下的西班牙之巴塞隆那附近，购买和租定了25所别墅。宋氏之去纽约，闻系与宋美龄、孔祥熙商量投资南非洲钻石企业有关。"无论这篇报道准确与否，至少宋子文等国民党政要的确已在欧美寻求退身之所，他们有着大量从国内贪污、腐败而得的财富，当统治无法继续时，国外舒适的生活就成了最佳的避难所。同父亲宋查理一样，宋子文对于三个女儿的教育也是西式的，他早早把她们送到美国接受教育，并长期定居在美国。这时，宋子文来美国，女儿们当然也是一个很好的借口。

6月9日，宋子文夫妇到达纽约，他们的三个女儿罗列特、玛丽珍、卡德琳都来到机场迎接。宋子文在这个敏感时期来美，当然也引起了新闻界的高度关注。刚下飞机，宋子文就被闻讯而来的记者们团团围住。他们对于宋子文这位中国大员并不陌生，他每次前来都会为中国争得很多援助，收获颇丰。这一次在中国局势发生根本变化时，宋的赴美更是令人想到又一次求援。有记者问他此行赴美的任务是什么，宋子文却声称“这次来美系用普通护照，当然为了私事”。似乎这次宋子文有意低调。说是为了私事也无不可。因为宋子文此时已成为中共战犯名单上仅次于蒋介石的二号人物。眼看解放军势不可挡，海外当然成为这些战犯们理想的避风港。可是宋子文并未完全放弃反攻复国的希望。此次美国之行的目的也并不像他自己宣称的那样单纯。虽然已不再担任国民党政府行政院长、外交部长等职，但作为蒋介石的私人代表，其身份和名衔仍然不得不引起美国政府和民众的重视。

宋子文的三个女儿，摄于1946年秋，左起分别为长女琼颐，次女曼颐，幼女瑞颐。

刚到美国，宋子文一改“处理私事”的低调说法，迫不及待地与国民党政府驻美国大使顾维钧进行了会晤。他对顾维钧发出了忧国忧民的感叹，“中国的局势已经十分危急……国家兴亡，匹夫有责”，显示了其对国民党政府的忠诚之心。他还表示尽管蒋介石不希望他离开中国，但他来到美国却是要以一名普通公民的身份为国家尽自家的力量。这项表态显然使顾大使深受感动。他们在一起认真地研究分析眼下的局势，分析国共两党各自的优缺点，分析两党胜负悬殊的最终原因。宋子文指出“军队之缺乏斗志和指挥官之堕落是军事溃败的主要原因之一”。两人一致认为国民党军队的将领们早已落后于时代的要求，可是他们自己丝毫没有意识到这一点，仍然以旧的一套办法来统领军队。他们的结论是：军事形势——庞大的军事预算，指挥分散，纪律松弛——是造成中国许多麻烦的主要原因。接下来，他们就怎样解决这些问题展开了讨论，两个欧美派绞尽脑汁得出的结论是请美国的陈纳德将军像在抗日战争时期那样，再组织一个空军志愿队，美国派一个正规军队代表团到中国帮助蒋介石打击中国共产党。他们幻想着靠着美国的飞机、大炮挽救国民党彻底的败局。最后，他们决定由顾维钧与陈纳德联系，先征求他的意见。

7月24日，宋子文正式邀请顾维钧等在纽约开会，讨论争取美国援助问题。会上顾维钧报告了陈纳德的想法，他的确想组织一支空军志愿队，这个计划虽然遭到部分人的反对，但给美国众议员和参议员们留下了很好的印象，这应该纳入他们的正式计划之中。随后，顾维钧又与陈纳德多次会晤，商讨怎样解决中国的军事问题。陈满怀信心地表示，只要他的空中志愿队再次启程，抵达中国领空，国民党军队在湖南衡阳地区的防御就不成问题。这给了宋、顾等人一剂有效的强心剂，他们幻想着陈的飞机将使中共军队不断推进的脚步停顿下来。宋子文迫不及待地想得到美国援助的明确答复，因为正如他多次对国民党派驻美国的代表们说“剩下的时间不多了”。他还询问顾维钧等如果陈的飞机出动，能否可以轰炸上海的主要供电单位——上海发电厂，从而使上海的工业生产陷于瘫痪。此前，国民政府驻美代表各行其是，未经协商对美援问

宋子文出访英国时，与顾维钧的合影。

题提出了各种不同的计划，这使美国政府不知该如何应对，以至一直未有明确的答复。有了这些前车之鉴，1949 年 8 月，经过与先期抵美求援的宋美龄商议，宋子文多方协调国民党政府驻美国各方代表的建议和意见。最终拟定了美国对华经济和军事援助计划，递交美国国会。要求美国在经济上给予中国 2 亿美元援助以及一笔白银借款，军事上派出一个军事代表团。为了换取这些援助，他们不惜牺牲国家的主权，只有让美国分享在华的控制权，他们才能对中国给予充分的关心和心甘情愿的支持。他们乐观地臆想中国就像菲律宾一样"无须害怕美国侵犯我们的主权，因为只要我们告诉他们或暗示我方意图，他们就会随时撤离"。战争和政治的同时失败甚至让宋子文这位久经风雨的外交家也自欺欺人起来。抗战时那股强烈的民族自尊心在失败阴影的笼罩下已所剩无几。

多年的外交生涯使宋子文十分清楚舆论的力量。在与一同出席过联合国大会美国代表团成员、老朋友新任纽约州参议员杜勒斯会晤时，宋子文提出利用美国的舆论促进对华援助的批准。他想通过《时代》、《生活》等各大刊物发表文章来敦促美国政府下定决心。杜勒斯表示他赞成宋子文的各项援助计划，虽然国务院的态度并不积极，可是他仍然认为动用舆论的方法没什么必要。这就给了宋子文一些信心。他认为杜勒斯的态度说明，美国国会仍像以往那样不会对国民党的要求坐视不理，还是会给一些援助。尽管此时美国总统已不是曾对中国给予长期热情帮助的罗斯福。民主党的杜鲁门以微弱的优势赢得了 1948 年的美国大选。他对于富有魅力的东方女性宋美龄和演说家、外交家宋子文同样不感兴趣。而对于中国国民政府蒋介石这个无底洞更是充满了厌倦。

当 1948 年 11 月底，中国国民政府的第一夫人宋美龄再次飞赴华盛顿时，再也没有当年红地毯的盛大欢迎场面。她此行的目的——寻求美国更多的援助使杜鲁门对她冷淡至极。杜鲁门没有邀请她去白宫下榻，也没有让她去国会进行具有煽动性的演讲——像当年罗斯福那样。相反，杜鲁门拒绝了蒋夫人的要求，还发表声明称美国已向蒋介石提供了总额超过三十亿美元的援助。他不无讽刺地说"她来美国想多讨些施舍"，"我不会像罗斯福那样让她住在白宫。我想她不会很高兴的。但她高不高兴，我并不在乎”。经过大半年的上下周旋，宋美龄最终能做的只是与哥哥宋子文一起给美国政府递交了一份被拒绝的援助计划。8月5日，美国国务院充分考虑了政界、军界对蒋介石政权的不满和失望，以及反对向蒋介石提供经济、军事援助的广泛意见，发表了一份长达1054页的有关中国问题的白皮书。这件冗长的文件试图向世界说明美国对华政策的失败的充分原因。同时也宣布，美国不再对蒋的政权施以援助，这种援助关系结束了。可是宋子文并未因此气馁，他坚信事情仍有最后的转机。

10月中旬，蒋介石派往美国的“技术代表团”得到了宋子文的指示，他说一位与美国政府元首关系密切的政界要人曾向他暗示想要一份美国如何能向中国（蒋介石政权）提供有效援助的计划备忘录。这似乎是取得美国援助的另一条路线。按照中国人的思维，走上层路线的成功率很高。于是，“技术代表团”当然不能放弃这一机会，他们迅速拟定了一份详细的备忘录，描述了如果得到美国援助，以西南各省为基地将可能守住一条最后防线的美好蓝图。他们的计划是再坚持一至两年时间，以进行充分的准备，届时世界形势将可能发生巨大的变化，即第三次世界大战爆发。那对于蒋介石政权在中国的反攻是十分有利的。宋子文在备忘录中还不忘为国民党军事上的失败进行勉强的辩护。他称这与抗日战争“以时间换空间”的战略大致相同，国民党军队在广州的败退，是“基于有必要以空间换取时间和保存仍在中国（指蒋介石）手中的少量军事和财政实力”。他也不无可怜地指出，如果没有军事援助的支撑，这种消耗最终只能导致政权最终的彻底失败。他还提出了一个具体的援助计划：

由美国提供2亿美元，其中包括经济合作署中国专款结存的约8500万美元，国会批准的对整个中国地带军事援助款7500万美元，以及向美国政府预支并以中国的铅、钨、锑和猪鬃等战略物资偿还的4000万美元。总数分5个月使用、每月用于轻武器1000万美元，用于军饷

3000万美元。①

他说“局势迫使我们不得不行动，只得把死马当活马医”。这句生动的俗语充分显示了宋子文无奈的心情，但也表明了他坚持为国民政府卖力到底的决心，尽管前景并不乐观。美国国务院收到了这份充满了幻想、乞求的备忘录，但这并没有改变他们决不再盲目投资的决定。11月初，国务院答复“已坚决停止援华”。对于宋家兄妹锲而不舍的多方奔波，马歇尔将军在一次宴会上也明确说明：美国限于财力，不能承担帮助国民党战胜中共的艰巨任务。而司徒雷登的代表傅泾波也说，白宫和国务院都对孔祥熙、宋子文、蒋夫人及他们的家族有了强烈的反感。这无疑给宋子文和宋美龄仅存的希望浇了一盆彻头彻尾的凉水。宋子文为蒋介石政权苟延残喘所做的最后一次努力以绝对的失败而告终。

历史当然是不可逆转的，人民的力量更是不可违背。1949年12月，蒋介石在中华人民共和国宣布成立两个月后，不得不由成都乘机逃往台湾，结束了他在大陆最后的统治。从此，宋子文幻想破灭，渐渐退出政坛，希望在美国过上最后一段平静的日子。

兵变传说

沙勒曾经在《美国十字军在中国（1938—1945）》中评论宋子文说，“委员长的这位大舅子在家庭、个人事业和政治活动方面同蒋关系密切，但他总是优先照料好自己的事务，并且似乎决非偶然地盼望有那么一天能够取代蒋的地位。”这样的说法并非无中生有，因为宋子文的确在美国有过令人怀疑的行为。

宋子文对蒋介石希望落空后，并没有就此一下子退出政坛，他仍然以其特有的方式采取了一些未能成功的行动，试图挽救国民党而不是蒋介石的统治。这些对蒋介石极为不利的行动也是他14年间未再踏足台湾的重要原因之一。毕竟从积极支持蒋到试图推翻蒋，这两个极端的心

① 《顾维钧回忆录》第七分册，第489、490页。

路历程使宋子文印象深刻。他也清楚地知道，回到台湾蒋是不会大度地对此一笑了之的。

其实，早在1949年夏，宋子文刚到美国时，他就开始积极争取美国的军事援助，以提高台湾军队的装备力量。当时，台湾的防卫司令是孙立人，他是宋子文在其“私家军”税警团的老部下，深得宋的赏识和信任。有孙立人在台湾坐镇，宋子文当然得意非凡，也更加卖力。他曾经炫耀地称赞孙立人说：“在大陆约有70万国军游击队，他们将继续骚扰共产党；最近国军在金门的胜利，显示了孙立人将军与共产党作战的能力，也显示了这支部队的斗志，这支部队将被调回台湾，而实际上孙将军控制了台湾的地面部队，并得到委员长的支持。目前台湾的主要困难是防御部队缺乏足够的武器装备，孙将军的部队6个师接受美国训练、美式装备，另外6个师虽然受训，但无装备，只要美国方面能够提供2000万美元的军事装备，就可以加强台湾的防御力量……”但是，宋子文乐观的想法没有被美国接受。美国仍然不相信，偏安一隅的国民党能够撼动共产党在大陆的统治。眼见援助无望，宋子文也开始对蒋介石失望，但是党国还得维持，只是这个领袖似乎已经不得人心了。

据说，宋子文在美国机械公司购买了四万五千支枪支和大量弹药，他把这些危险品存放在加拿大的某个仓库里。或许他早就有一旦与蒋介石翻脸的打算。1950年初，恰巧在蒋要求他从美国回台湾为党国贡献财富的时候，布拉科公司的负责人布雷洛夫斯基委托该公司驻华盛顿的代表罗伯特·比奇洛向国务院提出申请，要求批准出口这些枪支的许可证。布雷洛夫斯基当然也是宋子文的密友，他说这批枪支计划从温哥华运往台湾。美国国务院对于他们的申请觉得有些可疑，因为按照常理，这类申请应该由“台湾使馆”向美国提出，或由台湾向存放枪支的国家加拿大提出，而不是应由美国来发给出口许可证。美国据此怀疑宋子文联络了国民党内拥护他的人密谋发动推翻蒋介石的政变，国务院因此慎重地决定先予以调查。一些宋子文的好友试图从他的嘴里探出消息，但是宋子文却对他们拐弯抹角的探询早就心知肚明。他对这样的对话顾左右而言他，一提到有关实质性问题就故做茫然不知所云。当然这些人没有得到任何结果。而美国似乎也不愿再为这位曾经的亲密朋友承担任何风险。因为美国虽然承认宋子文的理财天赋和外交手腕，却不太认为他能在政治上有更大的作为。不久，联邦调查局收到情报说宋子文“确实是一家向中共销售军事装备公司的采购代理人”，这使美国吓了一跳。宋子文的这批弹药当然没能运到台湾，此事也就不了了之了。

对这件事情的猜测还有另外一个版本，这个版本的说法颇为传奇，而且直接涉及了宋家兄妹——子文和美龄关系冷淡的原因。

朝鲜战争爆发后，美国将主要精力放在了朝鲜战场。本来对援台就不感兴趣的总统杜鲁门，更对宋美龄等的援台要求置之不理，态度冷淡。而蒋介石却认为终于等来了“第三次世界大战”的好机会，可以借此契机卷土重来，反攻大陆。蒋夫人在美国求援的活动也随之升级。杜鲁门的态度一时难以改变，那么就从他的得力部下下手。

宋美龄不愧是美国通，她动用其在美国培植起的旧有网络关系，请她的朋友尼克松、红衣主教和侄儿孔令侃等在美国各州暗中联络，组织起要求将麦克阿瑟将军撤职的盛大游行。这样颇有声势的民众活动给了杜鲁门很大压力，因为这实际上预示着，下一步将可能有要求杜鲁门下台的言论出现。处于窘境的杜鲁门想到了中美之间良好沟通的桥梁——宋子文，同时他也是杜鲁门结识的除了蒋氏夫妇在中国国民政府中曾经最有权势的人物。杜鲁门将宋子文邀请到白宫作客，这可是连宋美龄都未享受到的待遇。美国总统迫于自身的压力，对于这位中国老朋友已无暇客气。据说他们对话直入主题。

“蒋夫人要报复我，还有援华团的一些台柱子：尼克松、斯佩尔曼红衣主教、埃佛雷持·德克森参议员、迈阿密运输公司的老板等，这些人都利用蒋夫人来反对我，我觉得美国陷入了它历史上最黑暗的时期之一。”

听了杜鲁门的诉苦，宋子文知道是时候对曾经对自家态度傲慢、冷淡、出言不逊的总统给予反击了。“这与你的援华方针是有关的，你不能推卸责任。”

而接下来杜鲁门的话使宋子文明白了他今天召宋前来的真正目的。

"我不是不支援国民党政府，而是不支援蒋介石的法西斯政府。"杜鲁门停了下来观察宋子文的反应。久经外交风雨的宋子文当然不会这么表露声色。于是，杜鲁门又接着用明确的词语来表达自己的想法。"假如有一个受过美国教育而又极为民主的人到中国掌权，我一定要不遗余力地支持他！"这种再清楚不过的暗示仍然没能使宋子文的脸上表现出杜鲁门希望看到的表情，反而略显疑虑，"那么，你是指……"

杜鲁门见宋子文仍然没有会意，只好直截了当地说明，他故意作出与宋十分亲热的样子，"TV，只要你愿意，我们一定全力支持你领导中国。"

其实，精明的宋子文早就明白了杜鲁门的用意，不过他不想让杜鲁门感觉到他真实的想法。毕竟，他对杜鲁门是否能站到他的一边没有十足的把握，事情当然越少人知道越好。于是，宋子文虽然心里暗自高兴，但表面上仍然坚决反对杜的建议。几番推辞后，杜鲁门使出了杀手锏。"TV，你不要客气了，据联邦调查局的调查，你购买了大批枪支弹药，包括美国机械公司的最新产品：思菲尔德步枪，你一下子买了45000支，储存在加拿大的仓库里，准备从温哥华运往台湾。可据我所知，这并不是台湾当局委托你购买的。换句话说，他们对此一无所知。那么，你想用这批武器做什么呢？这一点我就不多说了。"显然，杜鲁门事前对宋子文做了充分的调查，他已对事情有了十足的把握，因为他确信宋子文会接受他的建议。

果然，宋子文也是个直爽的人，见杜鲁门已经调查过自己的底牌，干脆就和盘托出。"既然总统先生已经知道，我不否认想改变一下台湾的局势，管他三民主义也好，共产主义也好，我更愿当一个没有'主义'者，注重实践，倡导各种经济和社会试验，更注重效果。"

看来两人已经找到共同的目标，杜鲁门赶紧趁热打铁。"很好，我支持你，但你也要支持我，要阻止你的妹妹对华盛顿施展她的老鹰术，只有你才能与她对峙，这不是与你妹妹为难，而是与你最讨厌的芝麻脑袋为难！"

宋子文与他的妹夫蒋介石合作了几十年，也斗了几十年。互相之间已经太了解。因此，他知道从军校生成为中国最高领导人的蒋介石决不是一个头脑简单，可以轻易被动摇的人物。于是，他提醒杜鲁门“可蒋介石不好对付，他像路易·波拿巴那样，不是晚上作出决定白天行动的人，而是白天作出决定晚上行动的人”。

但是杜鲁门也深知蒋宋不和长期积怨，宋子文是他摆脱困境的机会。接下来的对话，杜鲁门直指蒋介石对宋的种种不义之举，终于成功地激起了宋对蒋的一股怨气。这悄悄掩盖了他对蒋仅存的一点忌惮。

于是，宋子文开始在公众面前频频曝光。当时美国最大的报纸《纽约时报》在最醒目的位置刊登了宋子文演讲时的照片和评论文章，文中写道：“我们深深地欣赏宋子文先生的口才，佩服他对事业的热情和坚强意志。与此相比，素有演说家之称的蒋夫人不能望其项背。宋子文是中国第一个头脑清醒，敢说实话的演说家和政治家。”

而充满讽刺意味的是，在社交版上评论宋美龄是“世界上头号俱乐部的女会员，她的演讲只是一种东方式的梦魇……”。

这两则论调完全相反的报道，美龄是在结束美国巡回演讲回到佛代尔官邸时，才听到焦急万分的孔令侃说起。他向美龄报告了宋子文近期高调的言论和行动。

“不好了，姨妈，TV 到五角大楼去了一趟，回来后便成立了一个反对麦克阿瑟下台的指挥部，向支持杜鲁门的人提供各种援助，并向美国公众和议会发表演讲，专门与你唱反调，他还挖苦艾森豪威尔元帅说：‘你明知自己不能做一个公道的总统，就不必去竞选！’”

这让支持艾森豪威尔反对杜鲁门的美龄感到很突然，她没有想到一直对自己呵护有加的哥哥，这次却与自己唱起了对台戏。而看过《纽约时报》后，她更是气愤异常。一向高傲、尊贵，听惯了赞誉之辞的蒋夫人一下子还难以接受这样的评论。虽然此后，宋子文并没有在美国掀起多大的波澜，但是这件事在兄妹两人的心里都留下了阴影。

不管宋子文私购军械的原因为何，孙立人后来果然被控预谋兵变而获罪。

从孙立人个人来说，他的确是一个难得的将才。虽然他不是蒋介石的嫡系黄埔军校的学员，但他完全凭着卓越的军事才华一步步得到蒋介石的青睐。孙立人在清华大学毕业后赴美留学，先后在普度大学和弗吉尼亚军校学习。回国投身革命后，在抗战期间率领新38师加入缅甸远征军，先后指挥过多次著名的战役，令敌人闻风丧胆。他在仁安羌解救出英军司令官亚历山大和他的7000余名英军，还有被俘的英军、记者等500余人，还掩护他们撤退到安全的曼德勒。一系列英勇战绩使他被誉为东方的隆美尔，并获得英国皇家勋章。抗战胜利后，能征善战的孙立人并没有被蒋介石当作心腹派往内战的前线，而是被调到台湾任陆军训练司令，负责新兵训练。宋子文在广东主政期间，人民解放军在长江以北接连取得重大胜利。为了加强对华南的控制，增强军事力量，蒋介石首次授权宋子文组建7个训练师，以备在战事吃紧时接替前线部队作战。其中3个师在广东训练，4个师在台湾训练。在台湾的部队就由孙立人负责。可见，宋子文与孙立人的关系非比寻常。

孙立人

1949年，内战胜负渐分，台湾成为蒋介石着重经营的栖身之所。眼见原来所倚仗的封疆大吏不是被俘，就是临阵脱逃，要不就是在大陆穷于应付，他只好重新拉拢以前被一再排斥的非黄埔系的将领。熟悉台湾情况的孙立人被任命为东南军政长官公署副长官兼台湾防卫司令。次年，他又被提升为陆军总司令兼台湾防卫总司令，陆军二级上将。

但是，生性耿直的孙立人不同意时任国防部总政治部主任的蒋经国在军队中建立政工制度，极力抵制。这本是蒋介石刻意安排的由蒋经国掌握军队的途径，孙立人的抵制当然引起了蒋氏父子的不满。1954年，蒋介石终于以任届期满为由罢免了这个不听话的陆军总司令，将孙立人改任为有职无权的“总统府”参军长。此时，逐渐在台湾站稳脚跟的蒋介石已不再需要这个非嫡系处处与自己唱反调的总司令了。1955 年 8 月，蒋介石开始向孙立人下手。宣布成立调查委员会，彻查孙立人兵变案。

根据台湾公开的宣传，案情并不复杂。台湾特务机关根据线索抓获了孙立人的老部下郭廷亮，理由是后者利用与孙多年的部署关系，预备于适当时机发动兵变。既然是孙立人的老部下，当然也要查查孙本人。即使他与此并无瓜葛，也逃脱不了管教不严的罪过。经过 50 天的周密调查，委员会宣布此案与孙立人没有直接联系，但是孙的失察之罪是不能豁免的。于是，蒋介石对孙立人严加管教，将其交“由国防部随时察考”，移送台中软禁。昔日叱咤沙场的虎将就这样盛年被囚，直至 1988 年 3 月才被解除囚禁，此时，孙立人已是垂暮老人了。

孙立人兵变案是否与宋子文有关，国民党没有明确的声明。不过孙受审之时，宋子文已经脱离国民党，成为蒋介石亲自圈定的开除党党籍的第二人。而孙立人与宋子文的亲密关系也可能对孙在台湾的处境颇为不利，这倒是不争的事实。毕竟，孙立人在讲究派系的国民党内的确难以立足。而兵变之说是确有其事，还是因当权者的需要而设置的名目实在无法说清。或许某一天，历史会说明一切。

其实，早在宋子文 1949 年刚到美国时，他就在考虑怎样挽救党国败局了。目睹了蒋介石统治下军事、政治上的不断失利，宋子文认为国民党失败的主要原因是行政院长没有实权，无法贯彻自己的想法。他说：“现在必须觉醒并加以改变。”他与驻美大使，也是他的好友顾维钧很快取得一致看法。他们认为，除了在军事上的准备，拯救中国政局的另一个方法是依靠美国支持重新组建内阁。他们主张由归国的留美学者组建自由主义内阁，这样比较容易获得美国的支持和援助。

他们商量的结果是争取蒋介石和李宗仁的支持，组建新内阁，在各个政府机构中安排一些美国顾问。他们认为胡适是担任行政院长的最佳人选，但是胡适一直在国外从事外交工作，未必敢尝试担此重任，而另外一个候选人吴国桢名望就差了很多，恐怕也不能服众。这样，首先最重要的行政院长的人选就让人颇费脑筋。

尽管如此，宋子文还是很快草拟了一份组阁的人员名单。在这50人中，当然少不了宋子文自己。可是，宋子文觉得以目前的下野之身，再提议自己任职，有藏私心之嫌。经过再三考量，他还是删去了自己的名字。

接下来，他请司徒雷登将草拟的名单转交给美国国务院。得到的答复是：最好请蒋介石交出兵权，出洋考察。无疑，美国已经不相信蒋介石的能力，也不认为他继续担任中国的领袖会让事情有转机。司徒雷登也分析了国务院对中国问题的看法，蒋介石和李宗仁两个人都不适合继续留任，蒋介石的军事才能令人怀疑又专横独裁，李宗仁相比之下又太软弱，没有领袖的决断力。实际上，美国政要中有相当一部分人是支持宋子文对蒋介石取而代之的，宋子文自己也对此心知肚明。他们看中的不仅是宋子文一贯的亲美作风，还有他手中握有的一张王牌——孙立人。他在出席美国驻台湾大使布鲁斯在华盛顿“五月花”为其举行的欢迎午宴上，曾经自豪地声称，他的老部下、亲信台湾防卫司令孙立人实际上已经控制了台湾的全部地面部队，而空军司令周至柔名义上听命于台湾省主席陈诚，实际上与陈关系恶劣，而与孙立人交好。这当然是一个令美国重视的消息，它表明，宋子文有可能通过控制孙立人掌握台湾的兵权。因此，美国对宋子文还是相当感兴趣。

可是，随着新中国的成立和人民解放军的不断胜利，美国渐渐对国民党政权失去了信心。无论是蒋介石还是宋子文，都已经不可能再挽回失败的局面，不可能再夺回中国大陆的政权。因此，所有的支持和援助都只能是竹篮打水一场空。谁会傻到明明看到了最终的失败，还是要白白浪费精力和财力呢？于是，美国撤退了。失去了美国这最后一颗救命稻草，宋子文对政局再也无能为力了。于是，他也选择了放弃，而且放弃得很彻底。干脆对于蒋介石的再三呼唤置之不理，最终脱离了他为之奋斗了三十年的党国。

离开官场的日子

脱离了官场的钩心斗角后，宋子文在美国将主要精力放在了他的生意经上。他狂热地从事石油股票、商品期货和新技术的交易，似乎只有赚钱才是他人生的最大理想。他也会不定期地会见一些老友，有时会前往华盛顿或沙点拜访阿弗雷尔·哈里曼，他们仍然讨论中苏关系的曲折发展，以及猜测华盛顿的想法。他和密友亨利·卢斯一直保持书信往来，但由于卢斯夫妇与同在美国的蒋夫人关系密切，他们从未互相拜访。当然，宋子文寓居生活的大部分时间还是与他新加坡、香港、东京和伦敦的金融家朋友们共同度过，他控制的各个银行的董事们也常来陪伴这位老上司。

宋子文在美国的身份似乎颇为神秘，或者说不太好确定。他不是美国公民，也不是已经注册的外国代理人，更已经被排除在“国民党残存政权的官员”名单之外，他的一家是以“社会名流的特殊身份在美国

宋子文举着一串鱼，作垂钓丰收状。

居留”。既然是特殊身份，自然也免去了填表申报的麻烦。“他们的地位十分暧昧，他们不负有详细申报其财产与活动的义务”，这就使他的财产数额一直处于神秘的状态，没人能够确切地说清他到底有多少财富，因此各种猜测的频频出现也就不足为奇了。但是，财富数额的模糊性并不影响宋子文在美国的逍遥生活，他甚至比土生土长的美国人还要滋润。因为根本就没有任何人对他施以监督，他也不对这个国家负有责任。总之，正如西格雷夫在《宋家王朝》中所说：“宋氏一家似乎总能绝处逢生。在美国，他们出入自由。他们生活在美国，开银行，搞投资，为所欲为，日常生活不受任何拖累。”

被国民党除名后，宋子文反而觉得一身轻松。他终于不再为党内派系和党外争斗再彻夜难眠了。眼看蒋介石的反攻计划一一落空，中共在中国大陆建立的新政权愈发巩固，身为中共的二号战犯，大陆也肯定不能回去了。他决定将美国作为自己最终的定居地。曼哈顿的公寓已经受到蒋介石派来的特务的监视，宋子文决定离开这里，另找一处更加舒适的住处。他在长岛的富人区看中了一套豪华公寓，这里环境幽雅，空气清新，治安良好，各种配套的服务周到细致。最令宋子文满意的是，周围的邻居都是富有的美国人，平时都忙于生意应酬，对于他这个貌不惊人的东方人不感兴趣，更没有人特别去留意这个新搬来的中国富翁到底是什么身份。

既然打算在这里常住，在房间的装饰上自然要多费些心思，以显示出与他的财富和地位相一致的品位。更何况宋子文本来就不是那种得过且过的人，他也的确过惯了上等社会奢华、排场的讲究生活。宋子文对艺术品所知不多，因此他专门聘请了许多艺术家为自己的新家挑选有个性和品位的装饰画，这些特别的布置使家中充满了艺术的浪漫气息，成功地掩饰了巨富固有的傲慢和庸俗。为了使家中凸显出中国特色，他还请专家帮他选择有价值的收藏品，因此他花费重金购买了大量的中国青铜器皿，尽管他本人并不太懂得鉴赏这些价值连城的古董。青铜器被他的设计师摆放在家中各个显眼的角落，却并不显得突兀，反而使整个房间显示出一种高贵、典雅的气质。这些近三千年前被制造出来的独特物品，曾经周身散发着炫目的金铜色，是商周时期只有皇家才能使用的御用品。如今，经过数千年的沧桑变化，它们早已锈迹斑斑，浑身布满了绿色凸凹不平的硬块。但是，却仍然无法掩盖那一种气势和威严。正如它们现在的主人宋子文，不论在美国如何沉寂，甚至变为一个只求享受最后人生的老者，也无法抹去他曾经的无比辉煌。

尽管已经与国民党一刀两断，他还是整天提心吊胆。因为他对于国民党对付敌人的手段太过了解，那可是无所不用其极，许多这样的惨剧他是亲身经历，亲眼所见的。只是当时没有想到，有一天，自己也会陷入同样的境地。每当想到这一点，他就不寒而栗。由于有了在曼哈顿受到骚扰的教训，宋子文对于长岛新私邸的安全煞费苦心。他在住宅的周围都安装了当时最先进的警报系统，还在各个角落安排了警戒。

此后，他深居简出，谨慎异常。除了处理生意上的事，很少外出。偶尔约几个旧友聊聊天，打打牌，渐渐淡出了人们的视线。一段时间以后，宋子文就成功地彻底消失在公众面前，过上了他自由的隐居生活。

第二章

天下谁人不识君——金融巨头

最有势力的中国大亨

美国的华人社区里人人都知道宋子文在长岛的豪华生活，他的那些“令人难以置信”的财富或许就藏在他的家中。他在美国声名远扬，大家都承认他是在美国的“最有势力的中国大亨”，因为他的地位和财富使许多“坏人”都听命于他。一位为中央情报局工作的中国学者解释说，宋子文本身并不是个危险的人，之所以会有以上的说法，是指“只要他轻轻说一句话，对中国人的堂社、辛迪加、中国银行以及一些其他叫不上名的恐怖组织的对象，都会带来可怕的后果”。

其实，宋子文在美国拥有这样的能力一点也不奇怪，他与黑帮打交道的历史已经有几十年了，而且十分成功。自从步入蒋介石的阵营，宋子文就注定要与蒋介石的黑帮背景建立千丝万缕的联系。确切点说，宋子文与蒋介石一样，与中国最有势力的黑帮人物们关系密切，暗杀、绑架那一套他很清楚。国民党在政治上的高压统治得以维持数十年，从某个角度上说，是得益于黑帮的支持的。

国民党内最擅长暗杀、绑架等恐怖手段的重要人物就是戴笠了。宋子文与戴笠之间的关系非同一般。宋子文对于戴笠的“工作”异常支持，他掌握的财政大权对戴笠完全开放。当时，即使蒋介石要宋子文为他拿钱，还颇费周折，宋往往还推托搪塞，两人常常闹得不欢而散，甚至发生争执，大打出手。宋财神可是让蒋介石伤透了脑筋。但是，宋子文对戴笠却出奇地大方。抗战时期，戴笠可以在宋子文负责的中国银行随意支取。宋子文出国赴美后，他还特意授权中国银行，对于戴笠的要求“即照数接济，无须先期电告”。这样的待遇让蒋介石很是眼红。而更令蒋不安的是，宋戴之间这种特殊的关系，使宋更容易令戴笠对其言听计从，这无形中就削弱了他这个领袖的控制。因此，恼火的蒋介石还曾专门下令给戴笠，命他不得再向中国银行借款。

杜月笙是国民党统治时期最有名的黑帮老大。他也与蒋、宋两家的关系都非比寻常。蒋介石出身青帮，早就是杜月笙的门内之人，而宋子文则是在受到教训后才认清与杜交好的重要性的。1927 年 3 月至 1933 年 8 月，5 年时间里宋子文六次遇刺。这不免让他心惊胆战，恐惧之余，他开始考虑怎样彻底地摆脱这种危险的境地。

国民党内最擅长暗杀、绑架等恐怖手段的重要人物就是戴笠。宋子文与戴笠之间的关系非同一般。宋子文对于戴笠的“工作”异常支持，他掌握的财政大权对戴笠完全开放。

当时的中国由于长期战乱不止，社会动荡不安，各种恐怖事件层出不穷。而这些事件的操纵和控制者多是黑帮人物。他们的手段毒辣、目的明确，一旦招惹上就会被穷追猛打，根本别想躲开，再过安稳生活。既然躲不掉，惹不起，就只能拉拢、投靠，与他们建立起稳定的联系，由被追杀的对象转变为被保护的对象。当然，这样做的代价也是沉重的。对于宋子文这个财神爷来说，常年的经济支持是最基本的。

明白了道理，宋子文就开始行动了。讨好、奉承，大把地花钱，果然渐渐得到了杜月笙的另眼看待。两人最终称兄道弟，关系亲密非常。而宋子文也由于有了杜月笙这个保护伞，果然安全得多了。当然，几十年过去，宋子文与杜的交往也并不完全是出于利用了。毕竟老朋友还是有感情的。因此，当 1951 年 8 月，杜月笙在香港因病去世后。尽管宋子文已经脱离国民党，远在美国定居，他还是致电吊唁，并恭送了挽联。他还特别委托香港广东银行代他预订了全席的祭菜，并派他的秘书送到灵堂代为吊唁。对于两人之间的交往，此举可谓有始有终。

有了在国内与黑帮人物打交道的经验，也明白了有黑帮保护的好处后，宋子文在美国当然也要为自己寻求一个安全的环境了。更何况没有官方身份的他也早已不再享受美国政府为中国显贵提供的特殊保护措施了。从现在开始，一切都要靠自己了，好在他还有引以为傲的无数家当，足够他在美国再次建立起自己的保卫同盟了。

另外一个使他深受震动的事件是他来美国后还遭遇了一次暗杀。在纽约曼哈顿的一个停车场里，宋子文再一次死里逃生。这次的遇险让他异常恐惧，因为他感到，即使逃到美国仍然不能摆脱危险的境地。必须尽快适应周围的环境，求助于美国当地势力的保护理所当然地成为他首先想到的选择。此后，他搬离了曼哈顿，在长岛倍加小心地生活。同时，加紧了与当地势力的联系。所谓破财免灾，宋子文大把撒钱的结果不仅是终于取得了平安的保证，而且轻车熟路地成为能够影响美国的华人商界和黑社会的重要人物。

他的势力不仅触及美国政府的高官政要，而且伸展到美国社会的各个阶层。看来，“最有势力的中国大亨”的确名副其实。

世界上最富有的人

按照中国人的传统，从一个人的面孔中可以看出他的命运。宋子文似乎天生就是个商人。因为“宋子文五短身材，一副恭喜发财的脸相，和蔼中却又透着严厉，活像钱币上的头像，笑得有点勉强。他心事不少，表面上似乎与人若即若离，再加上戴着眼镜，镜片圆鼓鼓的，只有日本天皇和詹姆斯·乔伊斯才戴这种眼镜。”以中国人的观点来看，这样的面相就是典型的富贵相，宋子文也的确富贵一生。

《宋家王朝》中对于宋子文的财富有这样的描述“战争结束时，子文已成为世界上最富有的人之一，在世界上一些最大的公司中，他拥有大量股份，通过这些公司，他找到购买战争物资的独创的方法。费利克斯·格林引用宋子文一个朋友的话说，到1944年，宋仅在美国的财产就超过四千七百万美元。英国外交部一位高级发言人在1953年接见美国记者时断言，‘宋子文拥有你们通用汽车公司的控制股份，不是吗?’当记者说美国官员们普遍认为不是通用汽车公司，而是杜邦公司。那位外交部官员抢着说，‘嗯，有许多隐瞒所有权的办法，不是吗?’”

宋子文似乎天生就是个商人。因为“宋子文五短身材，一副恭喜发财的脸相，和蔼中却又透着严厉，活像钱币上的头像，笑得有点勉强。他心事不少，表面上似乎与人若即若离。

1947年9月，《纪事报》的出版人加德纳·考尔斯刊登了他在中国的见闻，“在上海的一次宴会上，一位激烈批评现政府的人对我说：‘中国不摆脱宋氏家族，不可能有光明前途。因为他们有十亿以上的美元存在华盛顿、伦敦和阿姆斯特丹等各地银行的账户中。’当他走开没一会，一位中国银行的高级官员对我说：‘不要相信此种傻话，他们的存款不超过八亿美元。’”

宋子文能够拥有巨额财富，当然离不开他所处的有利地位，但也与他出色的理财能力和先进的管理思想不无联系。1944年12月，《时代》曾经对宋子文的精明能干和先进的管理有所报道：“作为财政的监管者和对‘贿赂’的坚决反对者，宋子文对众多衣着华贵的官员十分反感，气恼地打翻过数不清的茶杯。他对托人说情和当面吹捧的做法嗤之以鼻。他喜欢坦率交谈，尽量减少繁文缛节。他具有美国人讲究效率的理念。他下决心要使华夏古老的车轮能像汽车轮子一样快。”他的惯用方法之一是，命令他的部属“应急待命”，这意味着他们不能离开办公桌去按照中国传统慢条斯理地吃午饭或扎堆儿闲聊，或者搞各种各样的中国式磨洋工。

宋子文颇为现代和西方的方法的确使他得罪了不少中国元老，他们完全看不惯他公事公办，凡事都讲究手续、原则的作风，这其中也包括蒋介石。但是，这却让他的财政业绩越来越令人瞩目，这也是他得以迅速积累财富的重要原因之一。

关于宋子文财富的另外一个说法是，在他所处的那个时代，他根本就算不上世界首富。就连在中国范围内，他的财富也算不上什么。有关方面曾经核实，根据已经掌握的宋子文档案，20 世纪 40 年代宋子文的财产为 200 万美元，1971 年宋子文去世后，将房产等变卖的计算在内，他的总资产有 800 万美元，除去 200 多万美元税款后，宋子文遗留给夫人张乐怡的遗产为 500 多万美元。

这种说法的另一个依据是在宋子文晚年档案中记载，当时他非常关注股票和债券的价格，在交易日，他会仔细抄下股票行情，用笔记下股票原始价、涨跌幅度。显然，比尔·盖茨这样的大户绝对不会这样关心每天或某一支股票的具体问题，而这恰恰是散户通常的行为，也符合普通百姓炒股的个人理财心态。这就说明，宋子文并非传说中那样的富有，他只是比普通人多一点积蓄而已。

2006 年 6 月，宋子文的外孙冯英祥应邀出席了在上海举办的“宋子文与战时中国”学术研讨会。他谈到其外祖父宋子文的财富时表示，宋子文生前很沉默，没有跟任何人谈过关于财产的事情。而实际上，也根本谈不上什么巨额财产。他留下的遗产是一些美国股票，他所有的孩子们平分这笔财富。

声名狼藉的发家史

西北大学的弗朗西斯·徐博士说，“在中国做官带来大量经济报酬，因而做官是这个国家最赚钱的行业。”宋子文私人财产的迅速积聚正是说明了这一点。

1983 年，联邦调查局解密了一批文件，其中一份 1943 年 1 月 9 日呈送调查局长 J. 埃德加·胡佛的备忘录长达一千页，其中有对宋氏家族的长篇分析。记录谈话的是联邦调查局的 L. B. 尼科尔斯，他在报告开端声明了谈话内容的重要性和真实性。谈话中爆料宋氏在中国“实际上操有生杀大权”，他们“一直是金钱狂，他们的一切行动都是受其聚敛钱财的欲望所驱使。”“他们正在进行一个诈骗中国人民的巨大阴谋——骗取中国人通过租界法案所应正常收到的物资，并把其中很大一部分钱财转移给宋氏家族。”显然，“子文是宋家促进实现他们目标的动力。……租界法案物资迄今已经分配给中国的约达五亿美元……其中很大一部分最终将转入宋家。”谈话者还说宋子文称一艘装载由租界法案提供的六十辆新式美国坦克和其他价值昂贵的战争物资的货船沉没了。但实际上“该货船从未装载坦克离开西海岸；也从来没有制造过这些坦克……这是对宋氏家族行为方式的确切说明，他们用这个办法把租界法案拨给制造六十辆坦克的资金转入自己手中。”英国外交部一位高级官员推测说：“宋氏兄弟把几十亿美元转入自己的腰包，许多钱根本没有离开美国。”

宋子文在任行政院长后，设立了中国全国救济与复兴总署，监督联合国救济物资的分配。救济物资一旦抵达中国码头，就由这个总署负责。通过这种手段，许多救济物资出现在黑市高价出售。《宋家王朝》中写到“当时美国红十字会所捐赠的血浆竟然放在上海药房里公开出售，每品脱高达25美元。”各种说法纷纷被传播开去：军用补给品经常神秘消失，查询的结果总是：仓库起火、敌特破坏、轮船遇海盗而沉没。查证的事实说明，许多东西从来就没运出美国，有的刚运到中国，第二天就出现在黑市上。据说其中有一批价值1400万元的包括罐头在内的食品和药品，只在海关出现了一下，便被宋子文的公司“吃”了，卖到了北欧地区！英国外交部一位官员说：宋子文借为政府筹资之名而大发横财，他把数亿美元都揣进了自己的腰包，其中大部分美元根本就没有离开美国而直接到了宋子文的美国公司账上！

1945年5月，宋子文以代理行政院长兼外交部长的身份正在旧金山参加联合国大会，美国报纸却刊登了一篇揭露中国丑闻的报道。宋子文当然异常尴尬。报道说“中国出现了战争期间最大的丑闻。那就是黄金丑闻，它是由局内人物引起的，与政府高级官员有关联。当3月28日官方宣布提高黄金价格时，那批人从中牟利……这批黄金是美国对中国五亿美元贷款的一部分……有人大发其财……舆论对政府有很大压力。在宋子文和孔祥熙的强烈要求下，从 1943 年起，美国对中国的贷款以黄金支付。从理论上说，这批黄金由政府控制的银行出售，以稳定通货膨胀，就像对贫血病人注射维他命一样。蒋抱怨美国答应供给的黄金运送太慢。当时仍担任财政部长的孔祥熙宣布银行先出售'黄金储卷'，一等黄金运到，此券就可兑换黄金。换一句话说，这批黄金原来打算用来遏制中国市场上疯狂的通货膨胀（通货膨胀主要是孔可笑的货币政策和霭龄投机倒把的后果）。现在却成了进一步从中渔利的商品期货市场。"

专栏作家德鲁·皮尔逊在宋氏流亡美国后仍关注着他们的生财之道。他在专栏中写道："蒋的另一个小舅子，伙同一些有钱的中国人采取独占大豆市场，损害美国公众利益的行动……这位小舅子就是宋子良，外交部长宋子文的胞弟。宋子良以前曾经一手处理战争期间美国向中国提供的价值三十五亿美元的物资。这笔大豆生意净赚三千万美元的利润，使美国消费者购买一蒲式耳大豆要多花一美元。

关于垄断大豆市场的怪事之一，是搞这笔交易的人确切知道把世界市场上的大豆全部买下来的恰当时机——共产党人侵朝鲜几周之前。

前不久，本专栏谈到，宋子良之子宋尤金伙同蒋的连襟孔祥熙之子孔令杰向中共销售大量珍贵的锡的情况……

上述种种行为也许就是幻想破灭的中国人民抛弃宋——孔王朝的原因。他们两害相权取其轻，宁愿接受共产主义。"

其实，早在抗战时期，宋子文等中国高级官僚就引起了美国的注意。1942 年 3 月，中国从美国获得了抗战期间最大一笔借款——五万美元。但是，借款的巨大成功掩盖不了中国国内固有的腐败问题。这笔财富的使用和支配受到置疑，招致了美国的不满。美国历史学家沙勒在他的《美国十字军在中国》一书中表示了他对此事的看法："后来，中国人对这笔款项的使用证实了摩根索最坏的估计。钱从美国财政部毫无计划地大量提取，划作在中国国内发行债券的准备金。虽然这想必是为了抑制通货膨胀而采用的手段，但结果却适得其反。购买公债和证券的只限于有权有势的官员、银行家和地主，他们获准以固定的美元和法币

（中国通货）的比率认购，尽管在债券上市的18个月内美元和法币的实际兑换率发生了大幅度的变化，就这样，1943年当这些债券交易结束时，投机商纷纷进行了有利可图的疯狂抢购。蒋夫人和孔夫人在三天之中就买进了价值五千万美元的债券。宋子文和陈光甫用自己的名字并更多地通过第三者各买进500万美元。美国财政部揭露这些交易的同一份秘密调查报告还说，财政部长孔祥熙曾把价值数百万美元的黄金从政府的账上转到自己名下。”

美国的一位作者评价宋氏家族说，宋氏家族“一直是金钱狂，他们的一切行动都是受其聚敛钱财的欲望所驱使”。至于宋子文的钱财数额，曾是人们众说纷纭的一个话题。

理财能人的蜕变

宋子文的财富，大多得益于他特殊的政治地位。在担任国民政府要职期间，他在为蒋介石理财的同时，总能顺便为自己也捞点好处。但是，他也不是生来就熟悉这样的招数，而是在错综复杂的官僚关系网中，逐渐学会了这种可以当作退路、用以自保的普遍手段。在初入政坛之时，宋子文还是个踌躇满志、一心为国的热血青年，他怀着对事业的热忱幻想着充分发挥才干，创出一番惊天动地的伟业。

在国内、外有过丰富的工作经验后，二姐宋庆龄将宋子文推荐给孙中山，他出色的理财能力很快得到孙中山的赏识。1924年8月，中央银行成立，年轻的宋子文出任行长。上任伊始，他就向孙中山提出建议“职行定期发行货币，应请通令各征收机关及商民，交易一律通用；所有公私款项出纳，自应一律通用。在公家征收机关，尤应专收职行货币，以示提倡。事关提倡职行货币信用，应请钧座明令各征收机关，所有征收田赋、厘捐、租税及其他公款，均一律收受职行货币。其报解公款者，非职行货币，概不收受。至商民交易，应准其照额通用，视与现金相等。"① 建议很快得到孙中山的采纳。1925 年 2 月又颁布《取缔外币条例》，"所有市面直接交易，概以国币为限，不得行用外币；凡人民向征收机关缴纳田赋厘税饷捐及其他公款，均须一律缴纳国币。"②

广州国民政府成立后，宋子文大刀阔斧发展中央银行业务，平息挤兑风潮，使广东革命政权经济不再受制于其他金融机构，使广州国民政府政权有了稳固的财政基础。宋子文也因此赢得了孙中山的器重，在党内的地位迅速提高。

1926 年，国民革命军北伐取得胜利，国民政府决定迁都武汉。1927 年，蒋介石挑起宁汉之争。宋子文面临武汉和南京的双重压力。两者都想争取到这位理财高手为自己效力。他尽管认为"武汉尽管有共产党人，仍然代表着国民党的真正传统"，但他又对革命充满矛盾。他说："我其实不是社会革命家，我不喜欢革命，也不相信革命。如果劳工政策吓得所有的商人和工厂主都闭店关厂，我怎么能平衡预算或保持货币流通呢?" 在蒋介石发动了宋家除庆龄以外所有人的轮番攻势后，子文终于败下阵来。他终于决定不再支持庆龄的政治主张，转而投入蒋的怀抱。

汪精卫

1928 年 1 月，蒋介石经过下野手段，联合汪精卫打击了桂系，再次牢牢掌握了国民党中央政府的党权与军权。随后，作为蒋的得力助手，宋子文被任命为国民政府财政部长。国民党中各派都对于宋的就任给予了厚望，谭延闿在公开发表的文章中说："以现在政府之状况说，北伐军事已在发展时期，首都新治，应从训政开始。

① 《孙中山全集》第 10 卷，第 532 页。
② 《银行周报》9 卷 9 号（1925 年 3 月 17 日）。

唯军事政务赖于财政者，最为重要，国府方面故以宋部长出而担任。宋部长前在广州办理财政，很有成绩，辅助军事进行极大。……现在训政开始，要实行民生主义，更要一方面发展军事，一方面统一财政，宋部长之经验学识最深，党内同志，希望其在此最短时期，于财政上有重大之发展，以完成北伐统一中国。”①

宋子文上任后随即采取多项政策，筹措军费。不得已还强迫江浙财团筹款和认购公债。在推行公债时，他通函上海商界称：“值兹军事进展，内政改造，百废待举，需款仍殷，而接济前方饷项，尤为刻不容缓之图，仍不能不借助于商民，以期众擎易举。”具体办法是对“各商店铺户，广为劝募……克期缴款，以济要需，勿任藉延。”通过一些强制措施，宋子文总算达到了蒋介石每5天需160万元军费的要求。

6月，宋子文召开了会议，邀请了70名上海的银行家、商人、实业家，以及全国各省、市代表。除了对1927年的经济政策做以解释外，他还提出了节制军事开支、建立预算制度、成立中央银行等一系列措施。他说：“民众若不参与拟订政府之政策，政府则不能取信于民”，“本部在巨大振兴计划制定之前，即请民众参加。现邀请诸位政界以外之贤达，亦即纳税者之代表，到此一聚，请多加批评指教。”会议上双方都提出了自己的要求。作为交换，代表们要求归还被没收的财产，同时请“政府就劳工协会之组织制定劳工法，以免闹事之徒利用这类组织借端生事。”7月，宋子文在南京召开的经济会议上，发表讲话，敦促蒋介石政府削减军事开支。《北华捷报》上刊登了他的讲话，他声称：“11月30日以后，掌握中国银根的上海银行家对国民政府将分文不借了。”而美国驻北京公使馆的马克谟则说“遣散费将由中国银行家预支……分期支付……预支持续与否视遣散的实际情况而定。”在这样的压力下，蒋介石终于成立了国家预算委员会，成员有蒋介石、冯玉祥、阎锡山、李宗仁和宋子文。

控制上海经济，考伯尔在《上海资本家》一书中对于当时上海的

① 《申报》，1928年1月9日。

情况有着精辟的评论，“与政府有关系的人员从事这种债券投机生意的一个主要工具就是以上海为基地的启兴公司。宋子文的弟弟宋子良、姐姐孔祥熙夫人，以及财政部的两名官员……创办了这家公司。公司与青帮头目、上海股票交易所董事会董事、兼几个商品交易处董事杜月笙有密切联系。杜又与孔家联系密切，据说他就是孔家处理债券交易事宜的代表。……该公司领导预先掌握市场趋势，并拥有巨额资本，他们刺激市场价格大起大落，从而把上海交易所变为名副其实的战场。”

抗战胜利后对于敌伪产业的接收使宋子文的理财能力得到了充分展现，不过这种展现的结果却是官僚资本、四大家族大大地中饱了私囊，而国内舆论对于宋子文的评价也降到了最低点。

抗战胜利时，宋子文已经任行政院长，但一直在国外为国民政府周旋。而国内对于敌伪产业的接收则完全处于混乱状态。中央、地方政府、军方都争相接收，毫无协调，甚至为一些油水甚多的“肥肉”大打出手。在接收过程中许多机关和官员趁机大肆侵吞财产、物资，着实发了一笔横财。青岛敌伪产业处理局将价值50亿元的敌伪物资向上海、台湾等地出售，但是收回的出售款只有30亿元，剩下的20亿元不知去向。而军政部甚至将徐州的民有企业烟草公司和酱油厂也强行收缴，还强词夺理地声称：当兵的也要吃纸烟吃酱，这些企业当然可以属于军用。这样的接收混乱局面很快惹得怨声载道，民心愤怒。

9月，宋子文回国。国内各界立即对他寄予厚望，《新中华》杂志形象地评论说：“在此错综复杂混乱局面中，北方人民不能从而获得健康与希望的建国远景。十字街头应当有一位真有指挥能力的交通警察来指挥这些车辆，使之就范，这个有能力的警察，人民认为就是宋院长。”

回国伊始，宋子文首先将接收权收归行政院所有，设立行政院收复区全国性事业接收委员会集中管理接收事宜，并在各地设立地区性专门机构——敌伪产业处理局。这样就将权力集中起来，由宋直接掌管。接下来，宋子文携“总裁谕令”飞赴上海。了解全面情况后，随即颁发通告：

“所有中央党政军各机关及上海市党政各机关，此次在沪办理接收敌伪各机关全体工厂仓库，以及一切财产、房屋、地产、汽车、船舶等项物资，截至10月12日为止，应即编具详明报告，于15日下午6时前送中央银行三楼行政院长驻沪办事处，过期未送者，即随时编送报告。”

他又颁布了各项条例对于接收问题进行明确规定。方针如下：一、已经接收的，由接收机关将接收所得之物资加以整理。二、尚未接收的，立即进行接收。执行的主要原则为：1. 产业原属本国、盟国或友邦人民而为日方强迫接收者，应发还原主。2. 产业原属华人与日伪合办者，其主权均收归中央政府。3. 产业原为日侨所有，或已归为日伪出资收购者，其产权均收归中央政府所有。另外还规定根据所接收产业之不同性质，分别交由资源委员会、纺织业管理委员会、面粉业管理委员会接办；业已接收之铁路电讯，应由交通部主持施用，规模较小者或其他产业，则标价出售；已接收之工厂，由经济部负责督饬复工。三、经过接收整理后，各企业应迅速恢复生产，以使这些产业与物资能尽快地对社会经济生活的正常化，以及增加政府的收入起到有效的作用。

宋子文大刀阔斧的接收很快控制了上海的局面，并进而稳定了苏、浙、皖等省。至1947年4月，三省接收的敌伪财产总值达1264808.8亿元，远远超过其他接收区的成绩。此后，平津地区、山东、华中、海南、台湾等地的接收也在宋子文的强势政策下很快成效显著。

在接收敌伪产业的过程中，宋子文有意向官僚资本进行倾斜，使国民政府在全国范围内垄断大大加强。以国民政府经济部的资源委员会为例，1946年3月，隶属行政院后，先后接管了属于重工业的工矿业，如钢铁厂、煤矿、石油矿、有色金属、电厂、化工厂、机器，以及水泥、糖和纸业等。据统计，在1947年的全国工业生产总值中，资源委员会控制了38.7%的煤，83.3%的电力，50%的水泥，甚至95%以上的石油、铁矿、钨、锑、锡、铜等有色金属资源，资源委员会在两年的接收过程中，实力迅速膨胀。

1945年11月，趁着掌握接收大权的机会，宋子文将利润高昂的纺织业变为官营，在重庆成立中国纺织建设股份有限公司，即中纺公司，开始大肆接收日本在华纺织业。为了扶植中纺公司迅速取得垄断地位，他利用手中权力多方给予便利，下拨专项资金，赋予其原料供应、配纱和产品收购、运销等方面的优惠政策。这些措施大大挤压了民营企业的生存空间。通过这样类似的手段，官僚资本大行其道，很快控制了全国的经济领域。1946年上半年，官僚企业的资本已达到全国产业资本总额的80%以上。

除了让官僚资本大大受益，宋子文也没有忘记给自家的金库添砖加瓦。他出台了各种有利的政策法规，帮助四大家族掌握国内市场和进出口贸易。先后成立了蒋、宋（美龄）的中美实业公司；宋氏家族的孚中公司、金山贸易公司、统一贸易公司、中国进出口贸易公司、利泰公司；孔氏家族的扬子建公司、长江公司、嘉陵公司、建新实业公司；陈氏家族的太平兴业公司、华美贸易公司等。

财政金融领域是宋子文发家的老本行，这次当然也是他大展宏图的重点领域。宋子文、孔祥熙控制的四行二局将日伪在华的所有金融机构及其各种钱物，尽数收入囊中，成为金融界再也无人能够撼动其绝对统治地位的大哥大。1945年9月和11月，国民政府财政部先后公布了《伪中央储备银行钞票收换办法》、《伪中国联合准备银行钞票收换办法》，规定：流通于华中和华南地区的伪币“中储券”200元兑换法币1元，流通于华北地区的伪币“联银券”5元兑换法币1元。而根据当时这些地区与国民党统治区批发物价总额比较，两种伪币与法币的实际兑换率分别应是35.1∶1和0.5∶1。伪币价格被大大压低，无异于对沦陷区民众又进行了一次大规模劫掠。《大公报》社论评论说：“收复区的人民守夜到黎明。当他们看到祖国的旗帜时，他们欣喜得发狂。但是当他们睡了几夜之后发现，他们大多数人都失去了家园和财产……几代人积累的财富瞬间就转移到掌握着美元和国民党法币的人们的手中。”而另外一篇文章干脆写道，国民政府的“接收”给广大人民带来的是“一片胜利的灾难”。在这样的舆论氛围中，作为国民党接收事务的总负责人，宋子文当然不可避免地成为舆论攻击的对象，昔日的光辉形象顷刻被敛财小丑所代替。

院外援华集团

宋子文不仅是专业的经济家，还是杰出的雄辩家，他的说服力曾经给蒋介石的国民政府带来巨大的收益。他征服美国人的秘诀就是“必须要使美国人知道中国正在做些什么，正需要美国人为我们做些什么”。正是有了这个秘诀，他在美国拥有了一批交情过硬的朋友，无论他以国民政府高官的身份，还是成为一介平民，这些朋友都不遗余力地对其施以援手。这些朋友被称为著名的“院外援华集团”。

巴巴拉·塔奇曼书中说：“宋子文是他那个时代最不知难堪不怕疲倦的游说家。他运用了一切可以想象的接近罗斯福总统的渠道，其中包括詹姆斯·罗斯福、阿奇博尔德·麦克利什等不计其数的人，这些人被他的令人难忘的说服力所打动，答应把他关于各种形势无可挽救的信件转交给罗斯福总统。”这是他精心编织的一张“关系网”，也是所谓院外援华集团的一部分。

当然，这张网成功地捕获了罗斯福，也在美国捞起了巨大的利益。宋子文在美国神通广大，甚至经常不经外交程序，直接给罗斯福呈送文件，这样的做法导致了程序的混乱，引起了美国有关方面的不满。美国国务卿赫尔和副总统居里都曾建议中国按程序转送文件。时任蒋介石政治顾问的拉铁摩尔就曾经向其转告美国国务院的不满，“不得不冒昧言之，凡致阁员之函电，经由宋子文先生转达，已引起不满，并有妨于正道也。”但是，宋子文与罗斯福的亲密关系使他并不因此有所顾忌，也正是罗斯福总统的友好表示使他能够如此行事。

当然，罗斯福总统的去世对于宋子文来说，是巨大的损失，他不仅失去了一位老朋友，也失去了一位美国的重要支持者。然而，宋子文不会因此而退缩，新总统杜鲁门成为他下一个争取的对象。尽管“他致力于培养同罗斯福的关系已有四年，如今他要和新总统打交道，又得从头做起”。凭着丰富的与美国人打交道的经验，宋子文对自己充满信心，“在华盛顿保不住什么秘密。……可以放心……不管举行什么会议，我总是能够得到会议的全部确切的消息”。

杜鲁门也不得不承认院外援华集团的显著成绩，他说：“他们动员了许多众议员和参议员，让他们做什么，他们就做什么，而且他们花了几十亿美元……我不是说他们收买了谁，但确实筹集了巨款，在华盛顿确有许多人追随……院外援华集团活动。”

当20世纪50年代朝鲜战争爆发后，美国又转而开始支持台湾。院外援华集团又开始发挥它的巨大作用了。马奎斯·蔡尔兹评论道：“任何了解这里情况的人都不会怀疑，一个强大的院外援华集团已经给国会和总统施加了非常大的影响。一个外国代理机构和外交代表能施加这样大的压力，在外交史上很难找到先例……中华民国直接介入的规模，不是空前，亦属罕见。该运动目的之一是为麦卡锡的政治迫害而火上加油。”院外援华集团的主要成员有“来自台湾的参议员”威廉·F. 诺兰，他是《奥克兰论坛报》的主办人；曼彻斯特《工联领袖报》的极右出版商，新罕布什尔州的威廉·洛布，他支持集团中的参议员布里奇兹；斯克里普斯——霍德华报业集团的罗伊·霍德华；美国广播公司新闻处的约翰·戴利；还有鼎鼎大名的亨利·卢斯。传记作家斯旺伯格评价卢斯说：“现在，卢斯看到他一生中最宏伟的工程，有变成废墟的危险。随着废墟席卷而去的，不仅是中国的命运、基督教的命运和美国在亚洲的霸主地位，而且还有他自己的平静心境和声誉。十五年来，克里斯勒大楼和洛克菲勒中心的密谋策划，以及卢斯通讯社连篇累牍的大量宣传，都是为了使蒋在中国一统天下。但是毛在中国一统天下的梦魇却不断增长，使卢斯不得不采取强有力的对策。其中之一就是他的学中学会。创建这个学会是为了庇护中国留学生，现在注册为中华民国效劳的外国代理机构（以卢斯为托管人）。这是一个例子。”

在新闻报告员罗伯特·S. 艾伦的报告中则称：“这场值得注意的外国袭击的最值得注意的方面之一，是由某些颇有名气的美国人精心策划的。……长期以来，卢斯一直为蒋再得到二十亿美元的施舍进行宣传和鼓动……在华盛顿，实际上整个卢斯办公室，已作为蒋的院外援华集团的一个组成部分，一直在竭尽全力进行活动。”

集团中也包括一些组织和机构，以及他们的负责人。如美国对华政策协会，援助反共中国、保卫美国委员会，它的董事会中要人荟萃，有国际妇女服装工人工会、美国劳工联合会第二副主席大卫·杜宾斯基、可口可乐公司董事长、前邮政总长詹姆斯·法利、美国对华政策协会主席阿尔弗雷德·科尔伯格；百万人委员会，后改为自由中国委员会，其成员中有二十三名参议员、八十三名众议员以及陆、海军将领和大亨们。另外还有一些机构也对集团予以支持，如美国劳联——产业组织大会执行委员会、美国退伍军人团、美国安全委员会、美国保守派联盟和美国青年争取自由委员会等。

其实，早在抗战时期，宋子文作为蒋介石的“私人代表”在华盛顿争取美援的几年间，就开始培养一批亲华的军政要人。正如《宋家王朝》中所说：“宋子文他知道在华盛顿办事的奥秘，他也培植了自己的朋友，包括又有影响力的报界人士约瑟夫·安塞尔·莫勒，他们与各部门都有密切关系。艾尔索普是罗斯福的许多连襟之一，……若非为己之故，他是决不肯为任何事或任何人效力的。……艾尔索普和莫勒为挽救中国，在美国政治领袖和国会议员中进行了疏通游说活动。宋子文结交的其他人，还有总统特别助理哈里·霍普金斯和助理陆军部长约翰·麦克洛伊。宋最有影响的老朋友，是罗斯福的贴身助手托马斯·科科伦。”

这些中国的朋友遍布美国的白宫、国务院、财政部、陆军、海军和其他各种机构，形成势力强大、作用非凡的援华团体。塔奇曼在《史迪威与美国在华经验》一书中写道，他们“提建议，立誓言，力陈自己的主张，又推又拉又敲打，使尽浑身解数”，为中国说话，争取美国援助。

柯里是战时罗斯福总统派往中国考察的特使，1941 年 2 月，在中国考察的一个月时间，使他也变成了坚定的援华派。归国后，他和宋子文密切合作，成为宋的得力朋友。摩根索曾不无感慨地抱怨：“柯里先生叫人头痛的是，我不知道他花的一半时间是为总统工作的呢，还是为宋子文效劳，因为他的一半时间受雇于我们的政府机构，还有一半时间受雇于另一个国家的政府机构。”3 月，租借法案通过后，宋子文于 4

月在美国成立了中国国防供应公司，专门负责承办租赁物资的购买和运输，从而将对华援助的经营权集中起来。他任用了一批在美国政府机构中有特殊关系的人士担任公司的经理人，通过他们加强与美国政府的联系，在美国政府和国民党之间建立起长期稳定而亲密的联系。这个关系网成为院外援华集团的最初基础。当时公司的主要成员就有科科伦、艾尔索普、陈纳德、威廉·扬曼和威廉·波利等。

当然，院外援华集团的领导人物不止宋子文一人，还有国民党另一位著名的人物——孔祥熙。虽然他们之间并不和睦，但在对国民政府，或者说蒋介石的支持上是意见一致的，因此，他们能够罕见地共同为同一件事出力。专栏作家德鲁·皮尔逊将孔祥熙任主要董事的中国银行称为“院外援华集团的神经中枢”。他在文章中披露了中华民国政府通过各种机构支付巨额宣传费用的内幕。

“孔祥熙博士对美国政治熟谙的程度不亚于他对中国财政的精通。在路易斯·约翰逊参加杜鲁门内阁好早以前，孔就选择约翰逊为他的私人律师。

后来，约翰逊当了国防部长，成为主张美国支持台湾最坚决的倡导者之一。这与他和孔的关系，也可能有关，也可能无关。……孔祥熙博士曾多次拜访新罕布什尔州参议员斯泰尔斯·布里奇兹，这位参议员也一直积极敦促给台湾和蒋介石流亡分子以援助。

1948 年，布里奇兹竞选连任，他的表上登记了纽约的阿尔弗雷德·科尔伯格的两千美元的竞选捐款。科尔伯格，是院外援华集团的前台人物，也是孔祥熙博士的朋友。

意味深长的是，布里奇兹参议员不仅投票支持院外援华集团的政策，并就此发表演说，而且还为孔——宋王朝帮了一次大忙。……

1948 年，即布里奇兹从科尔伯格那里得到院外援华集团的捐款的同年，布里奇兹还指派爱达荷州参议员沃思·克拉克为参议院拨款委员会的公正的代表，到中国去提出关于国民党政府情况的‘公正’报告。布尔里兹当时占有拨款委员会主席的重要职位。

考察的目的，是就美国增加对蒋的援助是否合理提出建议。

然而，关于这次所谓公正考察，人们有一点情况没意识到，这就是克拉克所处的地位使他很难做到公正，因为这位前爱达荷州参议员长期以来，一直是代表宋子文进行法律诉讼的律师事务所的成员。简而言之，克拉克是院外援华集团花钱雇用的说客。

另外，克拉克此行的部分费用是中华民国支付的，尽管他本来是为美国参议院和美国纳税人进行工作的。

回国后，克拉克极力建议增加对蒋的援助。”

正是由于有了院外援华集团的这些朋友，宋子文才能在美国对华问题上屡建功勋，而他自己也通过这些深厚的关系获益匪浅。尤其是他脱离国民党，定居美国后，这些慷慨的、富有同情心的美国人一直是他在平静晚年的朋友。

第三章

翻手为云覆手雨——带头大哥

“极端危险”的人物

定居美国的宋子文并未从心底里感到彻底的安全。那些令人瞩目的过去很难让他一下子找到平静的感觉。他总是觉得仅凭着自己的财富在美国生活还远远不够，官场的照顾和各种势力的保护才是必要的保证。因此，他想尽办法联系了众多黑白两路的“朋友”。这使他成为在黑白两路都能吃得开的能人、大哥级人物。了解内情的人甚至对他充满畏惧，称他是“极端危险”的人物。

美国政要就不必说了，许多人都是宋子文在位时就关系密切的老朋友了。他们中许多都是院外援华集团的骨干，能量巨大，在美国政界举足轻重，还有许多是金融界的巨头，对美国经济能产生非凡的影响。这些名流人士将美国、中国大陆和台湾的各种消息源源不断地提供给宋子文，也同他一起讨论这些复杂国际关系的走势。因此，宋子文虽然远离政坛，但对于国际形势的哪怕一点细微的变化都了如指掌。新中国建立后日益巩固和强大；国民党在台湾积极经营，但要想反攻大陆也似乎雾里看花，不切实际；美国对于新中国的态度还在观望，而早已不再对蒋介石给予援助。这些情况他心知肚明，也由此更加坚定了摆脱国民党，定居美国的决心。

但是，国民党并不是那么容易就摆脱的。蒋介石出身青帮的历史，宋子文当然知道。而蒋介石尤其擅长的绑架、暗杀那一套，宋子文则比谁都了解得更清楚。即使身在美国，他仍然能够时时处处感受到来自台湾的威胁。况且美国与中国一样，也有许多以这些暗地里的交易为生的人群，这里的黑帮同样不可小觑。宋子文这位惹人瞩目的超级富翁，自然很容易就成为当地帮派垂涎的对象。

深知此中规矩的宋子文明白，最明智的选择不是一味躲避，所谓“躲得过初一，躲不过十五”，这不是解决问题的最终办法。想要获得长期稳定、安全的生活必须融入其中，拥有自己的势力群体。这方面，他也是很有经验的。因此，他驾轻就熟地略施手段，就网罗了一批对他死心塌地的追随者。这些人成分复杂，三教九流无所不有。警察、小偷、打手、贫民窟的混混、政治上激进者、流浪汉。通过散步在社会各个角落的“自己人”，宋子文可以轻松地掌握任何不利于己的消息，也能不露声色地解决各种“小问题”。他的这种用人的杰出天赋令美国的国会议员都大为感叹：蒋介石最好不要惹宋子文恼火，否则，只要他一下令，要把那个孤岛掀动起来并不是难事。因为，他们认为，宋子文手下的亡命之徒可是什么事都做得出来的。

其实，刚开始步入政坛时，宋子文对于黑帮势力的认识基本上还是空白。蒋介石可以算作他这方面的启蒙老师了。在身陷于复杂的政坛后，他才渐渐对派系势力有了更多的了解和掌控能力。蒋介石才是利用黑帮的老手。

作为一个美国人，谢伟思对于中国社会的了解可谓深刻，他在了解中国重要人物方面有着独特的方法。以蒋介石为例，他认为“了解蒋年轻时代在上海的经历，对于理解他的处世方式十分重要。”

根据这种逻辑思维模式，他在一份送交国务院的备忘录中分析了蒋介石发家的基础。

“从接触黑社会帮会歹徒中，他懂得威胁与讹诈的作用。除此之外，他还加进中国传统的讨价还价的习性和分化离间、坐山观虎斗的手段……在他所做的每一件事情中，蒋处处表现出此种品质。他获得和保持今天在中国的地位，全凭在这个人与那个人之间搞平衡，在这个派别与那个派别之间搞均势的本领，全凭他作为军事政客而不是军事统帅的诀窍，全凭依靠黑帮秘密警察。”显然他看到的蒋介石在国家元首的外衣下，同时也是操纵黑社会的老大，这样的情况在中国较为普遍。宋子文也不例外，他同黑帮人物同样有着密切的联系。

1930 年，时任财政部长的宋子文就曾经和杜月笙合作，在国民党军队的保护下，从波斯向上海贩运了七百箱鸦片，凡参与装运和提供保护的各方都获得了高额酬劳。1931 年 4 月的《时代》杂志上有一篇有关宋子文和南京政府的讽刺文章。“财政部长宋子文上星期兴高采烈地宣称，中国即将有‘一项新的现实的鸦片政策’。……根据宋部长的说法，一项‘现实的’鸦片政策不是禁烟的政策。结果，中国财政官员被派到台湾学习日本管理鸦片的制度：政府垄断下的有限制的出售。如果精明的宋部长真的把鸦片装在他的财政部的战车上，他在未来一段时间内就能找到一种平衡中国预算的方法。”

在当时的上海，杜月笙是个令人畏惧的体面人物。他拥有多家银行、公司、交易所的股份。上海的《人名录》中介绍他是“当今上海法租界最有影响的居民。著名公共福利活动家……法租界公董局华董。上海中汇银行和东汇银行董事长。正始中学创建人兼董事会主席。上海急救医院董事长。总商会监委委员。杭州华丰造纸公司董事长。中国通商银行董事长兼总经理，江浙银行、光华大学、中国花纱布交易所、上海商船航运公司等企业的董事。宁波仁济医院董事长”。

经济学家帕克斯·科布尔对他印象深刻。“尽管杜月笙在‘合法的’商界取得了出人头地的地位，他仍然是黑社会中吃人不吐骨头的魁首。连在商界与他交往甚密的孔祥熙，也得提防着他的势力。在法币改革时期，孔祥熙吸收杜月笙参加了货币储备委员会。英国顾问弗雷德里克·李滋罗斯爵士反对这项任命，因为他认为杜月笙声名狼藉。孔祥熙承认有这个问题，但对李滋罗斯直言相告，说杜月笙‘无疑是个投机家，还是一个流氓头子，但是，’孔祥熙在记录中写到，‘在上海有上万人对他唯命是从；他随时都可以制造混乱’”。

波兰人苏丝是唯一一位采访过杜月笙的西方人士，1944 年出版的《鱼翅和小米》记录了她的中国之行，其中这样描述了杜月笙。“他在中国是一位人所不及的权势人物，政府本身也不得不倚重他的权势……杜月笙是艾尔卡彭和洛克菲勒的混合体……他资助中国的鸦片生产，大量地从伊朗进口鸦片，为制造麻醉品提供资金，实际上则从全国的每一笔毒品交易中获取回扣。此外，他还是强大的国际贩毒集团的中方伙伴，这个集团的活动范围已扩展到太平洋沿岸加拿大、美国和拉美各国。”

而她采访杜的过程则描写得更为精彩。当杜公馆的仆人宣布“杜先生到!”后，“我转过头去，我们都注视着来人……此人面容憔悴，溜肩，长长的双臂毫无目的地来回摆动。他身穿一件斑斑点点的蓝色长袍，平板脚上趿拉着一双邋遢的旧拖鞋。鸭蛋形的头显得很长，头发却剪得很短，前额好像向后去了一大块，没有下巴颏，两只大耳朵像蝙蝠，冷酷的嘴唇包不住那一口发黄的龋齿，一副十足的令人作呕的烟鬼形象……他拖着脚步走来，无精打采地左右环顾，看是否有人跟踪。

我们被引见。我以前从未见过这样的眼神。他的眼睛黑得好像没有瞳孔，模糊呆滞——像死人一样令人难以捉摸的眼神……我感到不寒而栗。

他向我伸出一只软弱无力的冷冰冰的手。这是一只骨瘦如柴的大手，手指有两英寸长，像是沾染上鸦片的褐色爪子。

杜先生对我们的来访表示高兴。我说，感到高兴的应该是我们。接着，我们各自就座。”苏丝在鸦片问题上对于中国政府和杜月笙本人提出了很多怀疑，甚至差一点就惹恼了这位中国的鸦片大王。“我说，我曾在海关看见最近缉获的两起走私案。对这两起案件曾作何处置，杜先生能向我作一些说明吗？我转过头去看看他的脸。正好遇到他燃着愤怒火焰的目光。我刺伤了他的感情。那双死人一般的眼睛又复活了——充满智慧、炽情和冷酷，射出一种令人毛骨悚然的目光……一场决斗开始了。我没有畏缩。当他把头转向翻译王桂森时，他的目光却又变得暗淡起来，他阐述了政府的方针：缉获的毒品都在官方监督下当众销毁。他感到奇怪的是，我竟然没有见过许多销毁毒品的照片，这些照片曾广泛刊登在世界各地的报刊上。”当苏丝指出，这些缉获的毒品并没有销毁而是又投入了非法交易市场时，杜月笙终于被惹得发了火。当然，苏丝的采访时间有限，争论也到此为止。

1937 年 9 月，蒋夫人也曾在讲话中谈到中国的毒品问题。“试请注意一下日本人及其特务分子，他们正以其令人恐惧的疯狂努力，向这片国土倾销鸦片和麻醉品，其主要目的是想瓦解人民的士气，使他们在体质上失去保卫国家的能力，在精神和道德上堕落下去，只要能满足他们的欲望，他们就可以轻而易举地被用毒品收买，充当间谍。

日本人以恶魔般的狡诈手段推销毒品，我们在全国各地都发现了秉承其毒品供应者的意旨行事的间谍……

如果说人类曾遇到过某种滔天罪恶，此事便值得深思，当所谓‘自由公民’被日本人召集起来，列队游行支持他们的计划时，世界目睹的不是普通人的行列，而是一支浸透麻醉品的不幸者的游行队伍，他们并不明白自己的所作所为。但是，日内瓦却知道这个可悲又可怜的事实，全世界各国政府也都明白。”

尽管蒋夫人在言辞中对毒品深恶痛绝，但事实上，她的哥哥宋子文、丈夫蒋介石以及他的密友杜月笙才是向中国合伙贩卖鸦片的核心人物。在这个利益共享的集团中，他们之间的关系完全是由金钱来维系。

宋子文掌握黑帮人物的手腕可谓有打有拉，他曾经得罪过杜月笙，并为此受到暗杀的威胁。但在有利可图时，他们又能捐弃前嫌，共同合作。尤其是在交往日久后，宋子文已经摸清了这些人物的性格特点，处理起关系来更加得心应手了。他与杜月笙的关系也越来越表现得亲密了。1947 年 8 月 30 日，在杜月笙 60 大寿时，宋子文和夫人还特别送给他一副用乾隆年间的竹根雕成的春桃和佛作为寿礼。这让杜月笙很是得意，两人的关系可见一斑。

如果说宋子文与杜月笙是不打不成交的话，那么宋子文和戴笠之间则完全是你情我愿、一拍即合了。

1936 年，经过几年的明察暗访，戴笠终于将数次刺杀宋子文号称中国第一杀手的王亚樵成功铲除，去掉了宋子文的一块心病。为此，宋子文对戴笠很是感激，从此另眼相看。戴笠也正想借此巴结上这位党国的财神爷。两人交往渐深，宋子文成了戴笠的钱袋，他对戴笠的借款总是有求必应，至于钱的用途、去向和是否归还则不闻不问。而戴笠对宋也是刻意讨好。1944 年 8 月，唐纵在日记中写道：“戴的为人更深认识了一层。他对付宋子文的办法，有两个法宝。一是特务威力，一是迷魂的女人。王亚樵案是他换取交情的开始。宋觉得戴某人是有力量的，他在香港为宋预备了有名的容太太的女儿，刚才十六岁献给宋。这位年轻可爱的女人打动宋的心。容太太是戴的姘头，如果容小姐得了宠，岂非妙喻吕不韦吗？"

号称中国第一杀手的王亚樵。

连杜月笙、戴笠这样难缠的人物都与宋子文交了朋友，美国的林林总总就更不在话下了。看来，这个危险的人物其实也是在危险中不得不迅速成长的人物，表面看似危险才能获得自身的平安。可以说，这也是形势所迫、被逼无奈。

"做了鬼我们还要来寻你报仇！"

隐居生活并没有使宋子文在美国感觉到安全，他深知自己在国民党内树敌不少。脱离台湾后，蒋介石也对自己恨之入骨。家中的巨额财富更是很多人觊觎的目标。严密防范各种可能的危险绝对是必要和必须的。所谓防患于未然，他所培植的众多手下果然在关键时刻发挥了重要作用。

据说宋子文在美国的生活开始并不平静。曾经有一段时间经常收到一些匿名的恐吓信，而且花样翻新，层出不穷。一般的恐吓信应该向对方提出一些威胁和要求，让对方按照自己的意思行事，以此达到目的。可是，宋子文收到的恐吓信根本没有提到任何内容，只是一味的以各种形式表明暗杀宋子文的企图。开始信中夹有一颗子弹，这封信立即引起了宋子文的注意。但是严阵以待了几天后，并没有什么动静。正当他稍有松懈时，第二封信来了。这次信中还是没有什么内容，但是却夹有一包毒药。宋子文开始考虑这件事有些蹊跷，或许是他有所准备使杀手不好下手？但是，既然要暗杀他为什么还要提前警告，引起他的注意呢？尽管百思不得其解，宋子文还是加强了戒备，毕竟这是关系生死的大事，万一有个疏漏，后悔莫及。又是几天过去了，杀手还是没有行动，而是再次发出警告，这次是给宋子文送来一把染血的小刀。

凭着自己多年闯荡江湖的经验，宋子文觉得干这件事的人应该不是什么大人物。这样几次三番地出手警告，无疑给对方多留下了很多线索，使对方更方便地查出杀手的身份，也使自己的行动容易过早地暴露。宋子文的手下早就根据这些恐吓信，撒开大网查找信的来源和杀手的身份了。他平时培植的各色人物这次是各显神通，纷纷卖力地办事，都想在此事上立上一功，以得到宋子文的重用和更多的好处。

不久，宋子文散布于各个角落的手下传回了确切的消息。果然如宋子文分析，这件事的确只是两个小人物所为，因此，手法幼稚、粗劣。但是他们背后的主使蒋介石却鼎鼎大名、不容小视。听说远在台湾的蒋介石果然还不放过自己，甚至要致自己于死地，宋子文虽然有心理准备，可是当确认这个消息时还是感到很是伤心。毕竟他们还是亲戚，而且自己为蒋介石卖命了几十年，几次在蒋困难的时候，都是宋为其解围，与之共进退。虽然最终宋子文选择了脱离蒋介石，但是并没有做过什么有损于他的事，没有功劳还有苦劳，蒋介石这样不念旧情、心黑手辣让宋子文彻底寒了心。或许，这也是多年以后，宋子文应蒋介石之邀回台湾小住，却并未应蒋的要求帮助其在美国继续求援的原因吧！

知道了杀手的底细，宋子文对付起他们来就得心应手得多了。他的手下早就将两人的行踪掌握得清清楚楚。而这两个小人物还自鸣得意地以为他们一个月前给宋子文不断发去的恐怖信号，早就把年过半百的“宋老头”吓得屁滚尿流了呢。因为一个月来，宋子文毫无反应，根本没有像传说中那样厉害地将手伸到他们躲藏的香港来，也压根没有针对他们的任何风吹草动。在他们看来，他们开始的提心吊胆和躲躲藏藏真是多此一举，宋子文在美国跟在大陆的势力相比是天壤之别，没有什么可怕的。他们甚至早就为这次行动成功后的生活设计了美好的蓝图。

当他们做着美梦从香港乘机到达美国后第二天，还未来得及弄清楚宋子文豪宅的方位，就被几个彪形大汉“彬彬有礼”地请到了宋子文的面前。这下他们可以不必再绞尽脑汁地寻找见到宋子文的机会了，也省掉了制订各种暗杀的计划的麻烦。可是，他们的心情似乎也就没那么好了。

得知眼前这个表情和蔼的人就是宋子文时，两名杀手紧张的情绪反而松弛下来。反正已经暴露，被人抓住不外乎就是死，与其死得窝窝囊囊，还不如敢作敢当，硬气到底。两个人不约而同地态度强硬起来。他们对于宋子文关于他们是否要行刺他的问话直言不讳，干脆地承认匿名信都是他们干的，而且他们也的确想刺杀宋子文。听到这些回答，宋子文并没有生气，他知道，这毕竟只是两个小人物。他并不想与这些小喽啰们为难。于是，他又和颜悦色地询问到：“你们为什么要杀我呢?”这个问题使得两个人一愣。其中一个杀手默不作声，他只是奉命行事，根本没有想过做这件事的原因。是啊，刺杀宋子文跟自己有什么关系呢？另一个脸上留有刀疤的杀手却接口到：“因为，我爹被黄金风潮搞得破了产，上吊自杀了，这都是因为你，我恨你!”

宋子文闻听此言一下子呆住了。黄金风潮的确是他从政生涯中最大的败笔，他也因此从权力的巅峰跌落下来。当时引起的社会动荡、经济混乱尽管并不是他所愿意看到的，可毕竟是事实，是他政策失误造成的恶劣后果。当时人民的悲惨经历他不是不知道，物价飞涨，货币贬值。许多人辛苦攒了一辈子的积蓄，几天之内变成一堆废纸；上街买菜要带成筐的钞票；许多东西的价格一天之中翻了几十倍。成千上万的中小工商业者破产，跳楼、上吊、服毒、吞枪、妻离子散、家破人亡，各种惨事层出不穷、屡见不鲜。宋子文清楚地知道自己造下了孽，但是他也有他的无奈。身处于国民党的官僚体系中，仅凭着一己之力根本改变不了什么，况且他也从中受益匪浅。但是，黄金风潮始终是他心底里一个脆弱的伤痛。

现在，眼前的杀手为此记恨自己，宋子文并不意外。只是没有想到，事隔几年，仇恨还会以这样极端的方式表现出来。

看到宋子文脸上的表情突然阴郁下来，两名杀手想肯定是他们的回答触怒了宋，这下宋子文可要大发雷霆，立即下手狠狠地整治自己，送他们回老家了。反正死期已定，也没什么可怕的了。这两个杀手的脾气还真是倔犟，这倒是和宋子文有些相像。他们索性豁了出去，有什么说什么，把宋子文大骂一顿也算不虚此行了。刀疤脸最后还颇有江湖气概地大声叫道："要杀要剐，老子随便你，痛快点就行！我爹是你逼死的，今天我也死在你手里，做了鬼，我们还要找你报仇！"

听了这两人的一通谩骂后，宋子文的心里很不是滋味，一想到当年那些死去的鬼魂，他就充满了愧疚。对他恨之入骨、发誓下辈子找他报仇的何止刀疤脸一人。可是，冤冤相报何时了，如果此时他再将两人处决，那么他们的后代还会将仇恨继续下去，而且更加激烈，来寻仇的人会越来越多。何况，的确是自己犯错在先，即使有许多不可控制的因素，但自己仍然脱不了干系。这都是命中注定的劫数。现在唯一能做的，就是尽量弥补自己的过失，消除仇恨。否则，就要提心吊胆地度过余生，或是永远无法摆脱自责。这些都不是宋子文想要的生活，他只想安安静静地过上平凡人的晚年生活。想到这里，宋子文已经决定了处理这两名杀手的办法。

宋子文走后，两个人本以为会被他手下那些彪形大汉带出去"上路"，可令他们惊讶的是他们只是被安排在一间客房里，就像住在酒店一样，一日三餐按时供应。他们开始还以为这是宋子文在搞什么鬼名堂，可是两天以后，有人通知他们，他们自由了，可以离开了。这让两人非常惊讶。杀手被无故释放，这简直是天方夜谭，不可能的事！可是当他们的行李和随身所带的东西都被原封不动地送来，工作人员彬彬有礼地请他们离开时，他们才相信，宋子文真的没有追究他们的行为，反而宽容地放了他们一马。这倒让他们有些于心不忍了。

两个人商量来，商量去，觉得任务没有完成就这样回台湾，蒋介石肯定不会放过自己，以蒋手下人的狠辣劲，一定会将两人灭口。而这次宋子文如此宽宏大量，以礼相待，已经让他们感到无地自容，一命还一命，以往的恩怨可以就此了结。因此，再次行刺宋子文是不可能的事，也太不仗义，他们是决计做不出来了。对比一下台湾和宋子文对自己的态度，与其回去送死，还不如留在国外，这样反而更安全些。但是，刀疤脸毕竟与宋子文有杀父之仇，仇怨已了也不愿在宋的手下做事。因此，他决定去南非，远远地躲开蒋介石的爪牙。而另外一名杀手决定加入宋的集团，死心塌地地为宋办事。他们向宋子文提出了各自的要求。虽然宋子文没想到他们会有这样的想法，可是听了两人的理由又觉得很有道理。无奈，他同意了两人的决定，将那名杀手留了下来，后来他果然成为宋忠实的得力门将。宋子文对于与自己有仇的刀疤脸更是格外照顾，听说他要去南非，就拿出五万美元的支票作为资费。

虽然刀疤脸对宋的态度仍然不冷不热，拿过宋的支票也未道谢，但是他心里清楚，自己与宋的恩怨就此了结，宋的做法也的确让他钦佩。依靠宋的资助，他在南非办厂经商，成家立业，颇有成就。多年以后，当他得知宋子文去世的消息时，还特意带着夫人从南非来到美国，吊唁这位昔日的仇人。虽然表明上他仍然冷静漠然，但回到家里，他专门为宋子文设立了灵位，自己守灵三个月。在宋子文的灵前，他亲手焚烧了一张五万美元的支票。

这次暗杀行动可谓虎头蛇尾，精心的筹划和造势被宋子文轻描淡写地就一笔带过了。根本没有引起人们的注意，更谈不上轰动的效果了。这是宋子文一生七次遇刺中最杳无声息的一次，也是最后一次。在此以前，宋子文的每次遇刺都是轰轰烈烈，闹得沸沸扬扬，总能成为媒体的头条新闻和街头巷尾津津乐道的话题。

宋子文第一次遇刺是在 1927 年 3 月，当时国共合作还未破裂，尽管一个月后蒋介石就发动了四 · 一二反革命政变。年轻的宋子文正处于事业上第一个巅峰，在孙中山逝世后被任命为武汉国民政府财政部部长。他大刀阔斧地整理财政，为国民革命筹措军费。武汉租界的一些外国人对于中国的革命畏如猛虎，他们害怕革命成功后的中国成为一个现代的发达国家，从而使他们丧失在中国的特权和继续压迫、剥削中国人民的机会。因此，他们想方设法地破坏革命，到处雇用流氓打手捣乱闹事。财政支持是革命的重要基础，因此财政部和能干的财政部长宋子文就成为他们痛恨的对象。

一天，财政部的警卫人员发现一名白种人在财政部的走廊上东张西望、鬼鬼祟祟、形迹可疑。遂上前盘问，可是这人一见警卫转身就跑，越发说明他心里有鬼。几名警卫立即追上这人，当场将他抓获。搜查的结果是他的身上竟然藏有武器。更令人惊讶的是，审问的结果是他声称此次行动的目的是刺杀宋子文。经过这次事件，财政部大大加强了戒备，宋子文也更加小心谨慎了。

宋子文第二次遇刺是在四年以后。

1931 年，宋子文早已经在宁汉之争中倒向了蒋介石，随后成为蒋介石最得意的“输血机器”。此时，日本对中国的侵略步步紧逼，国民党内部却还在为争权夺利而不断发生分裂。这年春天，因蒋介石囚禁了立法院长胡汉民，反蒋势力趁机起事，孙科、汪精卫、陈济棠、李宗仁等联合西山会议派人物纷纷来到广州。他们宣布不再听命于蒋介石的南京国民政府，自行召开“非常国会”，决定成立广州国民政府，逼蒋下野。

针对南京国民政府，广州方面还动用了一些非常手段。反蒋势力的核心人物孙科等为了迅速除去蒋介石，不惜花费重金雇用当时上海“斧头党”的头目、“暗杀大王”王亚樵，让他安排人去暗杀蒋介石。但是，去庐山刺杀蒋介石的计划没有成功。于是，孙科等人又将目标转移到蒋介石的左膀右臂宋子文身上。除去宋子文就等于断了蒋介石的财源，他的实力必定大减；宋子文本身也是南京政府的重要人物，刺杀他引起的轰动和威慑作用不亚于蒋介石；宋子文本人常常来往于南京和上海之间，频频在公众面前曝光，随员众多，好辨认，目标暴露，下手的机会较多，容易得手。这些都使宋子文不知不觉就成为杀手首选的目标。

经过周密的考察和计划，王亚樵决定在宋子文经常出现的必经之地上海北站实施暗杀。那里人员众多，地形复杂，光线暗淡，确认目标，实施暗杀后必定引起人群的混乱，杀手能够方便地趁乱迅速逃离。于是，王亚樵专门派人潜伏在南京，掌握宋子文的行程。好在宋子文是公众人物，对于他每天的行踪都有及时的报道。很快，王亚樵就得到消息说宋子文将于 7 月 22 日晚，从南京乘火车来沪，第二天在上海北站下车。同行的还有他的机要秘书唐腴胪，而且只带了 6 名保镖，这真是个下手的好机会。按照计划，王亚樵轻车熟路地布置了得力的人手，就等着宋子文自投罗网了。

王亚樵和他的得力助手们。

7 月 23 日，宋子文像往常一样，乘坐专列抵达上海北站。他整理好衣帽，在秘书唐腴胪和保镖的簇拥下精神抖擞地走出车厢。可是刚刚离开车厢不远，震耳的枪声突然响起。宋子文一愣，随即意识到枪声可能是冲着自己来的。此时，他本能地扔掉头上戴着的帽子，向着人多的地方跑去，因为他知道，只要混入了人群，杀手就不容易再找到他了。在一阵尖叫声中，他随着人群快步跑到了站台上一根大柱子后面，躲了起来。这时，他的保镖们也开始向杀手们还击，枪声响成一片，车站上的旅客四散奔逃，灰尘裹着枪弹的烟雾弥漫在空气中，火药和血腥味扑面而来。肯定是有人伤亡，可是宋子文已经顾不得那么多了，他甚至看不清离自己只有几米远的地方，他独自躲藏在柱子后面这个不起眼的角落。似乎这个大柱子完全挡住了杀手们的视线，他们根本没有发现宋子文，他索性一动不动，一面尽量使自己冷静下来，一面等着保镖和车站的军警平息事态，结束枪战。

过了好一会儿，枪声才渐渐停了下来。军警和保镖们开始从隐蔽的地方跑出来，有人大声地呼唤着宋子文的名字，并到处查看。宋子文听出喊他的是自己的贴身保镖，看来应该已经安全了，于是他从柱子后面走了出来。烟雾逐渐散去，他这才看清，站台上一片狼藉，各种行李、衣物、鞋子、手杖、包裹扔得满地都是，地上还横七竖八地躺着好几个人。这时，宋子文突然发现自己的秘书唐腴胪不见了。几名保镖在清查尸体时，在站台中央发现了他，那是枪声响起时宋子文和他正好走过的地方。显然，一开始他就中弹了，而且似乎成为杀手们主要瞄准的目标，因为他的身上多处中弹，连帽子和公文包也未能幸免。也许是因为他的衣着和宋子文十分相像，而且还拿着公文包，让杀手将他误认为是宋子文了。看到这个场景，宋子文出了一身的冷汗，如果杀手没有认错，现在躺在地上的就是自己了。而唐腴胪的死也让宋子文非常难过，他不仅是宋子文的机要秘书，而且两人的关系也非同一般。唐本是宋打算重点栽培的对象。同样毕业于美国哈佛大学的唐是宋子文的小师弟，只有 32 岁，刚刚结婚。他和宋因为接受教育的相似性，在许多观点和做法上非常一致，深得宋子文的信任和欣赏。不久前，宋子文在他结婚前向他祝福的场景还历历在目，没想到，今天他就成了宋子文的替死鬼。这让宋子文对于这次遇刺更加耿耿于怀。

当天《纽约时报》就报道了宋子文遇刺的消息，题目是《枪弹未击中宋子文》，同时还有宋本人描述的遇刺经过。“我从车站上走出来，离出口处大约十五英尺远的地方，突然有人从两侧同时向我开枪。我知道我是他们射击的目标，于是我扔掉头上的白色太阳帽，这顶帽子在阴暗的车站里太显眼，我迅速钻进人群，躲到一根柱子后面。

从狙击人的左轮手枪里散发出来的烟雾很快弥漫了车站，同时从各个方向都响起了混乱的枪声，我的警卫予以还击。

整整过了五分钟，车站上才平静下来。我的卫队发现至少有四名刺杀未遂的刺客，但很可能还有未被发现的。烟雾消散后，人们发现一直走在我身旁的秘书的腹部、臀部和胳膊都中了枪弹。子弹从两侧打进他的体内。他的帽子和公文包满是窟窿，奇怪的是，我比他高许多，竟未伤毫毛。”

宋子文此次遇刺引起了巨大的轰动，《中华民国大事记》中也收录了这件公案：

“财政部长宋子文偕同机要秘书唐腴胪等由京乘火车抵沪，在沪车站突遭狙击，唐伤重毙命，卫士两人受伤，宋本人脱险，凶手乘混乱逃走。”

事后，宋子文也对自己遇刺的原因心知肚明，他曾表示：“预先曾屡得警告，谓广州方面将不利于予。”但是毕竟没有找到真凭实据，此案只好不了了之。

经历了这次刺杀，宋子文知道自己已经成为很多人袭击的目标，因而更加警惕，他大大加强了戒备。但是，生活还得继续，工作仍然要干。一次刺杀未遂的杀手并未善罢甘休，而杀手却是防不胜防的。果然，没过几个月，杀手又接连出招了。

11 月 28 日，南京北极阁附近的一栋官邸突然起火，公馆内的下人发现后乱作一团。有的人哭喊着四散奔逃，有的人从着火的房间向外抢救财物，有的人赶紧拿起水桶和扫把救火。这里就是豪华、幽密的宋子文公馆。平日里戒备森严的公馆一改往日威严的气势，此时也顾不得什么上下秩序，眼看着火势从一个房间蔓延到另一个房间，滚滚的浓烟冲天而起，公馆内外叫喊声一片，引得门外聚集了一大群围观的群众。而公馆的主人此时却不在家里。当然，早有人通知了警察。宋公馆着火可不是小事，一会儿消防车风驰电掣地驶来。强大的水柱终于控制住了火势，大火渐渐熄灭。火灾后的现场凌乱不堪，到处是焦黑的砖木和湿漉漉的水迹。一股难闻的焦煳味久久不能散去。经过清理打扫，在这场大火中，公馆有两个房间被彻底烧毁，财物也基本安然无恙。虽然损失不大，宋子文本人也未在家中，但是这样的事件足以令人胆战心惊。

仅仅半个月后，宋子文又一次遇险。12 月 12 日上午，像往常一样，位于南京铁汤池的财政部已经开始了一天紧张、忙碌的工作。此时日本的侵略正步步紧逼，蒋介石的“剿匪”也紧锣密鼓地进行。军费开支巨大，宋子文为了筹措经费绞尽脑汁，正在到处奔走。这天的天气很好，冬日的太阳暖洋洋的，而财政部大楼里仍然充满了潮湿、阴冷的空气。突然，有人发现一栋大楼的窗子里冒出了黑烟，人们立刻意识到有人纵火了。当楼里的人纷纷跑到大街上后，大火已经迅速烧到整个大楼。虽然救火人员想尽办法，但是还未能阻止火势的蔓延。不到一个小时，五栋大楼被彻底烧毁。财政部损失惨重。看来，这次纵火者显然经验更加丰富了，明眼人一看就知道，他的目标还是宋子文。宋子文真是福大命大，这次他又没有在现场。那天，他正好去了上海。可是，财政部的损失也让他很是心疼。

连续两次纵火都没有伤到宋子文一根毫毛，这让杀手开始有些恼火。显然，上海车站遇刺后，宋子文已经提高了警惕，行踪也注意保密了。王亚樵安排在南京的线人提供的情报一再有误，导致行动的连续失败，这令“暗杀大王”觉得很失声誉，他有些恼火了。这次他下了狠心，要给宋子文来个狠着。第五次暗杀行动在周密的部署下开始了。

1932 年 1 月 2 日，宋子文难得地计划在上海法租界自己的家中享受一天的轻松时光。多日来的奔波让他的身心都疲惫不堪。这天，他想让自己好好地休息一下，也陪陪经常一个人在家的夫人张乐怡。对这位比自己小十八岁的夫人，宋子文总是满怀愧疚的。她年轻、漂亮，充满了青春的活力，可是宋子文忙于公务，常年在外奔波，很少有时间陪伴自己心爱的妻子。张乐怡又是通情达理，非常理解宋子文的难处，从来不提出任何要求，反而总是劝慰宋子文不要牵挂自己。这更让宋子文感动。今天，宋子文特意没有安排任何公务，只想在家中与夫人共度一天。就在夫妇二人坐在客厅里悠闲地品茶时，仆人来报，在宋子文书房窗前一个不起眼的角落里，发现了一个可疑的包裹。宋子文心里一惊，立即想起前几次惊险的遇刺经历。张乐怡也马上想到这不会是什么好东西。宋子文当即吩咐仆人将包裹远远拿到院子里再打开查看。一会儿，仆人慌慌张张地跑了进来报告，包裹里竟然是一枚炸弹。这个消息令宋氏夫妇大惊失色，他们赶紧给法租界的巡捕房打电话，让他们派人来处理炸弹，一面又让仆人赶紧把炸弹拿到公馆外面，越远越好。当然，炸弹并没有在宋宅爆炸，更没有伤到宋子文。但越来越频繁的暗杀和恶劣的手段却让宋子文寝食难安。

连续出现的危险让宋子文下决心一劳永逸地解决问题。他知道只要没有得手，王亚樵就还会继续追杀他，这是他们杀手界的规矩。一味地提高警惕，处处防范不是办法。毕竟宋子文是公众人物，抛头露面的机会太多了。对于暗杀的计划是防不胜防。要想摆脱死亡的阴影，只有先下手为强，除去王亚樵。宋子文想到国民党内最熟悉黑道、最擅长暗杀的人就是戴笠了，请他出面解决掉王亚樵应该不成问题。于是，宋子文找到了戴笠。

戴笠此时正好想要巴结这位国民党内如日中天的财神爷，对于宋子文的请托当然一口答应，并且迫不及待地想要早日拿住王亚樵邀功。但是，王亚樵不愧是“斧头党”的头面人物，专门靠暗杀为生的他自然更懂得隐蔽行踪的重要性。他一生杀人无数，而且许多都不是平平之辈，结下的仇家也在到处寻找他报仇。可是几十年来他神出鬼没，一直都平安无恙。可见，他是深谙此中的道理的。这次，军统头子戴笠亲自出马捉拿王亚樵也是兴师动众，颇费周折。开始的几年间，戴笠派出去的人偶尔掌握了王的行踪，可都在最后关头被他逃之夭夭。戴笠不得不加派人手，费尽心思。虽然没有抓到王亚樵，但是这场严密的搜捕也让王东躲西藏，暗杀的行动也有所收敛，没有再打宋子文的主意。可是王亚樵一天不除，宋子文就觉得还是不踏实。因此，戴笠追杀王的进程一刻也没有松懈。

1935 年 11 月，国民党召开中常会，陈铭枢让王亚樵派人趁机刺杀蒋介石和汪精卫。王遂指使手下孙凤鸣假扮记者混入采访，在中常会委员拍摄合影照片时开枪行刺。但是，拍照当天蒋介石并未出席，于是孙凤鸣只向汪精卫开枪，将汪击伤，孙凤鸣当场被捕。经过审讯，孙交代出同案余立奎和余妻。戴笠顺藤摸瓜，在香港将余立奎夫妇抓获。他们又供出案发后王亚樵也曾逃到香港，但不久被香港警察署发现，于是又跟随李济深藏到了广西。这可是个重要的线索，戴笠顿时兴奋起来。他立即派心腹郑介民前往香港，设法买通了余立奎的妻子，并封锁了她已经被捕的消息。让余妻做诱饵，去广西抓捕王亚樵。

1936 年，余妻带着郑介民来到广西梧州，多方打听，终于和王亚樵接上了头。他正躲在河边的一个小客栈里等着风声过去，做着重出江湖的美梦。余妻的到来虽然令王亚樵吃了一惊，但是并没有引起他的怀疑，毕竟余立奎跟随他多年，余妻又是个女流之辈，这大大降低了王的防范之心。一天夜里，余妻按照郑介民的指示约王亚樵到一处偏僻的废墟见面，王亚樵果然应约前来。他丝毫没有想到自己这个“暗杀大王”最后也会被别人暗杀。在这处废墟中，郑介民和他带来的打手史克斯没费什么力气就解决了王亚樵。一生杀人无数的魔王终于没能逃脱命运的捉弄，像他曾经暗杀过的人们一样，他也不知不觉中走上了黄泉路。

戴笠得到确切消息后，急忙通知了宋子文，这可是一件邀功请赏的大喜事。果然，宋子文欣喜若狂，从此对戴笠另眼看待，有求必应。戴笠在宋子文控制的中国银行简直是畅行无阻。用现在的话说，两人的关系“铁”得无以复加，连蒋介石都自愧弗如。

在追杀王亚樵的几年中，虽然他没有再派人刺杀宋子文，可宋还是有过一次遇险的经历，这次他是因为爱国的言行得罪了日本那些狂热的好战分子。

1933 年 8 月，宋子文结束了风光的出访欧美之旅回国。这次欧美之行令宋子文威望倍增，而且给欧美等国留下了良好的印象。他成功地与美国签订了《棉麦借款》，此举沉重地打击了日本。在出席世界经济会议期间，他也向各国揭露了日本侵略中国的真相，唤起了广泛的同情，加强了中国同欧美的经济往来。这样一来，宋子文成为中国的英雄，同时也成为日本激进分子痛恨的对象。在回国途中，他乘坐的“杰弗逊”号轮船计划在经过日本时在横滨停靠。于是，一名激进分子就决定在宋子文登岸后实施刺杀。可是，宋子文却对日本的侵华行为一贯持强硬态度，根本拒绝了日本政府登岸会晤的邀请。当他的乘船靠岸时，他果然稳坐船中，连记者的采访要求都未同意，只在船头上站立片刻，让记者们照了相就回到船舱。这样短暂的露面自然让激进分子的计划落了空。宋子文安然回国。

可是，由于宋子文对日的强硬态度，日本方面对他的行为根本无法释怀。1938 年，淞沪抗战期间，日本又一次打起了宋子文的主意，这次是军方牵头，有组织地行事了。

8月，淞沪抗战打响，尽管战势激烈，但毕竟敌强我弱，中国方面损失惨重，几乎是在以所有能力硬拼，但是又不能就此放弃。蒋介石为此也是愁眉不展。此时，善于外交的宋子文提出将难题交给“九国公约”，请九国代表开会商议解决办法。中方可以借此机会提出制裁日本，争得国际社会的广泛同情和支持。这个提议立即得到了国民党政府的赞同。这的确是个好方法，既能弥补中国战场上的不足，尽快停战，又能警告和制裁日本，使其面临国际社会的压力，迫使日本停止对华的侵略。因此，国民党当局对“九国公约”寄予了很大期望，几乎是孤注一掷，将宝全部压了上去。各派势力意见此时也出奇地一致，称这是“置日本于死命的一着好棋”。

但是，中国方面对“九国公约”想象得过于天真了。日本能够大举侵略中国，说明其早就不把各国的干涉看在眼里。而中日战争并未涉及欧美等国的切身利益，他们也懒得为此得罪日本。因此，尽管中国代表顾维钧屡屡向国联提出动议，但是国联迟迟不见答复。9月28日，为了顾及中国的面子，国联大会勉强通过了一个谴责日本案。可是，单单谴责根本对日本就不起什么作用。中方又再三要求国联采取有效行动。在国联咨询委员会讨论对日采取行动问题时，各国代表均含糊其辞，大打太极拳。只有英国代表发言时明确表明了对日的态度。他说：“此次冲突不能谓为事关两国，实则与远东有经济利益之各国均有关系。”“国联对于停止战争的努力不应稍有松懈。”最后，国联咨询委员会虽然承认日本侵略行为是事实，但却不肯用“侵略”字眼来描述。10月6日，国联大会通过决议，裁决日本违犯了公约，提议召开九国公约会议，继续讨论中国问题。在决议中，根本没有提到对日本的制裁问题。一个月的交涉只是换来了一纸空文，没有任何的实际行动。但是，这个做法还是激怒了日本当局。宋子文一贯的坚决抗日和屡次出谋划策对付日本，让日本当局认为宋子文处处与之作对、找麻烦。日本军方决定杀一儆百，指示特务机关除掉宋子文。因为他们认为宋子文不仅是中日和谈的障碍，也是积极促进九国公约干涉的关键人物，除去了宋子文，日本方面就可以为所欲为了。

负责暗杀宋子文的是南本实隆少将。他是华北日本特务机关长松室孝良的助手，为人阴险狡猾，行事毒辣，被称为“毒蛇”。南本计划先秘密到上海，找机会收买到能够接近宋子文的中国官员，至少要能够了解宋子文的行踪。他自以为此事做得天衣无缝，可万没想到，强中自有强中手，国民党军统头子戴笠比他技高一筹。南本来到上海的情报很快被戴笠遍布各个角落的手下掌握。这可是个惊天大阴谋，戴笠知道此事非同小可，必须谨慎行事。既不能掉以轻心，让宋子文受到伤害，又不能打草惊蛇，放跑了南本。最好的办法就是将南本一伙一网打尽，永绝后患。

老练的戴笠决定将计就计，派人假装投靠日本，打入南本内部，俟机行动，里应外合，一举将南本等人全部拿下。卧底的人选很重要，这个极端危险的任务一定要派一个经验丰富又不易被认出的人去。经过仔细考虑，戴笠决定派自己的得力弟子，做特工多年的文强伪装成高级军官，故意与南本的人接近。南本的间谍人员果然很快注意到了文强，多方试探后开始用重金收买文强。文强假装心里非常矛盾，最终半推半就地答应替日本人做事。南本得知消息后喜出望外，立即安排与文强的秘密会面。在《八一三抗战中的反间谍斗争》中，文强在回忆当时的情景时说南本“用利剑一般的舌头，极尽挑拨离间之能事，指责西方国家称霸，奴役东方民族。说中日是同文同种的国家，一衣带水，唇齿相依，难道允许破坏吗?”他们说“一定要破坏和谈，对鼓励九国公约者采取非常手段”。南本还特别指出：这个“非常手段”就是指暗杀宋子文，并详细分析了暗杀宋子文的办法：“我们知道宋家住在哈同花园附近，门卫森严，是租界巡捕房保护的重点，如果没有内应是下不了手的。最多的机会是趁他坐车外出，在上下车时动手，或者用手榴弹。此事能办的话，先给十万元中国钞，事成不会少于百万之数，请阁下雇用杀手来办。更重要的是搜集宋子文生活行动的准确情报，只要能做好这一着，我们也可派适当的人手参加。”另外南本还想趁此机会侦察中国统帅部的对日作战计划。这次上海之行可谓一举两得。

这样的安排真是周密细致，而且目标明确、不惜血本。难怪连戴笠都不得不承认："这条毒蛇表面上看来很老实，矮瘦个子，干瘪瘪的，能说一口流利的中国话，带一点天津口音，从容不迫，是一个阴谋家，什么手段都使得出来，不是容易对付的家伙。"

针对南本的计划，文强准备了两套方案向戴笠请示。一是向南本要价，要求先付款，酬劳法币 50 万元至 100 万元。然后与宋子文事先通气，假意暗杀，但确保宋的安全。二是让南本相信他有暗杀宋的能力，但以先拿酬金为借口故意拖延不行动，避免南本再派出别的杀手。

经过衡量，戴笠认为第一套方案虽然也能达到保证宋子文安全和拿到巨额酬金的目的，但即使假戏真唱也难免引起轰动，毕竟宋子文在政府、国民党以及中国的外交、经济、金融等领域都是举足轻重的人物，稍有风吹草动就会引起人心浮动，甚至会引起到市场的动荡，还是不要冒险为好。因此，他同意实行第二套方案。但是，一味拖延显然也不是办法，戴笠分析"我看毒蛇提出了宋子文，一定还有更大的阴谋，这使我们提高了警惕，要加强对领袖、何部长等的安全戒备。"看来只要毒蛇还在，戴笠就一刻也不敢松懈。因此，他干脆决定在南本觉察前找个适当机会将南本等全部除掉。

不久，文强传来消息，他和南本等将再次会面，地点在一个饭店。戴笠立即选调了一批得力干将，早早到达了会面地点，勘查地形后，埋伏下来，专等着南本送上门来，要将这伙日本特务送上西天。可是从上午 9 点一直等到下午 6 点，南本等人也没有露面。这让文强很是奇怪，明明已经说得好好的，怎么会突然不来呢？也许是南本开始怀疑文强，或是有人走漏了风声？总之，南本等人根本没有赴约。戴笠只好下令撤离。在返回的路上，文强反复回想，始终觉得自己没有露出什么破绽。这一夜，戴笠和文强都疑虑重重。第二天，谜底解开了。原来就在文强和南本约定见面的那天早晨，大批的日本增援部队从金山卫登陆，原本僵持不下的局面被打破，中国军队腹背受敌，难逃失败的噩运，上海也沦陷在际。此时，"九国公约"的干涉对日本已经起不到什么作用，暗杀宋子文也就没有必要了。南本当然不会再花重金去做一件无所谓的事情了，因此，他得知消息后就迅速消失了。

这次中日两国大特务头子的较量虽然没有分出胜负，但是宋子文却在最后关头又逃过一劫。大难不死，必有后福。此后十几年，没有了王亚樵、南本等人的注意，他果然平安度日。至于政坛上的起起伏伏，就是另外一回事了。

一贯的强硬派

宋子文在美国虽然深居简出，隐居世外，却仍能够让人望而生畏，不敢轻易招惹，成为人们心目中势力庞大、态度强硬的神秘人物。这当然因为他拥有着庞大的势力集团，不仅能够手眼通天，而且能够控制那些普通人物都避而远之流氓无赖，使他们俯首帖耳。究其原因，除了丰富的与黑帮打交道的经验外，也与他直率、强硬的性格有着直接的关系。

宋子文早在青年时期，就处处表现出一股初生牛犊不怕虎的气势。在这种性格的支配下，他做出了许多令人敬佩的爱国举动，当时他强硬的作风得到了国人的普遍赞誉，也由此获得了很高的威望。其中最典型的表现就是他一贯坚持的对日本的侵略行为给予坚决反击，决不屈服。因此，他被誉为对日强硬派的代表。

1932年1月28日，上海爆发一·二八事变，国联调查委员会在报告中这样描述了这一事件："闸北居住着大批日侨，帝国海军，对闸北局势极为关切，决定向该区派遣部队，执行法律与维护秩序。……日本海军陆战队及武装的日侨业已组织起来，沿四川北路挺进……沿线街口留下武装人员。午夜时分，信号一发出，全部武装人员朝铁路方向前进……日本海军陆战队遭到中国正规部队的抵抗……1月29日，日军飞机轰炸火车站，炸毁列车。宝山路上其他建筑物亦被燃烧弹命中着火。"美国记者索克思在他的文章中写到"中国的十九路军奋起抵抗，人人感到惊讶，包括中国人与日本人在内"。陈友仁记载："1月31日，蒋介石向十九路军许下庄严的诺言，答应在一周之内派出十万人增援部队……（抵达上海的）唯一遗憾上八十八师的九千人和八十七师的六千人。这批士兵初上战场，不习惯于现代战争，不能发挥作用……伤亡三分之二的兵力”。一名哈佛大学的年轻学生费正清，第一次来到中国就赶上了这场战争，他写道：“我们在公共租界地外滩上登岸，只距轰炸闸北的日本‘出云’号巡洋舰与其他兵舰数百码之遥……来自广州的十九路军，待在被轰毁的楼房的瓦砾上挖成的掩体中，夜间通过一百码宽的苏州河得到给养，日本海军无法击退这支部队。”而斯诺的记载更为具体，“1932 年 1 月 28 日漆黑的午夜。忽然间，日军的步枪、机关枪开火横扫真茹路……我望见一个人影停住，然后倒下。远处有一个中国士兵匍匐在地，爬进一个门道，开始射击。街上空荡荡的；铁窗紧闭，宛如蛤蜊合上双壳，连最后一点灯火也熄灭了。”

在这场保卫上海的战争中，宋子文被政府“留驻京沪，所有上海行政人员归宋部长指挥”。在公开发表的文章中，他表明了自己对日作战的决心：“不管怎样，如果中国要作为一个独立的国家而生存，她就必须证明自己的力量，她必须英勇善战！她必须把国防力量置于公共教育、商业、工业、民主原则和公民权等一切事情之上。事实上，生存是自然界的第一法则，应高于一切考虑之上。”

宋子文还命令财政部建立的税警团直接参战。这是他为严密控制税收而建立的一支部队，有四个团，3 万人，直属财政部。宋子文直接指挥各级军官的任免，经费、武器、防地等一切事宜均听命于宋本人。可以说这支部队的武器配备、军官人选不逊于当时的正规军，甚至还有过之而无不及。他的很多军官来自于国际上著名的军校。其总团长王庚就是毕业于西点军校。可想而知，宋子文掌握着这样一支装备精良、人才济济的部队，财政部的工作势必开展顺利。

一·二八事变前夕，税警团就驻扎在上海附近。2 月中旬，淞沪抗战正在激烈进行，而蒋介石承诺的重兵支援迟迟不见踪影，第十九路军顽强地孤军奋战，只见损失，不见补充。宋子文见状果断决定，调驻南翔的税警二团和驻闸北的税警三团参战。为避免为税警团提供经费的外国银行团得知后反对，经与第十九路军蒋光鼐、蔡廷锴商议，决定将这两个团交由第十九路军指挥，投入与日军的正面战斗。后来，张治中的第五军奉命开赴上海，税警二、三团又编入第五团序列，改名为第八十七师独立旅。在这场战役中，税警团表现勇敢，伤亡惨重。3 月 1 日，在国民党部队在日军全面总攻下面临覆灭危险时，税警团才在总指挥蒋光鼐的命令下深夜撤退。

1932 年 3 月，宋子文在接受冯维甘德访问时，表明了自己对于日本的态度，“假如中国要在共产主义与日本帝国主义的军事统治之间作抉择的话，中国将选择共产主义。”冯的文章详细记录了宋子文接受访问的内容。

“我们坐在上海法租界内的一幢富丽堂皇别墅的客厅里。四周是十二英尺的高墙。两扇大门是厚实的铁皮制成，甚至连一个窥测孔也没有，从外面无法看见里面。

我数了一下，院内有八名荷枪实弹的警卫。其中两人皆带连发短枪。其他人的口袋鼓鼓囊囊，显然里面装的不是苹果。

宋子文的声调昂扬，充满激情和愤慨。他是一个不苟言笑的人，更不愿为被人发表文章而谈些什么。

‘到头来难道不是中国被逼去……拼命，而全世界却袖手旁观，一点也不帮助我们?’

这里他用了‘全世界’一词，显然是指国联。

‘中国被一个外国侵略了——满洲被侵占，上海这里也被侵犯——而那个国家是国联的会员国，是谴责战争作为国家政策工具的凯洛克公约签字国之一，也是九国公约的签字国。

没有向侵略者提出任何要求；无论是在侵略满洲或上海时都没有。国联、凯洛克非战公约，或九国公约中所规定设立的机构，在军事行动发生前，没有一个可以信赖，也没有一个采取行动。

没有宣战，可是战争在进行——在满洲打着‘剿匪’的幌子，在上海，可以说无耻地借口什么‘保护侨民’。以后用侵略者的语言，就连‘剿匪’‘保侨’也被缩小成为‘上海事件’。一度还称为‘紧急状态’。

现在我们可知道一些未来的战争该叫什么名称了。

‘上海事件’——对，导致伤亡一万二千人，毁坏累计数亿元价值的财产，使上海庞大的商业瘫痪数周之久的‘事件’。国联与几个大国袖手旁观。他们竟然让公共租界作为日军军事行动的基地。

假如中国走向共产主义或苏维埃，而能使国家统一，而不是屈服于外国的军事统治，你能感到大吃一惊么?”冯在文章中将宋子文称为“中国的摩根”。

1932 年 10 月，汪精卫卸职出国，由宋子文这位对日强硬派代理行政院长一职。强硬派上台当然不能对日本进犯热河坐视不管。1933 年 2 月 11 日，宋子文飞赴北平，亲临前线部署抗战。在北平，他与张学良、张作相、汤玉麟等主要将领连日商讨抗日计划，在张学良陪同下视察热河前线，拟定热河保卫战计划，参与重要军事会议。

来到北平不久，宋子文就发现张学良的东北军处境极为恶劣，军饷不足，前线艰苦，因战线较长，兵力也显得单薄。这与蒋介石所说的怀疑张学良私吞军饷完全不符。因此，他立即给蒋介石发回电报报告情况，“汉卿已向各将领表示事事公开，所有财政分文经过财委会……前线队伍确万分困苦，汉卿确无法支持，弟与金融家正商量三个月计划以安军心。”在军力布防方面，宋子文也与张学良等人商议，向蒋求援：“弟意政府应全力对付热河，兄可否出二师为总预备队，以国际形势日军必不向其他区域攻击。”“汉卿请求税警团加入，弟意如中央军一时不能北来，可否开税警一、二、三团来平，四五团留海州……”他还特别建议蒋应重视热河抗战，“热河发生战事时，兄务须放去一切，北平一行。”

然而，宋子文的建议并没有被蒋介石采纳，他正在集中精力对付江西的共产党，再派兵北上支援热河抗战势必会削弱他“剿共”的实力。因此，蒋介石根本未将热河的事放在心上，在他的回电中，他对宋的要求敷衍了事。“中央军北上恐友军多虑……故未开战前，中央军不如缓上，如有必要，则可派税警团北进也……”显然，中央军的支援是不能再奢望了，东北军只能自力更生，孤军奋战了。

一致的抗日主张使宋子文和张学良建立起战友般的友谊，这段共同对敌的经历使他们成为毕生的好友，并对他们的未来产生了重大的影响。

在北平期间，宋子文多次发表演讲揭露日本侵略中国的野心，表明政府积极抗战的决心，鼓励将士奋勇杀敌，号召全国团结一致共同对日。他说："我们国家年来受天灾赤祸的交迫，政府正在力谋安定与进步的时候，我们的敌人日本，趁火打劫，把东三省抢走。我们自审国家力量，外察国际情势，相信现在的世界，应当不是强盗横行的世界，所以诉诸国联，听候公理裁决。谁知世界人士尽管一致主张公理，而敌人却是始终的横行霸道，最近占了榆关，又侵犯热河。

日本人最近印行伪国地图，把热河和东三省划成一个'满洲国'，叫他们的生命线，这是什么话，人家的土地可说是我的生命线吗？这是何等的欺侮我们，这是我们何等的耻辱。"①

"敌人诡计万端，他们从来的策略是调唆离间，使我们家里不和，自相争斗，他们好乘机取利……近来日方屡次传播虚伪报告，谓我将领中有怀二心者，有谓日方业与某某等成立默契，故可不战而得热河。凡此挑拨离间、大言欺世之惯技，为日方所擅为，是敌人带侮辱性的毒计……唯有万众一心，牺牲一切，以捍卫我国家，舍此别无出路矣。"

他还向公众郑重表明政府抗战的决心，他说："本人此次来平，与热河局势有关。中央政府对日人之谋攻热河，极为重视。热河为中国整个的一部分，正如广东与江苏等省然，攻击热河，不啻攻击首都。日人如实行攻击，则吾人将以全国之力对付之。日本既已占据中国之东北部，若再前进，必予以抵抗，成败在所不计。"② 这番表态真是慷慨激昂，闻之令人信心倍增。

在热河视察期间，他又多次表示决不再后退的决心，"本人代表中央政府敢向诸君担保，吾人决不放弃东北，吾人决不放弃热河，纵令敌

① 《大公报》，1933 年 2 月 18 日。

② 《申报》，1933 年 2 月 14 日。

方占我首都，亦决无人肯作城下之盟。”①

这样的坚定态度大大激励了前方官兵，同时，他也表现出关心将士的领袖胸怀。他动情地说：“诸君在边防线上，衣服不暖，饮食不饱，械弹缺乏的情形，政府当局是知道的，是痛心的，不过要求诸君谅解，因为敌人破坏我们的交通，摧毁我们的商业，使国家的收入一落千丈，政府尚须顾到各项费用，尚须顾到内外债的利息，但是，政府无论如何困难，诸君必须要的东西，子文必定筹划接洽，诸君安心拼命去杀贼好了。”② “中央对华北各军，虽不能充分接济，但必尽其所有，平均分配。……说到筹划接济，不但政府当局如此，就是全国人民，不论东西南北，莫不一致在那里奔走呼号，援助诸君。诸君放心，你们的牺牲是有全国作后盾的，你们达到天边，全国人民亦追随你们到天边，你们打到海底，全国人民亦追随你们到海底。总而言之，我们全国人民现在是整个的生死同命，诸君放心干好了。”③ 这番演讲不仅对前方将士的困难予以理解和同期，还对他们作出了保证，即政府和全国人民必定用全力来支持他们的抗战。这给了将士们一颗大大的定心丸。

接下来，他也不忘坚定大家必胜的信心，他说：“此次北来，与地方人士接谈，益信华北地势全恃热河为屏障，保热河即保华北，即对已失之东三省，亦有收复之希望，热河若有疏虞，不唯华北动摇，其影响及于全国，顷来承德观察情形，更感热河之重要。……现在国际联盟十九国委员会经极详细之研究，完全一致拥护中国立场，日本军阀虽强暴，终不能以一国抗全世界，故最后胜利必属于我，但仍须自己努力，断不可全赖他人。”④

在与记者谈到此次北方之行的总体情况时，他说：“到平后，感想极好，大家对日，无论军民，莫不激昂，各军不待开拔费即赴前线，具征各方一致之精神。日军侵我，已有十数年之准备，而我初无防敌之

① 《大公报》，1933年2月19日。
② 《大公报》，1933年2月18日。
③ 《申报》，1933年2月17日。
④ 《申报》，1933年2月19日。

心。所幸民气激昂，敌来即拼。淞沪之战，即其前例。此我民族性强烈之表现也。”①

他又号召：“日占东省，复寇热河，热河为华北屏障，亦为全国屏障，地位自极重要。本人此次来平，张学良表示决死一拼，但抗日必须绝大牺牲，自须全国团结，上下一致，方客有济，且国联形势，我方已得道德上之胜利，倘能本身振作，则最后胜利，终属于我。”②

在北方的十天时间里，宋子文将国民政府坚决抗日的决心表现得淋漓尽致，因为这与他本人的主张相一致，他的充满激情的演讲的确发自他的内心，因而具有极大的感召力和鼓舞性。一方面，他激励将士、鼓动民众，掀起抗日救国的浪潮。另一方面，他也不忘在国际上寻求帮助，促进国联采取有效行动限制日本。

他和张学良一同致电给中国驻日内瓦代表团，希望他们代为向国联表达中国的决心。“中国政府与人民因决定抵抗日本侵略，现已集中兵力，保卫国土。……中国政府前曾忍辱负重，长期努力，欲以诚意避免时局的严重，俾援助国联会，觅取合于盟约及其他条约之调解基础，但调解希望，已为日本所断绝，和平希望亦为日本在热河军事行动所毁灭，虽国联会提出郑重异议，亦无所顾忌。日本所提出似是而非之理由，谓欲维持条约权利，爰乃占据满洲，但日本侵略热河，未可以此为口实，则以任何条约，均未涉及此一省区故也。余等奉有中央命令，对于日本侵略予以抵抗，负有守土之责，实有北方人民所赞助。请余等所处地位所采态度，向国联会及全世界加以说明。”③

回到上海后，宋子文频繁会见媒体记者，描述热河抗战情势，将士决心等。在他前往北平前，上海对于热河抗战有着各种传言。返沪第二天，宋子文就在自己位于祁齐路的私邸接见记者，为热河辟谣。他说：“当本人离沪北上前，曾迭闻各方传来谣传，谓热河将领与日伪当局已

---

① 《申报》，1933 年 2 月 17 日。
② 《申报》，1933 年 2 月 19 日。
③ 《申报》，1933 年 2 月 19 日。

有谅解云云。使馆方面，且以此相诘询……迨本人抵平后，凡耳之所闻，目之所见，不待侦询，早证该项谣传无稽云。”

对于长江一带是否会有战事发生，宋说：“目前无时间考虑此种问题，我人业已准备，无论何地，敌如来犯，必与拼命，政府人民，应一致对外，应如何干即如何干，至战事结果以及一切的一切，均非此时所当问云。”

此次热河之行收效甚巨，不仅在国内激起民族爱国热情，而且在国际上受到了广泛好评。有外电报道：“张学良、宋子文此次到热河，士气为之大振，其效果一若感受电力之速……热河华军将否奋力作战，在前若稍有疑虑，今则疑虑尽释，而感觉日军必遇坚决勇猛之抗拒。”①而国内《大公报》则发表题为《华北健儿之幸运》的社评，高度赞扬宋子文北行取得的巨大成绩。文章说：“试看宋代院长躬至平、热，黄任之穆藕初诸君纷纷长途，即知全国上下，已成一片，南北社会，凝聚一团，热河视同南方，远近绝无歧视，此等现象又岂20年间多次内战所曾梦见？……而官观于昨日承德欢迎宋张至热河，与张代委员长领衔通电之诚恳，又窃幸吾人所祈祷者，终当不虚也。”②

宋子文等均极力主张坚决抗日，但是蒋介石“攘外必先安内”的“剿共”行动丝毫没有松懈。

尽管国内舆论、宋子文等均极力主张坚决抗日，但是蒋介石“攘外必先安内”的“剿共”行动丝毫没有松懈，甚至将主力中央军派往“剿共”前线，而不是集中全力

① 《申报》，1933年2月21日。

② 《大公报》，1933年2月19日。

支援抗日前线。蒋、宋之间分歧日益明显，军费之争也渐渐提上日程。

正在此时，西方各国决定召开世界经济会议，宋子文顺理成章地被派往欧美出席会议。在会议期间，他游历欧美多国，宣传中国抗日主张，争取国际同情和援助，收效甚巨。在访问意大利，与墨索里尼会见时，他揭露了日本侵略的本质："日本侵略中国，这是其一贯的政策，日本想占领整个中国、俄罗斯的三个沿海省份，以及太平洋岛屿；日本有统治世界的野心，世界其他国家迟早将不得不起来制止之。"

在赴美途中，路过日本，宋子文称因"形势过于严重，一切谈话可免"，拒绝了在日本登岸。而日本方面由于宋子文在欧美的抗日言行取得各国广泛同情而既恼怒又担心。因而在宋回国途中，日本政府为缓和关系，决定邀请他访问东京。在宋子文乘坐的"杰弗逊"号轮船未抵达横滨以前，日本对于宋访日就有过报道，称："中国政府已电命驻日公使馆，向日本政府通告宋将访日要人及财界巨子，宋财长所乘之美国轮船定于25日到横滨。日方对于宋部长之访日，期待甚大，日方谓宋氏系欧美派之首领，如宋肯同意和缓抗日，则中日问题可渐入轨道。南京政府已撤换外长及外次，并电请张学良展期返国，亦可认为华方有意改变对日政策。外务省与各财阀之意见已一致，军阀虽心中十分不愿意，但以目前国内经济危机看来，军阀亦不能胡闹。"① 但是，当天驻日中国公使馆正式通告日本外务省，"杰弗逊"号将在横滨停靠，但宋子文不登岸，当然也就谈不上与日本政府人员的会见了。

25日，"杰弗逊"号抵达横滨码头，宋子文果然并不露面。只委派了秘书黄纯道接见日本记者团。黄说："宋氏曾在纽约、西雅图各地，未曾接见新闻记者，今日亦不欲见诸君。宋氏与重光葵会见之事，在船中未曾谈过，本船停泊横滨时，宋氏并无登岸计划。"应记者一再邀请，宋子文只是走出船舱，允许记者照相而未发一言。他身着淡黄色西装、茶色领带的形象随即见诸日本各大报端。

此举对于日本政府无疑是一个打击，日本外交当局承认："向欧美

---

① 《申报》，1933年8月25日。

各国获得政治的经济的援助的宋子文，于归国之途，经过日本拒绝登岸，此举极堪注意”，“万一因宋归国，国府仍继续对日政策，日本当采最适当之办法，故多主张严重之态度，注视事态之推移。”

国内对于宋子文对日的言行多持支持态度。《申报》8月26日发表时评《宋子文过日与中国外交方针》称：“至最近宋子文将由欧回国，更有宋氏拟便道访日要人之谣。一时国人目光，转集于宋之一身，将以其过日时之言行，推定中日外交有无改变方向之征兆。昨日之晨，宋抵日本之横滨矣。其不登岸，不接见记者，已足使国人稍明当局之意……塘沽协定成立以后，日本之目的，在施展外交政策，以求日满华亲善之进行而已，中国如改变向来方针，唯有表示降服，以自跻于伪组织之列，此非特全国人民万难同意，即明智者如宋氏及其同侪，亦断不至误入歧途。”

宋子文本人对于此次对日的强硬表现则回忆说：“1933年余自世界经济会议返国时，道经日本，日本天皇约余往见，商谈满洲问题。余获知倘吾人放弃对满洲之法律所有权，日本可停止对中国之侵略，余拒绝其邀约，但重光仍奉派至横滨，劝余赴东京晤见日皇。余之所以拒绝，实因余知中国对其主权领土之本性如何强烈。”①

全面抗战爆发后，尽管宋子文早已在1933年10月下野，但他仍然热心抗战，多方奔走呼吁。1937年按照蒋介石的指示，在上海支持“四联总处”，将中央、中国、交通、中国农民四大银行联合办公，为抗战筹措资金。成立救国公债劝募总会并任会长，带头认购公债5万元，宣传鼓动民众踊跃认购。发表谈话，呼吁美国与“酷爱和平之国家合作，并对侵略国实施坚决之经济抵制，和平必可实现，君等可以从威胁毁灭近代文明之暴乱者手中，拯救世界与自身矣。”②

他还对中国共产党的抗战赞誉有加，因此也对抗战胜利充满信心。

---

①《中华民国重要史料初编——对日抗战时期》第三编：战时外交（二），第611页。

②《申报》，1937年10月23日。

他说："第八路军在晋北抵抗武装精备之敌军，已迭获胜利。往日共产党在华南维持长期之抵抗，足为中国人民有以弱胜强、以寡胜多能力之明证。共产党仅以江西半省为根据地，能与政府军50万周旋，此足证全国动员、共赴一的，其能力为何如矣。"在抗日的问题上，宋子文与中共是完全一致的。

1938年1月，宋子文出任国际反侵略总会中国分会会长，名誉主席团成员有宋庆龄、毛泽东等72人，理事包括朱家骅、周恩来、董必武等139人，分会在国际上广泛传播中国抗日的声音，揭露日军暴行，动员民众一致抵抗。同年4月，应宋庆龄邀请，宋子文担任保卫中国同盟会长，宋庆龄任主席。宋氏姐弟联合起来争取国际援助，支持抗战。这段时间，尽管宋子文在政府内并不担任要职，但在全国乃至国际舞台上，树立了爱国、积极抗日的正面形象。

在整个抗日战争期间，宋子文不论身处要职，还是赋闲在家，都一直关注着战争的进展。他始终坚持对日强硬的观点，还赴欧美等地，积极为中国的抗战争取外援。这些宝贵的外国军事、经济等援助为抗战胜利发挥了重要作用。

第四章

愿做鸳鸯不羡仙——知心爱人

周游世界

自从收服了台湾派来的两名杀手，宋子文在美国的生活渐渐归于平静。一般的小混混都知道这个其貌不扬的老头不好惹，对他敬而远之。昔日美国政坛上的反对者们更无暇顾及他这个早已下野的一界平民。只有那些商业上的伙伴和老朋友还偶有来往，日子过得倒也安逸。只是已经习惯了整日忙忙碌碌、前呼后拥生活的宋子文，一下子闲适下来还有些失落。

每天他都会仔细地阅读多份报纸和杂志，他依旧关心中国大陆和台湾发生的任何事情，关注美国对中国态度的微妙变化。他对于形势的发展有着自己的判断和想法，只是不再如以前那样公开发表看法，影响时局了。生活中另外一个重要的内容就是跟踪美国的经济和金融情况，分析股市的走向，因为宋子文还有很多生意要做，那是他现在唯一的“事业”。生活似乎一下子简单起来，但却显得不那么充实了。宋子文常常一个人坐在书房里发呆，脑海里总是出现过往的一幕幕。初出茅庐时的意气风发，年少得意时的踌躇满志，起起落落的痛苦失意，权倾一时的无限风光，还有最终远走他乡的狼狈无奈。一生经历的人和事不计其数，虽然回忆中也有辉煌和兴奋，但最后总是要回到眼前，回到现实中落寞的生活。

陪伴宋子文几十年的夫人张乐怡深知他的心思，也理解他的失落。看到宋子文总是闷闷不乐，就变着法地哄他开心。可每次宋子文都是敷衍地笑笑，根本提不起兴趣。张乐怡觉得宋子文总是这样待在家里也不是办法，也许出去旅行，散散心会好一些。于是，她建议宋子文一起出国旅行，去看看各国不同的风土人情、异域风光，再体验一下两个人的世界。

宋子文夫人张乐怡

对于张乐怡的建议，宋子文开始并不感兴趣。几十年来欧美国家他已经走了不少，只是那时他有着显赫的官方身份，走到哪都是受到各国的隆重招待。这次如果以个人的身份再到各国，恐怕根本不会受到重视，或者压根就不会安排接待。这样前后巨大的反差岂不是更会加深失落感吗？可是，张乐怡早就想到了这一点。她的计划不是要大张旗鼓地访问各国，而是选择一些风景秀丽、远离城市的旅游胜地，避开那些政治的干扰，两个人安安静静地欣赏大自然的美景，将自身也融入其中，让宋子文能够在大自然中开阔胸襟、变换心情。张乐怡甚至已经计划好了旅行的路线，其中包括了大半个世界的著名景观。禁不住爱妻的反复劝说，再加上自己的确也想换换环境，宋子文终于答应了外出旅行的计划。既然夫人已经设想、安排得这样周到，宋子文还有什么理由拒绝呢？

决定外出旅行后，张乐怡开始着手准备。她先是将家中的事务一一做了安排，吩咐管家在他们外出期间，家中一切照旧，如有来访者，不能泄露他们的行踪，只说主人不在家就可以了。宋子文则把自己手头的生意向各个公司的副手们做了交代，好在他平时也不是经常亲临打理，只是偶尔过问，所以生意上的事倒不怎么让他费心。他还亲自挑选了五六个可靠的贴身保镖，带着他们，夫妇二人的安全应该就没什么问题了。至于行程和住宿，张乐怡早就提前预订了机票和酒店，宋子文就不必再操心了。

一切准备就绪后，两个人在一天清晨悄悄出发了。这天张乐怡的心情很好，不时地说些笑话让宋子文开心。宋子文似乎也受到这种愉快气氛的渲染，不久也渐渐放松了下来。毕竟这是夫妻俩多年来第一次如此轻松地一起外出。抛开政治上的失意，这份平凡生活中的惬意还是很令人满意的。

这次旅行，让宋子文体验到了一种不同的生活。按计划，他们所到之处果然没有惊动当地的朋友。这反而使他们感觉到前所未有的自由。他们就像普通的老人一样，每到一地，安顿好住处，就租车或乘坐专门的旅游车前往景区，这里没有人认识这位声名远扬的中国老人，也没有蜂拥而至的各路记者，更没有心怀仇恨的刺客。异乡的人民像接待其他游人一样盛情款待他们，热情地给他们介绍当地的风土人情，请他们欣赏具有浓郁地方特色的歌舞表演。他们可以悠闲地坐在露天咖啡馆里，一边品尝当地的特色小吃，一边欣赏远处的风景。尤其是非洲原始的热带风光和当地人民狂热的土著舞蹈，深深震撼了宋子文夫妇。他们的物质生活并不富裕，却生活得如此快乐和自我！那些遮天蔽日的原始森林，各种各样的奇花异草，闻所未闻的各色蔬果，还有节奏强烈、肢体豪放的部落舞蹈都让他们流连忘返。张乐怡的陪伴让这次旅行似乎成了他们的又一个蜜月。

由于宋子文年岁渐高，这可能是他们有生之年第一次，也是最后一次进行这样的远程旅行了。机会难得，当然要尽兴才行。张乐怡在行程中尽量安排了各种代表性的特色景点。除了热带风光，他们还特意去乞力马扎罗领略了雪景。壮观的雪景令他们陶醉，可也给他们带来了危险。

冰天雪地，银装素裹，面对神秘的雪山，宋子文和张乐怡深深地被大自然的神奇所征服。常年的积雪反射着炫目的光芒，尽管从里到外全副武装，可脸上还是被风吹得生疼，风不大，却弥漫着一股冰雪特有的单纯的味道。在这里，宋子文夫妇仿佛来到了另一个世界，没有政治上的钩心斗角，没有商场上的尔虞我诈，更没有大权旁落的世态炎凉，任何人来到这都会忘记世俗的一切，全心地投入到这个世外桃源之中。他们甚至好像回到了年轻时无忧无虑的生活，孩子似的兴奋得大喊大叫起来。这个忘情的举动虽然热烈，却犯了雪山的大忌。不一会儿，一阵隐隐的轰鸣声传来，同行的导游经验丰富，立即判断这可能是喊声引起了雪崩。他立即告诉宋子文夫妇赶紧下山。这个消息吓坏了张乐怡，她马上变得脸色惨白，紧紧抓住宋子文的手臂。宋子文倒是颇为镇静，他神态自若地拉着张乐怡，招呼着同行的保镖们快步向山下走去。好在他们的位置并不很高，一会就来到了山下。张乐怡总算放心了。他们回头向远处的雪山望去，果然有一团雪雾从山顶滚下，但只到半山腰就停住了。看来雪崩并不严重，真是有惊无险。不过也好，这让他们有机会领略了雪山狂暴的另一面。

正如张乐怡所愿，这次旅行让宋子文的心情开朗了很多，不再为以往的种种耿耿于怀了。但是记忆并不那么容易抹去，宋子文还是喜欢追忆往事，只是心态与以往大不相同了。

他喜欢坐在露台的摇椅上，一边喝咖啡，一边欣赏落日的余晖映照在各家房檐上、庭院里，那柔和的光线能够使他渐渐平复心灵深处的躁动不安。呼风唤雨、人前显赫的日子已经一去不复返了，他要慢慢适应的是一位普通老人安享晚年的生活。张乐怡了解丈夫的想法，她深知要宋子文安下心来，还需要一段时间。她只是不声不响地打理好家务，然后静静地坐在宋子文的身边，陪着他一起回味过去。

佳人相伴“此生足矣”

从国外旅行回来，宋子文更加珍惜眼前的生活，妻子张乐怡是他最大的财富。风风雨雨几十年，张乐怡一直默默地支持着他，替他处理好家中的事务，从来不用他为家事分心。虽然她从不涉足政坛、商界，却总是在宋子文最失意、低落的时候给他最大的安慰。如今，步入晚年，张乐怡仍然是那么地温婉、善解人意，处处为宋子文着想。安排这次旅行的用心良苦，更让宋子文感动。回到家中，望着红颜渐衰的张乐怡，宋子文不由得感叹：“此生足矣！”他又回想起三十多年前初见张乐怡的情景。

1927年夏，宋子文刚刚在宁汉之争的旋涡中违心地投入蒋介石的阵营。虽说蒋介石已经承诺南京政府成立后宋子文仍然是财政部长，大权在握，可是他的心境却大不如前了。滞留在上海，处处受到监视和恐吓的那段生活让他看到了自己的软弱，也让他对未来充满了迷茫。局势稳定后，宋子文决定给自己休个假，放松心情，顺便整理一下这一阶段纷乱的思绪，缓解多日来紧张的神经。于是，他向蒋介石提出要休息一段时间，去庐山避暑。蒋介石当然明白宋子文的想法，他也知道在宁汉之争中自己把宋子文逼得苦不堪言，既然大局已定，宋子文就是自己人了，还要顾及他的情绪和面子。因此，蒋介石爽快地答应了宋子文的要求，还故作关心地让他好好玩玩。

宋子文简单收拾了行装，就带着几个贴身的随从秘书来到庐山。避暑圣地庐山果然名不虚传。除了清爽宜人外，美景也令人目不暇接。云海变幻不定，时而气势磅礴，时而宁静秀美，让人浮想联翩；天池清幽雅致，与龙首崖一同构成人间仙境；三叠泉飞瀑从天而降，有如连接凡间和天上的神梯。还有观日出的含鄱口，姿态各异的五老峰，遮天蔽日的参天古树……大自然的美景果然让宋子文的心情开阔了很多，可是仍然总有一片阴影挥之不去。

但是庐山的清凉世界也让宋子文突发奇想，何不在这个风景秀丽的地方为自己的老母亲建造一座别墅，以尽孝心呢？主意已定，宋子文立即着手实施。他让秘书找到当地的官员询问有关的手续，并请他们帮忙推荐一位可靠的建筑商。庐山管理局的官员一听说宋子文要在这里建别墅，简直是受宠若惊。他们想都不敢想有朝一日能够巴结上这位国民党如日中天的新贵。根据宋子文的吩咐，他们立即开始考虑建筑商的人选。思前想后，他们决定将住在日照峰 3 号别墅的张谋之推荐给宋子文。这一决定使张后来成为宋的岳丈，当然，这是后话了。

张谋之是地方的实力派，在庐山脚下的牯岭镇经营张兴记营造厂，为许多高官和洋人在庐山上承办了别墅工程。他的设计精巧，适合庐山的地形和气候条件，而且讲求诚信。张谋之本人也交友广泛，乐善好施。与许多官员、商人，甚至洋人都是好友。为了考验一下张老板的能力，宋子文决定亲自到张家拜访。

一天上午，宋子文带着秘书来到日照峰3号张家的别墅。张谋之对宋子文的来访喜出望外，赶紧殷勤款待。在仔细倾听了宋子文为母建造别墅的想法后，张谋之略加考虑，提出由于庐山气候凉爽、潮湿，老人居住的别墅选址上应该注意通风和尽量干燥，以免湿气太重引起不适。另外还应选在道路平坦，便于出游之处。张的细致周到让宋子文很是满意，宋子文的一片孝心也得到了张的大加赞赏。两人越聊越投机，不知不觉到了午饭的时间。张谋之一贯好客，这次更是盛情邀请宋子文留下来共进午餐。宋子文欣然同意。

贵客临门，张家自然是无比重视。张谋之把夫人、女儿、儿子都叫出来接待宋子文。席间，宋子文注意到张谋之的女儿张乐怡彬彬有礼、热情大方，一双大眼睛透着天真无邪。最重要的是张乐怡根本没有把他当作党国的高官，没有像他见惯了的各种官员和小姐们那样对他曲意奉承，巴结讨好。那样的应酬总是令宋子文身心疲惫。这位张小姐却与众不同。她只是把宋子文当成一个普普通通的朋友，与他说话也是直率爽朗，甚至经常还反驳他几句。这让宋子文感到非常轻松自在，久居官场的宋子文一直渴望能有一个可以倾心相谈的朋友，一种没有虚伪、没有面具的生活。张乐怡似乎就能够给他带来这梦寐以求的一切。饭后，张谋之请宋子文品尝著名的庐山云雾茶时，宋子文与张乐怡已经相谈甚欢，大有相见恨晚之意了。

其实，1907年出生于牯岭镇的张乐怡虽然不是什么名门望族之后，可张谋之在九江、庐山一带也是颇有名望，她也算得上是受过高等教育的新式女性。张乐怡毕业于基督教创办的南京金陵大学，此后一直在家帮父亲管理企业。上学期间她接受的都是西式教育，讲一口流利的英语，在思维方法和行为方式上都与宋子文十分接近。因此，两人初次见面一点也没有感觉到拘束，反而就像老朋友叙旧。

活泼、美丽的张乐怡深深吸引了宋子文，他有些舍不得离开她了。两人谈话间时间过得飞快，为了有借口与张乐怡多相处一段时间，宋子文提出想去一些景点观光，由于自己对庐山不熟悉，请张乐怡陪同做向导。张谋之早就看出宋子文对自己的爱女颇有好感，当然求之不得，满口答应。

这天下午，张乐怡带着宋子文游历了庐山的花径、芦林湖、锦绣谷等景点。庐山的风景美不胜收，可是宋子文根本无暇观看美景，他完全被眼前的伊人陶醉了。张乐怡在山间蹦蹦跳跳，一边拉着宋子文转到不同的角度欣赏山景，一边给他讲解各种有趣的典故，还不时地嘲笑很少爬山的宋子文走得太慢，银铃般的笑声回荡在山间。佳人相伴，宋子文暂时忘却一切烦恼，全心沉浸在这份新的感情之中。可是，他也存有一丝顾虑。

宋子文当年正是年轻有为，33 岁的年龄虽然不算太大，可是与还未满19[①] 的张乐怡比起来就大得多了。因此，天真的张乐怡张口就叫宋子文“安哥”，这是英文单词“uncle”的中文译名，意思是“叔叔”。以 14 岁的差距叫“安哥”虽然并不为过，可是听在宋子文的耳朵里，总是有些不是滋味。他怀疑单纯的张乐怡是否真的只把自己当成“安哥”，不明白自己的心意，还是嫌弃自己的年龄太大，不配做她的“达令”。

尽管疑虑重重，宋子文还是无法束缚住自己要与张乐怡在一起的强烈愿望。他几乎每天都与张乐怡一起游玩，哪天见不到她，他就有些失魂落魄。常年在父母身边生活的张乐怡也觉得这个“安哥”幽默风趣，思想与自己极为接近，不像父母那样的循规蹈矩，对自己管教起来没完。她很愿意与宋子文在一起，他总能把她逗得咯咯地笑个不停。而张谋之夫妇看到宋部长对自己的千金青睐有加，自然十分高兴，乐得成全他们的美事，索性任由两人密切来往。

正当宋子文对张乐怡的感情日益加深时，蒋介石的一纸电文将宋子文拉回了现实。蒋要宋前往广州，说服汪精卫与南京合作。这可是个艰巨而又十分重要的任务。宋子文身不由己，只能向张乐怡匆匆告别，启程赶赴广州。在广州，宋子文与汪精卫进行了数次密谈，他善于辞令的外交才华充分得到显露。蒋介石对汪精卫要求的满意答复令汪很快与蒋达成协议，共同反共。不久，汪精卫亲自到上海与蒋介石会面，宋子文

---

① 《顾维钧回忆录》第六分册，第 71 页。

代表蒋到码头迎接。在宋子文的努力下，汪蒋实现再次合作。

蒋介石交代的大事已经顺利完成，宋子文又迫不及待地赶往庐山，那里有他朝思暮想的佳人。分别了一段时间后，宋子文更加深切地感受到自己已经深深地爱上了张乐怡，他真希望每天都能看到她亮晶晶的大眼睛，无忧无虑的笑脸，还有那甜甜的“安哥”，只是什么时候这个“安哥”能够变成“达令”呢？

而张乐怡没有了宋子文每天的陪伴也觉得非常无聊。虽然同以前的生活没有分别，可是自从宋子文走后，她就总是觉得生活中缺少了什么，总是一个人静静地回忆他们一起游山玩水的快乐时光。张乐怡清楚，自己喜欢和“安哥”在一起。可是宋子文贵为财政部长，每天日理万机，还会不会记得这个山里的小丫头呢？

正当张乐怡怀揣心事，冥思苦想之时，宋子文仿佛神助一般从天而降，突然出现在张乐怡面前。宋部长的再次光临让张谋之乐不可支，而宋子文热切的眼神也让张乐怡激动不已。看到张乐怡略显消瘦的脸庞，宋子文不由得心疼起来，他在心里暗暗发誓，一定要让张乐怡过上幸福的生活。可是，事情还得一步步地来。

这一次，宋子文又以为母亲的别墅选址为名，带着张乐怡花前月下，远远避开人群。两个人常常单独出游，游玩已经不是目的，选址更是堂皇的借口，尽情享受二人世界的甜蜜才是他们都共同渴望的。这次的相聚，他们更是难舍难分，只是宋子文还一直对张乐怡喊他“安哥”耿耿于怀。假期短暂，宋子文就要回南京正式就任财政部长了。这回他可是非走不可了。临别前，宋子文再一次将张乐怡约到他们最喜欢的松树路，那里清幽僻静，是公认的情侣约会的好地方。宋子文决定要试探一下张乐怡对自己的感情，他故作不经意地提起自己马上要回南京了，想看看张乐怡的反应。果然，张乐怡一听说他要走，立刻焦急起来，脱口而出一句“这么快又要走？”但是她知道宋子文是重要人物，不可能总在庐山陪伴自己。于是，她又赶紧补充道：“‘安哥’，那你什么时候能再来呢？”宋子文看到张乐怡失落的表情，已经明白她的心意，他真想就此抛开一切，永远在这个世外桃源里陪着心爱的人。可是，大丈夫还是要以事业为重，沉溺于儿女情长中的宋子文恐怕就不是张乐怡喜欢的人了。于是，宋子文强抑制住自己的冲动，告诉张乐怡只要自己一有空，立即来庐山看她。张乐怡毕竟性格直率，她坦白地告诉宋子文，有他陪伴的日子自己感觉很快乐，真希望他们能够每天都在一起。这样的表白让宋子文异常兴奋，他知道，张乐怡已经牢牢被自己吸引了。他立即郑重地向张乐怡承诺，不在庐山的日子里，他会经常写信给她。之后，他还干脆趁热打铁，请张乐怡不要再叫自己“安哥”，叫“子文”就好。张乐怡心领神会，羞怯地点了点头。这天，宋子文牵着张乐怡的手把她送回了家中。

1928 年 1 月 3 日，宋子文被国民政府任命为财政部部长，1 月 7 日，在南京出席就职典礼，正式走马上任。上任伊始，他就大刀阔斧整顿财政，先是广发债券，然后改革税收制度，整饬盐务，为蒋介石迅速筹措了大笔经费。看到这个大舅子果然能干，蒋介石心花怒放，又把一块烫手的山芋扔了过去。上海英美烟厂的罢工风潮已经持续了 3 个多月，工人和厂方一直僵持不下。蒋介石派宋子文前往调解。宋子文在上海商界颇有威望，又在国民政府中身居要职，双方都要卖他一个面子。宋部长出马，当然不会无功而返。经过多次召集各方代表会议，最后以厂房接受工人提出 19 条要求中的 12 条而宣告协议达成。理顺了南京政府成立初期混乱的财政制度，也完成了蒋介石交给的棘手任务，宋子文又开始思念远在庐山的张乐怡了。当然，繁忙的公务之余他也没有忘记对张乐怡的承诺，他不时地给她写信，讲述自己工作的成绩、思想上的困扰，还有绵绵的思念。他再也不想这样两地相思了，这次他下决心要把张乐怡永远留在自己身边。

三上庐山，宋子文的心情与以往完全不同了。有甜蜜，也有紧张和兴奋。张乐怡对于他的到来自然是万分高兴，宋子文终于又见到了朝思暮想的人儿，他们如胶似漆，完全沉浸在两人世界之中。但是，宋子文必须保持清醒，因为他此番前来还有一个重要的任务，那就是向张乐怡正式求婚，征得张家的同意和祝福。因为有过一次与盛七小姐失败的恋情，对于长辈们对婚姻和自己的看法，他还真是没有把握。不过，首先得到张乐怡的同意才是成功的第一步。

一天，宋子文带着张乐怡漫步在古松之下，徐徐的微风吹过，松树的清香扑鼻而来，他们找了处荫凉的石凳坐了下来。仿佛预见到了什么，一直有说有笑的张乐怡突然变得安静起来。他们相对而坐，四目相对，两人都有一肚子的话要说，可是都不知从何开口。还是宋子文首先打破了沉默，“乐怡，每次离开你我都觉得度日如年，这次我不想再跟你分开了。”听了宋子文的开场白，张乐怡的心怦怦地乱跳起来，一向沉稳的“安哥”很少有这样直接的表白。她一时还不知应该怎样回答。看她低着头沉吟不语，宋子文接着说“我已经深深地爱上你了，今天我正式向你求婚，请你嫁给我。”略一迟疑后，宋子文又补上一句，“如果你不答应，我也不做财政部长了。”张乐怡本来听到宋子文向自己求婚，又是高兴又是羞涩，一听这最后一句，急得她顾不上害羞，赶紧伸手捂住宋子文的嘴，叫道：“别这么说!”“那你就是答应了?”宋子文一把拉住张乐怡的手，紧紧盯着她的眼睛。张乐怡躲闪着宋子文灼热的目光，嘴边却露出一丝笑意。宋子文见状大喜过望，一把将张乐怡拉到怀里，大声地说：“我会让你一辈子幸福的!”随后，他将早已准备好的求婚戒指戴到了张乐怡白皙修长的手上。狂喜之余，他对着群山，对着松林还在不停地重复着自己的誓言。

得到了张乐怡的同意，宋子文放心地正式拜见张谋之，向他提亲了。张谋之对宋子文一直是敬畏有加，何况关于宋子文和自己女儿的关系他也早就心知肚明。宋子文的求婚当然立即获得了张谋之夫妇的同意。而宋子文也不是空手而来，除了送上备好的贵重礼物以外，他还给未来的岳丈送来了两条喜讯。一个是当地县城的副县长有个空缺，宋子文立即推荐了张谋之，一段时间以后就可以走马上任了；另外一个是宋子文已经帮助张乐怡的弟弟办理了去美国留学的手续，就等着收拾行装就可以出发了。这两个喜讯对张谋之来说完全是惊喜，这样办事周到的女婿怎么能不得到岳丈的欢心呢？张乐怡的爱情成就了宋子文的生活，张乐怡的弟弟因此也改变了整个的人生，他留美归国后就受到宋子文的重用，在宋的税警团里担任了要职。

经过近半年的准备，1928 年秋，宋子文和张乐怡举行了婚礼。宋部长终于赢得美人归，从此两人相依相伴了一生。

《宋家王朝》描述道："只要新闻记者不在他周围，每天晚上他都要享受为他专门用飞机运来的堪萨斯市炸牛排。他喜爱他的妻子张乐怡，他叫她的小名婷婷。有一次她病了，据说，他派一架飞机专程到美国康涅狄格州迅速为她运来一束山茱萸花。她非常喜爱这种花，因此深受感动。"

几十年的婚姻生活中，尽管宋子文在政界起起落落，但他对于妻子的感情却是专一而深情的。在抗日战争结束前的几年，宋子文一直留在重庆，陪伴他的爱妻张乐怡度过一段安稳、得意的日子。《宋家王朝》中对他这一时期的生活描述道："只要新闻记者不在他周围，每天晚上他都要享受为他专门用飞机运来的堪萨斯市炸牛排。他喜爱他的妻子张乐怡，他叫她的小名婷婷。有一次她病了，据说，他派一架飞机专程到美国康涅狄格州迅速为她运来一束山茱萸花。她非常喜爱这种花，因此深受感动。"

与那些妻妾成群、招蜂引蝶的国民党大员相比，宋子文实在是一往情深的好男人。他和张乐怡相识、相恋的传奇故事在当时轰动一时，被传为美谈。

前情往事成云烟

在美国安度晚年的宋子文再也不用将每天的日程安排得满满当当了。几十年来，他还从来没有这样整天地待在家里，陪伴在张乐怡身边。闲暇的时间多了，宋子文有时会到风景优美的公园里，静静地坐在长凳上，默默地倾听大自然的各种声音，任凭着自己的思绪随意游走。

这里人不多，各种鸟类和小动物更为常见，良好的生态和友善的人们使它们把这里当成了乐园。偶尔也有正在热恋的情侣们来到这里，看到他们青春的身影，宋子文常常会想起自己的年轻时的往事。除了一直陪伴身边的张乐怡以外，他也会想起另外一个人。虽然宋子文和张乐怡伉俪情深，可是这并不是宋子文的初恋。他的初恋有着一个美好浪漫的开始，却以悲剧和痛苦结局，那是他永远刻骨铭心、难以忘却的一段感情。

那还是早在1917年，宋子文刚刚从美国学成归国，正欲在国内大展宏图。父亲宋耀如将他介绍到汉冶萍公司上海办事处任秘书。虽然宋子文在美国留学五年，已经拿到了经济学博士学位，而且在美国也已经有在国际金融等方面的工作经验，但是宋耀如还是告诫宋子文，在国内做事要从基础做起，熟悉国内的情况。因此，宋子文听从父命来到汉冶萍公司，踏踏实实地从事务琐碎的秘书做起。

其实汉冶萍公司也不是一个普通的小企业，这是一个经营煤矿、铁矿和钢铁厂的工业联合体，是中国最早的采矿冶金联合企业，下辖汉阳铁厂、大冶铁矿和萍乡煤矿，在当时的中国也是数得上的著名实业了。公司的创办人是清末著名官僚、实业家盛宣怀。宋子文回国时，盛宣怀已经过世，由他的儿子盛泽丞担任总经理。

盛宣怀

说到盛家更是颇不寻常。盛宣怀是江苏武进人，字杏荪，又字幼勖，号愚斋、止叟。1870年李鸿章正如日中天时，盛宣怀是李的得力幕僚，以行营内文案兼充营务处会办，是李鸿章的亲信。1873年，李鸿章兴办洋务，派盛宣怀任轮船招商会会办，1880年又任命他为中国电报局总办，盛宣怀从此成为李的得力助手，也因此积累了很多兴办实业的经验。

义和团运动开始以后，盛宣怀见风使舵，大力结交亲王奕劻、大太监李莲英，通过这些人屡进美言，终于得到慈禧太后赏识。1907 年慈禧太后召盛宣怀进京，次年即任命他为邮传部右侍郎。此后，盛宣怀官运亨通，声名显赫。1911 年，被任为邮传部尚书（部长），皇族内阁成立后，又任邮传部大臣。

与盛宣怀相比，宋子文的父亲宋嘉树显然身份不可同日而语。盛宣怀初入官场，任招商局会办时，宋嘉树还流落美国，在一个店铺里充当学徒。而当盛宣怀平步青云、身为朝廷显贵之时，宋嘉树却被派往中国传教，正在无锡街头用手风琴奏乐，吸引当地百姓听他布道。当然，宋家后来异军突起，一跃成为中国的第一大家族与盛家相比是有过之而无不及。但是，当时宋子文的资历尚浅，只能在盛家的办事处做一名小小的秘书。

宋子文生性要强，办事极其认真。再加上学识广博，掌握着世界先进的理论，又有着在美国大公司工作的经验，一开始工作就显露出高人一筹的才华。办事处的事务被宋子文料理得井井有条，成果斐然，他本人也得到了工作人员的交口称赞。这一切当然也逃不脱总经理盛泽丞的眼睛，他早就注意到这个年轻人勤快、能干，而且很有才华，有意栽培。此时盛家正在为七小姐也就是盛总经理的妹妹盛谨如物色英语教师。宋子文是盛家企业的员工，又老实本分，讲得一口流利的英语，正符合盛家的要求，盛总经理自然而然地想到了宋子文，把他推荐给了妹妹。

盛七小姐盛爱颐。

从此，宋子文经常出入盛家，为七小姐单独授课。当时宋子文 24 岁，风度翩翩，仪表堂堂，而且知识渊博，口才极佳。每次上课都是旁征博引，妙趣横生。五年留学生活的奇闻逸事，美国的风土人情，再加上地道的英语俚语，每每把七小姐讲得心驰神往，崇拜不已。而七小姐也正值豆蔻年华，聪明美丽，端庄秀雅。虽然从小就生长在大家庭里，但是也接受了不少先进的思想，对自己的终身大事很有主张。早有不少人上门提亲，可是七小姐一心要找一个有学问、有前途的青年才俊，对那些纨绔子弟一概拒绝。宋子文的出现让七小姐怦然心动，他不正是自己理想中的如意郎君吗？

两个人日久生情，英语课越来越勤，几乎每天都要见上一面。当时盛家主事的是七小姐的母亲盛老太太庄氏，虽然已经到了民国，可老太太依然有很浓厚的封建思想。女儿的婚事还是要父母之命、媒妁之言，这些必要的程序是绝对不能省略的。盛老太太特别喜欢这个女儿，所以有时她也会跟女儿商量一下，将来提亲的对方情况向女儿说明，征求她的意见。来盛家提亲的人不断，七小姐总是以各种各样的理由拒绝，因此盛老太太一直没有选中既让自己满意，又让女儿接受的女婿。

随着宋子文和七小姐相处时间的越来越长，他们的感情日益加深，两个人已经到了非君不嫁、非女不娶的程度。可是长此以往也不是办法，宋子文趁热打铁，向盛谨如提出了求婚。面对心上人的求婚，盛谨如心花怒放，当然含笑点头。按照当时的传统，两个人这样的做法无异于是私订终身。宋子文求婚成功，恨不得立即将心上人娶回家中。可是，盛谨如毕竟还是盛家的小姐，一切还要盛老太太做主才行。她太了解母亲的脾气了，公开告诉母亲自己与宋子文的恋情肯定会令她大发雷霆，弄巧成拙。老太太最接受不了那些恋爱自由的新思想了，她把那些视为伤风败俗的行为。可是，两个年轻人的心早就紧紧地贴在一起了，每天频繁的会面和他们目光相对时那炙热的眼神，难免会引起别人的怀疑，各种猜疑和流言早晚会传到老太太的耳朵里，到那时就彻底难办了。总之，这样偷偷摸摸的约会也不是长久之计。宋子文暗下决心一定要光明正大地将盛谨如娶入宋家。

在七小姐的建议下，宋子文决定依照盛老太太的规矩办事，遵循那套封建的婚姻程序。首先，要请媒人到盛家提亲。媒人在封建婚姻中的作用非常重要，这个人选让宋子文伤透了脑筋。既要有一定的社会地位，让盛老太太以礼相待，顾及媒人的面子，又要与两家都熟识，对他们的家庭情况有所了解，更重要的是媒人要善于言辞，能够尽量描述宋子文的各种优点，以取得老太太的好感。要找到这样合适的人还真不容易，思来想去，宋子文决定请汉冶萍公司的主任秘书蒋慰仙出马，当然，这也是七小姐出谋划策的结果。蒋慰仙是宋子文的同事，平时关系很好，对宋子文也很了解。虽然蒋不善言辞，但有着一个别人无法可比的优势，他与盛老太太沾亲带故，经常到盛家走动，盛老太太对他也很信任。

主意已定，宋子文专门在酒楼设宴宴请蒋慰仙。由于平时两人关系较好，蒋慰仙没有多想就欣然应邀前往。宋子文是个直性子的人，席间，宋子文将自己的想法和盘托出，请蒋为其向盛老太太提亲。蒋慰仙到底年长一些，比宋子文成熟稳重。虽然心里吃了一惊，但表面上还是不动声色。他先是向宋子文描述了一下盛老太太固执的脾气、封建的思想和对女儿婚姻的要求。宋子文虽然常去盛家给小姐上课，但都是直奔书房，很少到别处走动。与盛老太太也只是在最初见过一面，没有过多接触。对于盛老太太的情况都是听七小姐所说，但是小姐对于母亲的看法总是带有强烈的感情色彩，并不客观。蒋慰仙身为盛家亲属和宋子文的同事，所谓旁观者清，对于盛老太太的评价反而更加清醒。

通过蒋慰仙，宋子文了解到盛老太太在家中是绝对的权威，一家之主，要想娶到七小姐必须过这一关。而且老太太的封建思想特别浓厚，远远超出宋子文原来的想象。关于七小姐的婚事，老太太的要求是人品、相貌、才干、家世一样也不能少，而且最重要的是必须要门当户对。听了蒋的介绍，宋子文在心中暗暗比较了一下自己的条件。论人品，自己正直率真，待人诚恳，从未与人为敌。论相貌，自己虽然不是什么潘安在世，但也仪表堂堂。论才干，自己是美国哥伦比亚大学的经济学博士，虽然才小试牛刀，但已得到上司和同事的普遍好评。论家世，尽管以前宋家无法与盛家相比，但宋家正在日益崛起，大姐霭龄嫁与了孔祥熙博士，二姐庆龄是中华民国首任大总统的夫人。从这几点看来，自己还够得上盛老太太择婿的条件。

不过蒋慰仙却并不这么看。许多官宦名家之后的条件要比宋子文强出许多，他们到盛家提亲都无一成功，可见盛老太太的眼光是何等挑剔，宋子文此举恐怕同样是希望渺茫。虽然蒋慰仙一再给宋子文泼冷水，但是宋子文还是央求他一定要帮自己的忙。看到宋子文心意已决，好话说尽，蒋慰仙倒是渐渐觉得这个年轻人固执得有些可爱了。他决定去盛家试试。

身为盛家的亲戚，平时经常走动，蒋慰仙对盛家上下都很熟识。因此，他来到盛家就直奔盛老太太的正房。此时盛老太太正在斋堂理佛，听说蒋慰仙来访就来到正房，让蒋进来说话。老太太平日很少出门，与外界接触不多，总是在家中吃斋念佛。蒋慰仙每次来都给她讲些外面的新鲜事，因此很受欢迎。蒋一进屋，老太太就笑容满面地问他又有什么故事要讲给她听。看到老太太心情不错，蒋慰仙寒暄几句，赶紧进入正题。“听说老太太还在为七小姐的终身大事愁眉不展?”蒋先试探地提起话题。一说到盛谨如，老太太马上焦虑起来，“可不是吗！我这个女儿一天没个着落，我就一天不能安心。可是，一直也没有合适的人家啊！”“今天我就是为这件事而来。”蒋随即将宋子文的情况介绍了一番，而且着重强调了宋子文年轻有为，前途无量，当然期间免不了很多溢美之词。看到平日不善言辞的蒋慰仙对宋子文如此推崇备至，老太太动心了。不过，她对于这位洋博士还是有些不放心，总要亲自看看才行。听到老太太说要亲自看看宋子文，蒋慰仙明白自己已经说动了她，下一步就要看宋子文的了。

从盛家出来，蒋慰仙赶紧把这个消息告诉了宋子文。宋子文当然喜出望外，不过立即紧张起来。蒋慰仙索性好人做到底，告诉宋子文，盛老太太对人十分挑剔，而且第一印象特别重要。一旦她对谁产生偏见，再想改变看法就难了。因此，第一次见面一定要注意言行。老太太不喜欢洋派的作风，见面还是穿着得传统一些好，而且跟老太太说话可不能像平时这样随便，尽量要表现出孔孟之道那一套。好在宋子文小时，父亲对于他的教育就是中西结合的，虽然后来留学美国，但中国传统的文化还是有一定基础的。所谓临阵磨枪，不快也光。当天晚上，宋子文找出几本封建卫道士的书又好好研读了一番，梦里他还在设想见老太太的一个个细节。

第二天一早，宋子文听从蒋慰仙的建议，穿了一件素色的长袍，把头发梳理得整整齐齐，再加上一副近视眼睛，看上去还真是一个传统的儒者。他早早地赶到盛老太太指定的酒楼，订了一桌上好的酒菜等候，生怕被老太太挑出毛病。约定的时间眼看就要到了，宋子文越来越紧张，心里怦怦地跳个不停，两只手心甚至都渗出了汗。时间刚到，就见蒋慰仙陪着盛老太太慢条斯理地走上楼来，宋子文赶紧快走几步，上去迎接。看到宋子文这副中式打扮，平日里见惯了他西装革履的蒋慰仙不觉有些好笑，可是又不敢表露出来。可是盛老太太却觉得这个洋博士虽然留洋几年，还保持了中国的传统，没有忘了本，这一点很难得。再加上宋子文天生一副憨厚、老实的面相，今天又是特意打扮一番，看起来精干利落，风度翩翩。见宋子文诚惶诚恐地迎上前来殷勤地打招呼，盛老太太也微笑着点点头。这个微笑一下子缓解了三个人见面的紧张气氛，宋子文和蒋慰仙的心都放了下来。虽然正式的谈话还未开始，可是这个微笑足以说明盛老太太对宋子文的第一印象还不错。有了良好的开头，往下的事就好办了。

席间，宋子文频频布菜，表现得谦卑恭敬，出色的口才也渐渐显露出来。老太太不时地询问宋子文对于婚姻的看法、前途的设想，宋子文把自己的想法融入那些经史典籍之中，也学着学究的样子之乎者也，慷慨激昂地表现了一番。看来，前晚的临阵磨枪果然有用。宋子文所表示出的对于婚姻的执著和忠诚，以及对未来生活的美好设想都让老太太极为满意，一顿饭吃得宾主尽欢。饭后，宋子文将盛老太太一直送出门外，看着她上了盛府的车才高高兴兴地回到住处。蒋慰仙虽然开始并不看好这件事，但是看到盛老太太和宋子文见面的情景，也觉得已经大功告成，两个人还着实兴奋了一阵子。

正当宋子文沉浸在成功的喜悦之中，开始准备迎娶七小姐的计划时，蒋慰仙突然给他带来了一个意外的消息。就在宋子文和盛老太太见面后几天，盛老太太突然将蒋慰仙叫到家中，劈头盖脸就是一顿责骂，说蒋对她欺瞒真相，将一个街头卖艺人的儿子介绍给七小姐，又把宋子文也骂了一通，说他虚伪、狡猾，是个骗子。还让蒋慰仙告诉宋子文，想娶七小姐是绝对不可能的。盛老太太的突然翻脸，让蒋慰仙颇感意外，可是老太太正在盛怒之下，他也不敢多问，只好灰溜溜地来通知宋子文。

毫无思想准备的宋子文听了蒋慰仙的叙述犹如当头浇了一盆凉水，半天没缓过神来。究竟是什么原因让盛老太太在这短短的几天内就改变了心意，来个180度的大转弯呢？

原来，几天前，盛老太太的妹妹庄三太太来看望姐姐。姐妹俩闲话家常，盛老太太就高兴地将宋子文提亲的事跟妹妹说了一遍。本以为三太太会为七小姐高兴，谁知她听说对方是宋子文，立即脸色一变，故作神秘地问盛老太太，“姐姐，你真甘心将谨如许配给宋子文这样的人？”听到妹妹这样的问话，盛老太太心里一惊，难道宋子文对自己隐瞒了什么。庄三太太故意卖的关子果然起到了作用，在盛老太太的追问下，她假装极不情愿地说出了实情。她说早就知道宋子文的家世，宋父原来就是个在街头卖艺的吹鼓手，后来搬到了上海，宋子文费尽心机才挤进了盛家的公司，还刻意隐瞒自己的家世，从不向人提起这件事。依她看，宋子文根本就不是什么仰慕小姐芳名，就是故意在攀盛家的高枝，想依靠盛家一步登天。

这番话说出来，盛老太太立即火冒三丈，对庄三太太的话没有产生一丝怀疑，毕竟自己的亲妹妹要比宋子文和蒋慰仙都要亲近得多，不会没有依据的说出这样的话来。老太太理所当然地认为妹妹分析得有理，蒋慰仙一定是收了宋子文的好处才替他隐瞒真相，两个人合伙来骗自己。而宋子文就更是可恶之极，表面上看起来文质彬彬，一副老实厚道的模样，实际上骨子里这么狡猾奸诈，连自己都差点被他骗了。这样的人绝对不能把女儿嫁给他。这样想来，还是亲妹妹是真正的家里人，处处为自己着想，如果不是她提醒，差点上了宋子文的当。随后，盛老太太对妹妹是千恩万谢，从此更是信任有加。送走了庄三太太，盛老太太把蒋慰仙叫到府中，狠狠地教训了一顿。蒋慰仙无奈，只好找到宋子文，通知他亲事告吹。

眼看已经成功的亲事突然被棒打鸳鸯，宋子文半天没有缓过神来。事已至此，蒋慰仙也已经毫无办法，只能对宋子文好言相劝，让他想开些，借此断了娶七小姐的念头，另觅佳偶。可是什么“天涯何处无芳草”这类的话宋子文根本就听不进去，他已经深深地陷入七小姐的情网里，不能自拔。蒋慰仙见状，也只能暗自叹气，默默同情。他知道此时自己说什么都没有用，还不如让宋子文自己静一静，遂告辞回家。

这边宋子文待在家中，冥思苦想怎样才能与七小姐长相厮守。再去求盛老太太已不起作用，蒋慰仙明确地告诉他，以盛老太太固执的脾气，要改变对宋子文的印象是绝对不可能的。那么通过盛家明媒正娶是行不通了。突然，一个大胆的念头出现在他的脑海中，既然明的不行就来暗的，他们可以私奔，带着七小姐双宿双飞！这个想法把他自己也吓了一跳。但是，宋子文越想越觉得这个办法可行，而且充满了反封建的浪漫色彩。这个勇敢冒险的想法让宋子文重新兴奋起来。

实干家的本色在此时再次显露出来。下定决心后，宋子文很快拟定了一套带着七小姐私奔的计划。计划固然有着宋子文做事一贯的风格，详细、周密。但是，这个完美计划的实施需要一位女主角的支持和参与才能顺利完成。因此，宋子文悄悄来到盛家约见七小姐。

在他们曾经海誓山盟的书房里，宋子文向七小姐讲述了提亲失败的经过，七小姐听说由于庄三太太的偏见使宋子文功亏一篑，气得花容变色。可是，事已至此，已经没有挽回的余地，只能另想办法。宋子文把心一横，拉住七小姐的手，说到：“现在是新社会了，婚姻大事应该由自己做主。既然盛家反对我们的婚事，那我们只好离开他们，自己开创新生活了。”七小姐还是不太确定宋子文话中的意思，她疑惑地看着宋子文，“你是想……”“对，谨如，我要带着你远走高飞，追求我们自己的幸福。相信我，我会让你一辈子幸福的!”

宋子文的热情和坚决感染了一向听话乖巧的七小姐，她决定听从宋子文的安排，跟着心上人离开这个封建的大家庭。虽然心中也有些舍不得疼爱自己的母亲，可是一想到不知道她要把自己嫁给哪个从不相识的所谓名门之后，七小姐就从心底里难过。再说转念一想，暂时离开母亲也许是个好办法，等到过了几年，母亲的气消了，自己与宋子文生米煮成熟饭，到时候抱着孩子再回到盛家向母亲请罪，她总不至于不认自己的外孙吧。这样想来，七小姐也觉得宋子文的计划也没有什么不妥。两个人商定第二天午夜，七小姐从花园的后门溜出来，由宋子文在门外的小河边雇一条渡船，将七小姐接出，然后他们就乘船赶往下游，第二天再换乘火车远走高飞。

研究好了各个细节，宋子文兴冲冲地回到家中，安排好手里的工作，然后收拾好简单的行装，就等着接上七小姐启程奔向理想中的新生活了。

第二天夜里，宋子文早早在渡口雇了一艘小船，来到盛家后花园外。他不敢停得太近，就远远地靠在对岸。站在船头，眼睛紧紧地盯着后花园的那扇小门，盼着那个熟悉的人影出现。约定的时间已过，七小姐还没有出现。宋子文想，也许是七小姐胆子小，被什么人或事绊住了，又不敢声张，再等等看。时间一分一秒地过去，宋子文有些着急了。他一直告诉自己，七小姐一定会来，她不会失约。可是，苦等了一夜，七小姐始终没有出现，宋子文开始胡思乱想了。也许是七小姐生了病，或是盛老太太临时吩咐她什么事，还是……还是事情走漏了风声，她被看管起来了？可是，宋子文不敢再到盛府，万一被盛老太太发现，他们就连逃走的最后一点机会都没有了。万般无奈的宋子文只能耐心地等待，盼望着七小姐出现，或是想办法给自己捎个信息。

又是一天过去了，七小姐还是音信皆无，宋子文终于不得不想到了最坏的结果，七小姐变卦了。她在最后关头放弃了宋子文，选择了衣食无忧的生活，而不愿跟着宋子文冒险，吃苦头。一想到这些，宋子文就心如刀绞，他甚至开始学会了怨恨。他恨苍天为什么偏偏让他遇到了七小姐，又爱上了她；他恨盛老太太横加阻拦，阻挠他们的婚姻；他恨七小姐胆小懦弱，对爱情不够坚定和忠贞；他也恨自己不是富甲天下、权倾朝野、有权有势的官宦人物，如果那样，盛老太太也不会瞧不起他了。

宋子文的确猜中了事情的一大半。那天，宋子文来到盛家说服七小姐一起出逃，正好庄三太太也来看望姐姐。在宋子文匆匆离开时，刚好被庄三太太看到了背影。这个老太太倒是心思细密，她随即到七小姐处察言观色。七小姐紧张、兴奋的表情让她起了疑心。于是，她把自己的疑虑告诉了盛老太太。老太太一听说女儿竟然跟宋子文还在偷偷会面，立即火冒三丈，把七小姐狠狠教训了一通，然后把七小姐关在房里不许她出门。七小姐开始还又哭又闹，后来盛老太太和庄三太太轮番轰炸，给她讲大道理，还说宋子文爱的根本不是七小姐的人，而是盛家的权势，年纪轻轻，就会钻营，不是成大器的料。再说就算宋子文对七小姐是真心的，可是他一无钱、二无权，凭什么给她幸福的生活？七小姐从小锦衣玉食，娇生惯养，根本受不了宋子文那样穷酸的生活。现在凭着一时热情莽撞行事，将来肯定是要后悔的。母亲和姨娘经得多，见得广，这样的悲剧见得多了，以她们的经验当然不能让七小姐走错一步，遗恨终身了。

七小姐本是个软弱、没有主见的姑娘，闹了几天，禁不住两个老太太没完没了地劝说，渐渐地也觉得她们说得也不无道理了。长这么大，自己的确没有受过什么委屈，外面的世界基本没有接触过。难道宋子文真的如母亲所说是个骗子吗？一旦跟他出走，他会不会对自己好，而生活的艰辛能不能承受得了，还真都是未知数。有了这些疑问，她的决心也慢慢地动摇了，终于还是放弃了出走的决定。再说，有母亲和姨娘派人整日看守，也的确无法脱身，这是她为自己找到的另外一个理由。

七小姐的失约让宋子文又是失望，又是伤心，回到家中大病了一场。可是仍然没有七小姐的消息。这回，宋子文真的死心了。不久，宋子文突然被调往盛家在汉口的分公司。他明白，这一定是盛老太太不让他再有机会接近七小姐而做的决定，看来七小姐的确已经完全听命于盛老太太，对自己变心了。盛家让宋子文伤透了心，再在汉冶萍公司干下去没什么意思，得罪了盛老太太，自己也不会得到重用。宋子文一怒之下辞职离开了公司。从此与七小姐断绝了联系。不久，他接到二姐和二姐夫请他去广州参加革命政府的电报，他正想换个环境调整一下心情，欣然应邀前往。也许他去广州前根本没有想到，这个决定改变了他一生的命运。而盛家更没有想到，昔日这个被他们瞧不起的穷酸小子，几年后竟成为中国炙手可热的政府高官，一生荣华富贵，不知比盛家荣耀多少倍。

宋子文的初恋就这样以失败而告终。这次恋情对于宋子文的影响巨大，他在此后的多年里一直孤身一人，对于众多名门淑媛的追求置若罔闻。直到遇见了与他并非“门当户对”的张乐怡，他感情的闸门才又一次放开。

据说，在宋子文和张乐怡结婚当天，盛七小姐曾经偷偷地来到婚礼现场，而宋子文只是看了她一眼，未发一言，就像根本不认识她一样。宋子文还曾经利用控制经济、金融的权力对盛家实施报复，多亏盛家赶紧找到宋霭龄说情才得以免祸。总之，宋子文对于这段初恋的记忆是刻骨铭心的。也许他从不提起，可是他也绝对没有忘记。

第五章

今朝歧路各西东——台湾之行

谈天气不谈政治

无官一身轻的寓居生活虽然没有当年的热闹、繁华，少了许多你方唱罢我登场的矫揉造作，宋子文倒也乐得逍遥自在。媒体不再每天跟踪他的一举一动，对于时势变化他也不再发表言论，正当他已经渐渐从人们街头巷尾的谈资中悄悄隐退之时，一纸电文让人们又想起了这位昔日的政治明星。

1963年2月，宋子文已经被开除国民党籍整整十年，蒋介石突然又来电邀请这位大舅哥到台湾小聚。这一年，宋子文69岁，蒋介石已经76岁。也许是人到老年，争强之心已衰，也许是时间冲淡了他们之间的愤恨。这次，宋子文没有装聋作哑，也没有干脆拒绝蒋介石的邀请，而是欣然表示同意应邀访问台湾。但是，精明的宋子文当然也不会就这样招之即来，任由发落。他还是要掌握会面的主动权，以免蒋介石又要什么花招，令他措手不及，毫无招架之力。因此，宋子文还未动身就一再声明，此次回台完全是因为私人感情。他是应蒋介石之邀请到台湾省亲。因为年龄渐大，身体每况愈下，自己也想趁着还算硬朗，看看妹妹、妹夫，叙叙旧，重温一下家庭的亲情。

尽管宋子文一再强调此行目的单纯，但是善于制造新闻的媒体再次发挥了他们的长处。媒体上开始出现有关台湾岛内局势和美中关系发展前景的种种报道，有关宋子文回台原因的猜测也纷纷出炉。有的说蒋介石人到老年，肯定也会怀旧；有的说这是宋美龄想缓和丈夫和哥哥的关系，从中做了多年工作的结果；有的说是宋子文一直在与他国民党内的故交暗中联系，对蒋介石施加压力；有的更离谱地怀疑蒋介石在为自己的将来做打算，他计划退休后也到美国居住，因此要先找宋子文探探口风。甚至还有人不厌其烦地重新提起宋子文和蒋介石分道扬镳的前因后果。这些意在制造新闻的报道宋子文常常是一笑了之。但是，有些报道还是引起了他的注意。一篇评论在分析了台湾当前的局势后说，蒋介石此时正有反攻大陆的打算，因为岛内经过十几年的经营已经初步稳定，美国对新中国也还持敌对态度，这样的态势让蒋介石觉得有机可乘，决定进行最后的一搏。

宋子文又一次成为媒体的宠儿，关注的焦点。这让沉寂多年的宋子文还真有些不适应。不过，媒体不同角度的报道和分析倒还真是帮了他的忙。报上那些每天都不断更新的充足材料让宋子文对台湾和蒋介石的现状有了更充分的了解，也让他更容易判断蒋介石邀请他回台到底有何目的。有关蒋介石意欲再次利用宋子文的观点倒是与他自己的想法不谋而合。做好了应对可能出现各种情况的心理准备，宋子文最终决定以不变应万变，先看看蒋介石的表现再说。

十几年的光阴不仅催老了宋子文和蒋介石的容貌，也似乎大大改变了两个人的脾气。蒋介石清瘦的身材一如既往，显然宋子文的归来让他很是兴奋，但是却掩饰不住古稀老人的倦容，眼神也不似从前那样灵动、犀利了。而宋子文则依旧圆圆的脸上带着一贯的微笑，俨然是一位邻家和蔼的胖爷爷。只有宋美龄还保持着她高贵、雅致的气质，看得出她一直在精心地保养自己，尽管她也无法阻挡岁月在脸上留下的痕迹。蒋介石和美龄罕见地显示出主人的热情，他们邀请宋子文夫妇在自己的家中小住。这样，他们就有更多的时间常常见面，聊聊家常。

两位几乎毕生命运都紧密相连的老人终于又坐到了一起。共进晚餐时，大家谈谈天气，说说多年的趣事，不时地哈哈一笑。蒋氏夫妇极尽地主之谊，宋子文也笑容满面，不再咄咄逼人。双方气氛融洽，都在极力避免谈及以往不愉快的经历。旅美生活中的见闻，周游世界所遇的异国风情，多年来亲人的近况，台湾的巨大变化等都成为他们感兴趣的谈资。而美国时尚的流行趋势和国际品牌则成为张乐怡和宋美龄兴奋的焦点。表面上看来，他们和其他大多数普通家庭一样，兄弟姐妹之间一团和气，其乐融融，一切都显得那么的温馨。

但是，蒋介石突然的邀请显然不单纯是为了叙旧，政治家的行为总是高深莫测。在蒋介石和宋子文的对话中，他几次不经意地提起有关政治的边缘话题，如台湾所处的尴尬地位，大陆目前的形势，美国对华和对台的不同态度等。可是这种明显的擦边球每次都被精明的宋子文立即识破，他总是故作无意地对蒋的试探轻描淡写，然后不留痕迹地将话题引开，从不表露自己的观点，也不给蒋介石就此继续探讨下去的机会。每次宋子文将蒋传来的球轻松地踢开，蒋介石都觉得十分挫败，虽然表面上仍然笑容可掬，不露声色，可是心里却暗暗懊恼这个大舅子真是狡猾，明知道自己对国家的发展有新的想法，可是就是不肯接招。

宋子文的“谈天气不谈政治”还真是让蒋介石无计可施，他对此心急如焚。要知道，蒋此次邀请宋子文回台还真是大有所图。此时的台湾，在国民党十几年的经营下，已经与五十年代初不可同日而语了。

1950 年，国民党退守台湾之初，台湾经济混乱不堪，工业生产几乎瘫痪，人民赖以生存的粮食和日用品紧缺，通货膨胀严重，当年台湾财政赤字达 5 亿多美元。为了迅速摆脱困境，稳定社会发展，国民党成立台湾生产事业管理委员会，采取有力措施恢复工农业生产，进行币制改革，推行黄金政策与高利率政策，实行开源节流的财政政策，使台湾经济得到了逐步恢复和发展。本着“以农业培养工业，以工业发展农业”的方针，台湾当局实行了鼓励出口，限制进口的政策。从 1953 年至 1960 年，台湾经济年平均增长率为 6.9%（按不变价格计算）。国民生产总值由 44.72 亿元新台币增至 711.77 亿元新台币。在台湾经济的初步发展过程中，蒋介石的老朋友美国发挥了巨大作用。从 1950 年到 1965 年，美国对台湾的援助总额为 14.8 亿多美元，平均年援助额一亿多美元。

经过十几年的着力经营，蒋介石不仅使台湾在经济上实现了快速发展，而且在政治上也更加强了蒋家王朝的专制统治。

通过 1953 年 12 月立法院对《国民大会组织法》的修改，蒋介石解决了退台之初国大代表和立法委员因人数不足半数，无法召开国民大会的问题，将原来“非有代表过半数之出席，不得开议”改为“非有代表三分之一以上人数之出席，不得开议”。在1954年2月召开的第一届国民大会第二次会议上，蒋介石连任为第二届总统。1960年国民大会召开第三次会议，修改了“临时条款”，规定“动员戡乱时期总统得连选连任，不受宪法47条连任一次的限制”。这样，蒋介石获得了连任总统的法律依据，并由此一直“连任”至其1975年去世。另外，国大三次会议还增订“临时条款”，规定总统在“动员戡乱时期”有权“设置动员戡乱机构，决定动员戡乱有关大政方针”，调整“中央政府之行政机构及人事机构”。蒋介石以此大大加强了总统的集权。

1952年10月，蒋经国担任了“青年反共救国团”总团部主任，在青年中培植了一大批亲信。

同时，蒋介石还积极培养蒋经国在党内和政府内的权力地位，为将来接班做准备。1950年，通过国民党改造运动，蒋介石任命蒋经国为国民党中央改造委员会委员，此后，蒋经国在国民党“七大”上当选为中常委，成为党内中心成员。同年3月，蒋经国又被任命为“国防部总政治部”主任，从此开始控制军队。1952年10月，蒋经国担任了“青年反共救国团”总团部主任，在青年中培植了一大批亲信。1954年10月，蒋经国任“国防会议”副秘书长，掌握了特务系统的大权。此外，蒋经国还担任了“行政院退役官兵辅导委员会主任委员”、“行政院政务委员”、“经济合作发展委员会副主任委员”等职务。在党内、军内和政府中安排了大量亲信，使自己的势力扩大到各个领域，建立了牢固的统治基础。

此时的国际局势也发生了巨大的变化。1960年6月，在布加勒斯特会议上，中苏关系发生戏剧性变化。至1961年，两国关系迅速恶化，苏联中断对社会主义中国的无私援助，撤回派驻中国的大量专家。而中国也开始反对苏联的修正主义。中苏联合对美的局势被打破。肯尼迪政府在此重大变化之际也做出积极反应，启用“遏制政策之父”乔治·柯南，重新修改对华政策。新中国在外交陷入严峻境地的同时，国内又面临严重自然灾害造成的巨大困难，可谓内外交困。在这样的情况下，蒋介石认为反攻大陆的时机已经成熟，遂开始蠢蠢欲动，多方筹划。

1961 年“双十节”，蒋介石在台湾讲话时又提起“光复大陆失土”的宏伟蓝图。1962 年 3 月，他又公开宣称“我们已经掌握了复国之钥，进而要打开铁幕之门的时刻到了”。但是，他的积极动作并没有引起美国的兴趣。6 月 23 日，美国驻波兰大使卡伯特在与王柄南接触时表示美国并不支持台湾在此时对大陆进攻，从而挑起第三次世界大战，甚至对王承诺“如果蒋介石要行动，我们两家就联合起来制止他”。6 月 27 日，肯尼迪总统公开表明了美国的态度。他在记者招待会上说：国民党在未获得美国同意前，不得采取“反攻大陆”的行动。

蒋介石深信此时正是反攻大陆的绝好时机，但是，他也明白单凭自己在台湾的实力根本无法与新中国抗衡，要想实现他的宏伟计划必须依靠美国的支持。但是美国对台湾的援助正在日益减少，从 1960 年起美援由赠款转为贷款，且数额不断减少。1961 年美国又通知台湾当局预定 1965 年停止对台贷款。显然美国当前的态度是并不想介入蒋介石和大陆的争斗。要改变美国的态度就必须派人到美国去做近距离的工作。而最有可能成功地争取到美援的人物就是宋子文了。他在几十年的政治生涯中曾经在美援方面做出了别人难以企及的巨大成绩，在美国拥有众多的支持者和庞杂有效的人际关系网，更为重要的是他已经在美国定居十余年，对于美国的情况有着更深刻、更直接的了解。因此，尽管自己对于十几年前宋子文拒不回台的做法颇为不满，而且已经亲自决定开除了他的党籍，但是蒋介石还是撇下这些恩恩怨怨，从眼前的利益出发，“诚挚”地邀请宋子文回台，试图弥补两人之间的裂缝。当然，同住一个屋檐下，吃吃饭，聊聊天都只是第一步，是进入正题前的铺垫。

宋子文谈及政治话题时的有意躲闪，让蒋介石十分恼火，可是又无可奈何，总不能干干脆脆地直接向宋子文提出要求，再次为党国向美国屈膝求援吧！要知道，宋子文早已经不是国民党员了。

宋美龄当然明白蒋介石的用意，也理解他的苦衷。看到丈夫被哥哥气得无计可施，她心中也十分焦急。想通过张乐怡试探哥哥的态度，可偏偏张乐怡又是个不问政事的贤内助，对于这些国家大事是一问三不知，也不知道是真的不关心，还是同宋子文一样装疯卖傻。眼看着时间一天天地过去，宋子文返程的日子日益临近，蒋介石夫妇越来越焦急。而宋子文把这一切都看在眼里，就是不露声色，依旧优哉游哉地逛风景，买特产，仿佛这真是一趟毫无牵挂的旅行一般。终于，蒋介石在这场拉锯战中首先败下阵来，他决定向宋子文摊牌。

这天晚上，几个人又围坐在餐厅里一起度过看似温馨热闹的晚餐时光。席间，蒋介石频频提到台湾的大好形势和美国对台的态度，可是宋子文仍然每次都把话题岔开。说到台湾的复兴，他就称赞台湾的空气清新，天空明媚，问他美国当前的情况，他就大谈股票和石油。宋美龄眼看蒋介石的引导总是不得要领，干脆直截了当地跟宋子文说中共目前正面临危机，这是国民党反攻大陆的绝佳机会。本以为这下把话挑明了，宋子文也不好再顾左右而言他，接下来蒋介石就可以和盘托出他的宏伟计划，并提出请宋帮忙了。谁知宋子文依然气定神闲，竟然还故作惊讶地反问宋美龄，中共最近出了什么新变故，而且还遗憾地表示自己远在美国，消息闭塞，很久都不关心政治了。这样的反应实在令蒋介石和宋美龄很有挫败感，他们甚至都有些恼火了。可是，面对这位财神爷和美国通，蒋介石又不好发作，毕竟现在是自己有求于人。下面的谈话看来有些不好进行了。可是，宋美龄已经把话说到了这步田地，索性将这个话题继续下去，不管宋子文是否愿意帮忙，这个最后的努力是一定要做到的。何况他还是宋美龄的亲哥哥，总不至于对妹妹袖手旁观吧！

于是，宋美龄开始了一幕独角戏。从台湾多年来的复兴，当然这都是蒋介石励精图治的成就，到台美关系的几次反复；从中共开始的咄咄逼人，到目前陷入前所未有的困境；从美国对国民党的大力援助，到如今要停止所有贷款。宋美龄简直是把台湾十几年的发展和国际局势分析了一番，她可真不愧是蒋介石的第一夫人，口才自然非凡，难得的是对政治见解深刻。最后，宋美龄明确表示了希望宋子文能在这个关键时刻再次帮助蒋介石的愿望，宋子文能做的首先是回到美国争取美国政府继续对台湾的支援，尤其是在蒋介石开始反攻大陆后。其次是在经济上对台湾给予扶持，当然，这一点并不勉强宋子文必须做到，这只是个建议而已。同时，宋美龄也分析了宋子文采纳他们建议的诸多好处，这样做有助于宋子文重新树立在岛内和党内的威信，以便他能够重返政坛，回到台湾继续和蒋介石一起干一番惊天事业，毕竟叶落是要归根的。

宋美龄一番晓之以情，动之以理的演说似乎对宋子文有所触动，他一直默不作声，也许是在认真地倾听妹妹的每一点理由。等到宋美龄结束了演讲，宋子文似乎仍在回味，好半天没有说话。蒋介石和宋美龄见状都充满期待地看着宋子文，等待着他给出一个令他们满意的答复。的确，宋子文在这样的情况下实在无法再对两人的要求明确拒绝。尽管他从内心里不想再趟蒋介石的浑水，但是妹妹的面子还是要给的。于是，他缓缓地点了点头，表示可以考虑宋美龄的建议。尽管宋子文并没有像以往一样明确表明完成任务的决心，毕竟他和蒋介石之间的关系已经不同了，但是他的表态已经足以令蒋介石和宋美龄喜出望外，紧张的气氛随即被家庭聚会更热烈的高潮所代替。虽然蒋介石和宋美龄非常想就这个问题再进行深入地探讨，以得到宋子文更为明确的答复，但是宋子文显然不愿就此说得过多。蒋宋也不好再不停地追问，张乐怡更是赶紧说些不痛不痒的闲话，将话题引到了台湾小吃上。这样，蒋、宋只能被动地等待宋子文回美后的行动了。

这次回台，宋子文和蒋介石之间一团和气。但是，敏感的媒体还是觉得宋子文的小住似乎时间短了一些，而且并未宣布什么明确的决定，例如他们所希望的宋子文复出的消息，或者宋子文离台回美所携带的明确任务等。因此，媒体对于宋子文的归台也充满了诸多猜测。而宋子文回到美国后似乎把这次返台的内容忘得干干净净，丝毫没有什么实际的行动。这让对他充满希望的蒋氏夫妇非常恼火，从而更加引起了台湾岛内舆论的不满。

台湾刮起“排宋风”

由于宋子文在此次返台过程中不积极的表现，台湾的舆论从充满期望和猜测转而变成一片失望的批评。有报道称宋子文在台湾与“没有透露姓名的官员”会晤。但是，宋子文对于台湾当局请他帮助争取美国继续支援的请求根本不予理睬，更不用说要他到台湾投资，加入振兴台湾经济的洪流了。这样的做法简直是对党国和国民的极大轻视，使众多民众因此受到了感情上的伤害。因为毕竟宋子文曾经是党国的要人，而他的财富也来自于国家和人民。在此国民需要他贡献力量之时，他却漠不关心，丝毫没有同胞的情谊。类似的言论很快得到岛内民众的支持，人们似乎又找到了一个可以猛烈抨击的对象，来发泄他们的所有不满。再加上国民党内部仍有很多人对宋子文心存旧怨，巴不得将他排斥在权力中心之外。民众极易被煽动的愤怒和反对者的幸灾乐祸在台湾掀起了一阵“排宋风”。

关于台湾的舆论导向，宋子文当然也了如指掌。日益高涨的“排宋风”并没有影响他在蒋氏夫妇面前镇定自若的表现，反是蒋介石开始还有些担心这些舆论会给他帮倒忙。看来，他还真是小看了这位著名大舅子的胸襟。宋子文这边是任凭风雨变换，我行我素。只是按照自己既定的方针和想法行事，那些惹是生非、唯恐天下不乱的言论，他根本不放在心上。其实，他早就打定了主意对蒋氏的要求不再理睬，那些所谓“考虑考虑”的话也只是为了敷衍妹妹的面子而已。因此，他在返回美国后根本没有发挥其善于游说的外交本领，去帮助台湾，而是稳坐钓鱼台，继续自己安逸的生活。

其实，国民党的“排宋风”早在他任行政院长时就开始了。这次台湾的反应只是对于16年前的继续，或者说是掀起了“排宋风”的第二次高潮而已，与1947年相比，这次可的确是“小巫见大巫”了。

1947年3月1日，由于经济政策的失败，宋子文成为众矢之的，不得不辞去行政院长一职。尽管舆论界对于宋的批评日益激烈，但是他的辞职还是使人感到突然。因为就在那天上午，他还要求当时任中国驻联合国托管理学会的代表刘锴准备一份战前与当时驻外机构情况对照的报告，刘以为“鉴于我国外汇储备减少了，宋可能要根据这份报告考虑削减和压缩”。而几个小时后，宋子文就提出了辞职。对于宋子文的决定辞职，他的密友顾维钧曾说：“宋子文辞职的近因看来是他的经济政策受到了广泛的批评和不满。通货膨胀情况危急；租借物资被挥霍浪费；上海市场充斥着用战时经济援助余款买来的美货，其中许多是奢侈品，买这些东西的目的是尽快把余款耗尽，从而构成需要美国再给经济援助的局面；所有这些都归咎于宋子文制订的经济政策。”显然，宋子文推行的一系列政策措施没有能够改变国内经济迅速崩溃的进程，他的宏伟理想无法改变国民政府固有的顽疾。政府财政状况一团糟，并且还在不断恶化。例如财政收支情况：1945 年，法币发行额为 1031900 百万元，政府支出数为 2348085 百万元，政府收入数为 1241389 百万元，财政赤字数为 1106696 百万元；1946 年，法币发行额为 3726100 百万元，政府支出数为 7574790 百万元，政府收入数为 2875988 百万元，财政赤字数为 4697802 百万元。两年间，大量发行法币，政府支出增加了两倍，而财政赤字则翻了近四倍。恶劣的财政状况，国民政府、官僚资本的垄断和美国物资的大量倾销也沉重打击了民族工商业。曾经视宋子文为民族救星的工商业界一蹶不振、怨声载道。据资料统计，从 1945 年 8 月抗战胜利至 1946 年 5 月，重庆 1800 家工厂中，停工、歇业的有 344 家，占 19%。广大收复区的民营工商业，绝大部分也面临破产的危机。1946 年 2 月，上海各工厂的开工率仅达正常情况下的 20% 左右。同年 6 月至 12 月，上海的工厂倒闭了 1600 余家，工业生产量仅为战前的 1/4。

这样的情况当然使民众对行政院长宋子文充满了质疑，挽救经济崩溃成为当务之急，但是宋院长似乎已经无能为力，他采取的种种措施毫无作用。

1946 年 3 月，宋子文担任院长 7 个月时，国民党召开了六届二中全会，会上宋子文的政治报告没有改变党内外对他的不满。

在开幕式上，蒋介石致辞说：“经济建设与政治建设，又是密切相关的，政治问题得不到解决，经济建设就无法进行。”

在他的发言中，他又强调：“政治协商会议所决定的修改宪章原则有若干点实在与五权宪法的精神相违背，这不仅各位已经感觉到，我个人也有同样的感觉……我决不会抛弃五权宪法……”蒋介石的意思很明白，任何事情都必须服从于他的政治，只有对其政治有利的才是正确的。而宋子文平衡预算计划中关于裁减军费的想法显然与蒋介石的政治目的背道而驰。而宋子文还是不识时务地提出三条治理经济混乱的措施：一是谋收支平衡，裁军增税；二是整顿税收，处理敌伪产业；三是开办对外贸易，采用弹性汇率。这样的措施当然引起了蒋介石的不满，而他的不满理所当然也是国民党的不满。

会议最后通过了《对于政治报告之决议案》，其中甚至对宋子文主持的行政院工作直截了当地进行了严厉的批评：“政府对于六全大会所定政纲执行不力，尤以财政经济多所贻误，均无可讳言。”

8 月，情况继续恶化，上海工商界决定不能再任其发展下去，作出了一个破釜沉舟的决定。干脆派出工业请愿团赴南京请求面见宋子文。他们面对这位高高在上的行政院长没有丝毫畏惧，甚至越来越有些义愤填膺。代表们当场对于宋的经济政策提出质询，并对其进行了尖锐的批评：政府财经政策从不为民众着想，而是官僚本位、买办本位的政策，而且买办也做得不高明，美国棉麦倾销将使农村经济崩溃，因此首先要打倒官僚买办之政策。气氛当然不能太过严肃，代表们也明白适当地缓和紧张气氛对于达到他们的目的非常有好处。因此，他们诚恳地表示，对于这位曾经惠及民众的宋院长，大家还是充满希望的，即：希望政府改变以往财政经济之错误政策，救济工商业亦即救济国家经济之崩溃。

在这股强劲的“排宋风”中，当然也不乏趁机公报私仇者。陈立夫、陈果夫兄弟就对有这样攻击宋子文的机会而暗自高兴。孔祥熙掌握大权时，还对各大家族礼遇有加，多少让大家都沾到些甜头。而宋子文则完全对财经大权收归自有，只顾自己中饱私囊。这当然令其他利益集团颇为不满。现在，宋子文由于自己执政的不当引起公众的普遍苛责，陈氏兄弟当然不会放弃这个落井下石的好机会了。他们连续在《申报》

上发表文章对宋提出指责。陈立夫的回忆录《成败之鉴》中，有一段对于宋子文的评价：“宋子文先生这个人对国情不了解，书信都用英文写，如他所决定的抛售黄金措施，便大遭人非议。孔祥熙先生卸任时，移交给他很多黄金，白银也不少，所以导致其抛售黄金，此一决定是很糟糕的事”；“假定孔祥熙在抗战胜利后，继续掌握财经，而不由宋子文接任，我们还不致来到台湾。回想起来，无限感慨”。照此说来，宋子文财经政策的失败不仅带来经济的崩溃，更重要的甚至应对国民党的彻底失败负直接责任。这样一来，宋子文对于党国可谓罪孽深重了。

接下来，各界纷纷将矛头指向了宋子文，批评他的舆论和文章层出不穷，开始了对他的狂轰滥炸。1947 年 2 月，五四运动的先锋人物、在各界享有较高声誉和地位的傅斯年在《世纪评论》发表文章《这个样子的宋子文非走开不可》。以傅具有的影响力，他的文章不亚于给了宋子文一颗重磅炮弹，在社会上引起了极大反响，由此掀起强大的“倒宋”高潮。傅斯年在文章中总结了宋子文的五个“最荒谬之点”，全文充满了愤怒和直截了当的斥责：1. 黄金政策“铁幕”不向“立法院，监察院，参政会驻会委员会揭开”，结果是“不特不足以平抑物价，反而刺激物价，紊乱物价”，因此“他是彻底失败了”。2. 工业政策，“心中没有人民”。接收的敌伪工业的目的只是“变钱”，对于是否开工漠不关心；对中纺以外的一般工业“坐视其死”。3. 行事方面，“公私不分”，“自己（包括其一群人）又是当局，又是‘人民’”。4. 行政方式，过于依靠“亲信”、“智囊团”，而对各部长以“奴隶，或路人”视之，甚至“一个主管部的事，他办了，部长不知，看报方知之”。傅还评价，宋的行政方式，“岂待民国‘民主’不容有此，即帝国专制又何尝可以”。5. 宋的中国文化，“请化学家把他分解到一忽米，也不见踪影的”；他的“外国文化”，则体现在“英国话流畅”和结交“决不登大雅之堂”的美国人。博斯年提出的解决办法是请立法院、参政会及一切人民，彻底调查宋等“豪门”在国内外企业的内幕，包括营业范围和外汇来源。为了“中国将来之命运”，“第一件便是请走宋子文，并且要彻底肃清孔宋二家侵蚀国家的势力”，“否则政府必然垮台”，“国家吃不消他了，人民吃不消他了，他真该走了，不走一切垮了。”

这样言辞激烈的呼吁当然一呼百应，许多对国民党政权极为不满的民众正是缺少这样一位享有威望的人物来举起讨伐的大旗。这篇开山之作后，傅斯年又接连发表了两篇文章继续他的声讨。在《宋子文的失败》一文中他指出：孔宋二氏这样一贯的做法，简直是彻底毁坏中国经济，彻底扫荡中国工业，彻底使人失业，彻底使全国财富，集于私门，流于国外。在《论豪门资本之必须铲除》一文中他愈发直接提出：“在今天宋氏这样失败之下，他必须走开，以谢国人”，并且干脆建议国民政府征用孔、宋两家财产，“最客气的办法是征用15年，到民国五十一年还他们本息，他们要的是黄金美钞，到那时都可以的”。这样的文章屡屡见诸报端，而国民党中央当局的官方报刊《中央日报》此时也来凑热闹，颇合民心地也刊登了孔、宋两家族利用特权、贪污外汇的消息。这样一来，无疑表明对于宋子文的种种抨击皆属事实，中央的态度也不言自明了。

面对全国舆论的沉重压力，监察院不得不丢卒保车，提出了对宋子文的弹劾案。1947年2月14日，立法院在例会上听取了9人联合委员会对于中国目前金融政策弱点的报告，报告称当前经济危机的原因主要有七条：1. 管制物价措施不当。2. 发行纸币及准许黄金及美钞无限制买卖政策之错误。3. 国营事业开支庞大，实浪费而不必要。4. 政府未能以公债吸引游资。5. 出口补贴制度，事前未经立法院同意即行颁布，结果将增加国库支出。6. 公务员之待遇欠公，若干公务员有特别优待，而其余公务员之待遇太低，因此引起贪污等情。7. 行政官署界限欠明，甚至有重复之机关存在，因此行政效能为之降低。这七个方面几乎囊括了宋子文工作的全部内容，可以说，这个报告意味着宋子文的大部分工作都受到了批评。立法院委员和参议会驻会委员普遍对宋表示强烈不满，甚至提出请他辞职。而议员傅斯年再次强调，如果将宋、孔二氏私产克公，已足资稳定民国三十六年中国之货币。一位监察委员甚至说：“这次的查案，监察院必须下决心打老虎，不要只拍苍蝇。”

其实这次引起大麻烦的黄金风潮，责任并不能完全由宋子文一人来承担，起因还是蒋介石巨额的军费。

1946年，宋子文为改善经济混乱的局面计划以裁军增税来实行收支平衡。但是他全年预算的军费不到5个月就被蒋介石挥霍一空，催款的命令还在不停地下达。蒋介石的说法是他的美籍顾问杨格答应美国将给中国20亿美元的借款，这是他们的强大经济后盾。宋子文无奈，只好先以开放外汇市场来应付局面。但是，这一方法只维持了几个月的稳定。内战越演越烈，国民对政府渐渐失去信心。再加上国内物资大量消耗，国外物资乘虚而入，走私和套汇现象在各大城市的地下市场迅速流行起来。这样一来，美元对法币的汇率一路飙升。宋子文只得拿出最后的办法——抛售黄金。但是令他始料不及的是，抛售黄金非但没有缓解市场的通货膨胀，反而彻底失掉了人们对于政府的信心，令外汇市场出现恐慌，黄金价格更加暴涨。黄金的上涨反过来又引起了新一轮的通货膨胀。宋子文的经济政策对混乱的局面非但没有起到有益的影响，反而引发了更大规模的恶性循环。最后，宋子文只能宣布停售黄金，这下子更引起了民众的恐慌。

人民在这次黄金风潮中成为最大的受害者，市场有价无市，粮食价格一日三涨，人们辛苦赚来的一点点积蓄顷刻间变得一文不值。而同时，国民党的官僚却趁机大发横财。他们利用内部消息抢购黄金，倒买倒卖。国内局势混乱不堪，一些民众开始使用暴力抢夺粮食，恶性事件层出不穷。

国内舆论纷纷开始谴责宋子文的失败政策，而停售黄金成为引发最坏结果的罪魁祸首。监察院在调查此事时发现停售黄金的决定，财政部或行政院并没有向最高国防委员会议提出报告，并经审议。也就是说，该决定没有履行任何手续就直接宣布实施了。这完全违反了有关程序的规定。但是宋子文对此的解释是“停售黄金是奉主席的口头指示，我不过是奉命行事”。“至于事先没有提出讨论，一来事机迫促，二来主席的意思，大家也不会另有什么好办法，徒然引起一些无谓的争论，泄露国家机密，影响戡乱大计。主席为国家元首，所以由他决定行事，现在责任落到宋某身上，我反正是奉命行事，我的能力不行，我已向主席提出辞职，一切听上面决定处理。”这番话反倒给监委们出了个难题。显然，宋子文的意思是此事完全由蒋介石决定，没有按程序办事，他也是无可奈何。而蒋介石的责任谁能追究得起呢？

可是事情最终总要有个说法，不然怎么向公众交代？监委们于是斗胆给蒋介石发出电报，试探他的态度。“此次中央银行停售黄金，事出突兀，致引起风潮，动摇金融经济。据宋院长称，停售黄金系奉钧座指示，确否祈赐电示。”

电报发出后，却迟迟不见回复。监委们锲而不舍，又到国民政府文官处查询，得到的答复是“主席批是批了，不好复电”。经过再三运作，监委们才看到蒋介石的原文批复竟然是：“并无其事。事到如今，有何办法！”显然蒋介石对此事不置可否，但是也不想追究宋子文的责任。但是，舆论的“排宋风”越演越烈，监察院不得不考虑平息众怒，只能牺牲宋子文了。

宋子文当然对这些令人烦心的言论有所耳闻，也对当时自己面临的不利局面心知肚明。但是，他不能永远躲在家里假装一无所知，事情早晚要解决，问题还是要面对。尽管他十二分的不愿意出席立法院的报告会，可“盛情难却”，场面上的事还要维持。

经不住再三邀请，1947 年 3 月 1 日，宋子文还是出席了报告会。行政院长到会，当然要有相关部门领导的陪同。财政部长俞鸿钧、经济部长王云五、行政院秘书长蒋梦麟、中央银行总裁贝祖诒一同到场。宋子文在发言中首先向大家宣布了自己已经辞职的消息，解释了财经政策失败的原因，表明了自己尽力而为仍难以改变现状的困境。

“以前本人在财政部的时候，从消极方面，对于国库负有忠实看守之任务，凡一切不必要的支出，必断然予以拒绝……政府对于收入方面极为有限，但为应付各方开支要求起见，不能不仰仗于增加发行。本人深悉此种途径，足以引起可能之严重形势，因此本人和同僚们，日夜为这个问题担心，但各方面总以为本人是在拂逆他们的意志。如此忍受各方的责备，几乎只可以认为命运所支配……”

他说自就任行政院长以来，曾先后三次向蒋介石提出辞呈，现终于获准。财经危机的主要原因不是政策的失误，而是“共产党破坏交通与生产”，而抗战结束后国内未能有和平局面也是重要原因之一。他其实已经竭尽全力来恢复经济，尽管政策有失误或错误之处，但自问无愧于良心，“对得起国家民族”。对于当前舆论普遍“排宋”的形势，他显得颇为委屈，因为：现在每逢物价上涨，大家就责骂我，似乎一切都要行政院负责。

这番发言不但没有得到立法委员的同情，反而显得宋子文根本没有承认错误的悔改之意，只是在不停为自己辩白，推卸责任。他的表现显然令立法委员们更加不满。楼桐荪第一个站出来反驳宋的说法：“宋院长说他政策或许有错，错不错是见仁见智、各有说法；不过我们看到头痛医头，脚痛医脚的办法。基本的政策与紧急措施相冲突，而没有一种如何使整个国民经济走上正当的道路的方法。”这就直接批评了宋子文财政政策的完全失误，如此直接的批评丝毫没有顾及刚刚辞职的行政院长的脸面。

宋子文一直身居高位，即使是下野也在金融、财经领域颇受推崇，哪里受过这样的奚落和指责？更不必说是在这种公开的正式场合了。楼的发言无疑否定了宋子文的财经政策。这让宋子文感到十分难堪。然而，这只是委员们炮轰宋子文的开始。接下来，委员们不断向宋提出质疑。

周一志委员不仅对于宋子文的解释毫不接受，而且还接连提出了更多的问题：“1. 在广东时代，我们认为国民党有两位财政专家，即是廖仲恺与宋子文。北伐时廖不幸殉难，宋主持行政院，初获好感。今天我以党员地位与宋院长讨论，宋的声望已一落千丈。《大公报》以买办来形容宋院长，宋院长也是总理遗嘱中签字人之一，如何洗刷这个买办之名？2. 宋院长现在是同时作许多单位的行政院长，如中央银行、中纺公司等。3. 一切错误都想叫共产党负责而不承认人谋不臧，是最要不得的。回忆总理当年以 3000 元创办中央银行，全靠当时革命力量。现在政权在手，民治之不进步，不能只怪共产党之破坏。4. 黄金政策失去了信用，且闻川滇黔实行黄金购粮储蓄券，至今还未归还。此外，关于通货问题，还是作合理调理？还是再发行？这个问题，今天能答复就答复，不能答复我也不勉强。”

下面的提问持续不断，立法委员们接连提了17个问题。宋子文对于如此多的责问显然已经没有耐心，他的回答简短干脆。“别人说我是买办，但当年收回关税自主，取消不平等条约，这是买办的事吗？”至于其他各种问题，他说：“所有问题不予答复、以后问题自有新院长答复。本人任职行政院长后，日夜办经济还办不好，哪有余力弄政治。关于黄金外汇之问题，俞部长及贝总裁均知道很清楚。辞职之人不应该讲话。”说完这番话，他转身向立法院长孙科说：“本人要求退席。”没等孙科作任何表示，宋子文昂然走出会场。留下会场内众人一片愕然。

当天下午，国民党国防最高委员会召开临时会议，专门研究宋子文辞职问题。这样重大的决定当然要蒋介石到场亲自主持。研究的结果是：1. 行政院长宋子文辞职照准。2. 行政院院长职务，由国民政府主席蒋中正暂行兼理。一个月后的4月中旬，蒋介石才选定由张群接任行政院长。

对于蒋介石选定的继任人选，宋子文也颇为理解。毕竟他和蒋介石已经相处了几十年，彼此都十分了解对方的脾气秉性了。性格随和、主见不多的张群与宋子文真是截然相反。因此，宋对顾维钧说：“委员长既不喜欢有独立见解的人，也不喜欢指出他判断错误的人。”对于他本人和蒋介石的关系，宋明确地知道“他自己只是委员长加以容忍而已——他有自己的看法，并且敢于说出来”。现在蒋介石已经无法容忍他了，宋子文就只有“走开”。

宋子文对于这次下台，其实也早有心理准备，他在辞职当天对一位美国大使馆官员说：“我决定辞职的原因固然有国民参政会、立法院及新闻界的猛烈攻击，但我明白这些表面现象意味着什么，委员长迟早会让我下台，莫不如自己主动一些……”

这次下台给了宋子文以极大的打击，他曾经引以为骄傲的经济才能受到全面的否定。但是，与蒋介石经常发生的意见不合以及他恃才傲物的性格也是重要的原因。顾维钧在回忆录中对此有过分析：“宋子文辞职，除了经济方面的近因，后面还有委员长与宋子文长期以来个性冲突的远因。从公共事务上看，二人之间关系不睦，不像是两人都身居要职、两家之间又有亲戚关系。事实上，宋与委员长两人性格迥异，无法有效地合作。他们之间存在着一种互相排斥的力量。两人的个性都很强，似乎双方都感到难以同对方顺利合作，彼此之间的分歧是冰凉三尺非一日之寒。”

例如此次抗战胜利后，蒋介石希望宋子文争取更多的外援来发动内战。但是宋子文却把平衡财政收支作为1946年的目标，采取了两项主要措施，即整顿税收和减少支出。这个减少主要体现在军费上，这当然与蒋介石的计划完全相反。最后，宋子文不得不放弃了限制军费的主张。实际上，他也根本无法阻止蒋介石的扩军备战。不能按照自己的财政计划实施政策使宋子文对蒋介石满腹怨言。他在回答记者提问“政府对财政经济危机有什么办法”时，甚至赌气地回答说：“老实说，不和平，什么办法都没有。”这就表明了他对于蒋介石强加干预自己财经政策的不满，何况他还要为蒋的做法替人受过，承受民众的责难。

当然，宋子文的替人受过也不是没有人能理解，宋美龄就非常理解哥哥的处境，她曾对美国大使司徒雷登说：“他们把我哥哥当做替罪羊了。”但是，她并没有说宋子文是替她的丈夫蒋介石顶罪。毕竟，一边是哥哥，一边是丈夫，处于这样的矛盾之中也的确不好处理。

宋美龄就非常理解哥哥的处境，她曾对美国大使司徒雷登说：“他们把我哥哥当做替罪羊了。”

宋美龄在事隔14年的两次“排宋风”中的处境还真是十分相似，尴尬和无奈都无法改变蒋介石和宋子文根深蒂固的脾气。而宋子文在第二次“排宋风”中的表现则要比第一次时成熟、稳重得多，这也表明了他的确已经改变了面对国民党的心态。

蒋宋暗中较量

1963 年的台湾之行，给蒋介石和宋子文多年的合作关系彻底画上了句号。从宋子文 1928 年投入南京国民政府以来的三十多年里，他虽然对蒋也有过不满和埋怨，但在很多重大事件和关键转折时期，他始终与蒋站在一起，也算是蒋的忠诚伙伴。但是，这次的台湾之行中，宋子文却一改往日对蒋的绝对拥护和支持，转而变得漠然，淡出事外，这也让蒋颇为不满和恼怒。现在国民党在台湾立足已稳，两岸形势趋于稳定，宋子文早已习惯了在美国的安稳生活，想让他再重出江湖往来奔波当然不合他的兴趣。其实蒋宋之间的矛盾由来已久，只是因为国家一直处于战乱，主要矛盾掩盖了他们之间的次要矛盾。两人在思想理念、为人处世、工作习惯等方面都有着很大的差异。

1943 年出版的《时代》发表了一篇题为《蒋身边的人》的文章，还同时配发了一组人物照片。文章代表了当时欧美国家对于宋子文与蒋介石关系的看法："蒋介石委员长身边的人是一个'帮派'，如罗斯福新政时期的政府班底，或者俄亥俄共和党的组织以及相同情况形成的帮派。这些人个性强，锋芒毕露，但又颇能忍辱负重。这些人是委员长诸多面貌的不同反映。不管怎么说，他们是一批吃苦耐劳的人。"文章依次介绍了"蒋身边的人"：陈布雷、何应钦、孔祥熙、陈果夫、陈立夫、张群、陈诚、戴季陶、王宠惠、王世杰、董显光。令人意外的是，"四大家族"中唯独宋子文没有在名单中出现。在欧美人士眼中，宋子文是与蒋介石完全不同的，他具有更接近欧美风格的作风和思想。因此"被委以重任挽救中国的这位中国人，既是亚洲人，也更像一个美国人，或者说他可能希望能做到这样"。

宋子文青年时期 5 年的留美生涯对他的一生可谓影响深远。在 5 年的留学过程中，他系统学习了西方的经济理论，并按照西方严谨的态度养成了严格按照规章制度办事的习惯，这一理念在他的思想里根深蒂固。但是这种先进的管理办法却与当时中国官场的实际很不相符。这成为他与蒋介石之间屡屡发生矛盾的根源之一。可以说蒋宋之间一直在进行暗中的较量，两人互有输赢得失，他们互相需要也互相利用，这种复杂微妙的关系直到1963年才宣告彻底结束。

早在1928年1月，宋子文被任命为南京国民政府财政部长时，蒋宋之间的较量就开始了，他们之间注定充满了矛盾和争斗。上任开始，他可谓信心百倍，在声明中他说："子文自国民政府成立，奉命承乏财政，期竭所学，服务党国。去岁4月宁汉分立，暂卸任肩，于党国纠纷，民生疾苦，徒懔匹夫之责，愧乏涓埃之助。今承政府之命，续掌财政，重以北伐正值进行，又际旧历年关，筹饷安民，两不容缓，财政自不可一日无人主持。各方及各同志复再三敦促，万不得已，只得暂时担任，勉力维持，以期毋负党国。"为筹集北伐需要的经费，宋子文连续采取高压政策，勉强应付了局面。

北伐成功后，宋子文立即提出限制军费，实行财政预算。虽然蒋介石表面上同意他的做法，但实际上是借此机会削藩集中兵权。他借在北京西山碧云寺祭奠孙中山陵寝时宣布："北伐已告完成，军事应谋结束，裁兵之举，斯其时矣……中正筹思所及，爰拟设裁兵委员会……协同各部及建设委员会办理裁兵事宜。"随后通电冯玉祥、阎锡山、李宗仁等"今日非裁兵无以救国，非厉行军政之统一无以裁兵"。还公开表示"裁兵能否实行，军政能否切实整理，今已为国家存亡之关键"。这样的决定当然遭到手握兵权的各个军阀的不满。但是，蒋介石在一片抵制声中利用手中的权力在国民党五中全会上通过了《整理军事案》，内容如下：

1. 军政令统一，破除旧日一切以地方为依据，以个人为中心之制度及习惯；

2. 军队收缩，军费在整个预算上不得超过百分之五十；

3. 军事教育归中央统一；

4. 化兵为工；

5. 建立空军，发展海军。

这个方案当然是蒋介石剥夺地方军权的有力依据，可惜各路军阀并不买账，根本不把它放在眼里。各派仍然大搞军训，各行其事。

1929年1月1日，由蒋介石一手策划的全国编遣会议在南京召开。各派军阀表面上都纷纷表示拥护“裁兵救国”。财政部长宋子文在大会上做了报告。他提出全年192亿元的军费预算和50个师的兵员数量。并指出，过去无预算，以借款和发行债券维持财政的做法为战时的经济政策，是权宜之计，“此在作战期间，商民尚能忍受一时之痛苦，而求全国统一后，乃有彻底之解决。故对于募集债券，则勉应之，对于借款抵押，则承受之，皆恃商民奋其义愤，鼓其勇气，通力合作，一致援助，希望我革命军胜利，不独债券与借款之本息有着……今战事已平，政府决不能长恃借债，以应开支，而商民亦再无此项财力，以供需求，可断言也。”

一旦触及裁军的具体问题，各派军阀就开始以各种借口多方推阻了。阎锡山和冯玉祥各自拿出不同的方案争论不下，蒋介石又趁机拿出有利于集中兵权于其一身的另一套方案，当然这些方案都无法取得大家一致的认可。争论的结果是各派要求将此事搁置再议，蒋介石无奈，只得同意。

公开削藩不成，蒋介石干脆就动用武力，发动蒋桂战争。果然旗开得胜，蒋介石乘胜追击，8月又召开第二次编遣会议。但是，这次会议再次遭到各派军阀的抵制，冯玉祥、阎锡山和李宗仁这次更是托病未来南京，会议仍然不了了之。

宋子文眼见裁兵减费无望，自己也无法向国内工商界交代。1929年8月6日，宋子文在上海宣布辞职。第二天，上海商会和银钱业公会联合致电国民政府，支持宋的主张，电文如下：“军兴后，军费恒占全国收入百分之八十，致国计民生将绝。当此统一告成、训政伊始，财政当局毅然以缩减军费确定预算力争，确系为民请命。若政府对此最低要求无实行决心，则财政前程将不可设想。”

此时，蒋介石正在争夺权力的紧要关头，军阀大战不可避免，宋子文的财政支持实在是其胜负的关键。因此，蒋在南京政府的会议上公开言明“中正观该同志在整理财政，筹措军费上的才干决非他人可以望其项背，现在裁军虽一再努力，无奈各省分离分子所控制的军队多抗命不遵，乃新政府未能解决之严重问题，此时正值党国危难之秋，该同志决不能离去，中正愿前往，劝其改变初衷。”

为挽留宋，蒋介石亲自到上海劝说，国民政府也发表通电称“该部长频年总绾度支，勤劳倍著，倚畀正深”，还保证“今后军费裁减，预算确立，自当由政府督促办理。”宋子文以辞职相要挟，目的当然并不是真的要离开官场，而是要蒋同意他的财政举措，不再予以过多干涉。为了取得最后的胜利，宋子文提出：“所谓确立预算者，凡岁出与岁入关系国民负担者，均应包括在内，非仅限于经常收支而已。此后中央与地方政府，无论何项机关，如需向国内外募债，应由财政当局参加。”①随后，他又取得上海银行界等金融人士的帮助，发行编遣公债5000万元。至此，辞职目的达到，8月13日，宋子文返回南京复职。

尽管对于蒋介石的做法有诸多不满，但是宋却在更多时候是坚决的拥蒋派。同样是辞职，宋子文的第二次辞职却并非因为对蒋介石不满，而是为了拥护蒋采取的行动。

1931年5月，反蒋势力在广州成立国民政府，与蒋对峙。再加上蒋抗战不力，“攘外必先安内”政策遭到国人一致反对。12月15日蒋迫于无奈通电下野，辞去国民政府主席本兼各职。但同时，他又派宋子文拉拢分化广州国民政府汪精卫等要人。宋子文在与汪会谈时表示“广东要汪先生是只要骨头不要皮，我们南京要汪先生连皮带骨一起要。”宋又支付给汪大笔的活动经费，大大分化了广州集团。

紧随蒋下野，宋子文也辞去财政部长职务，顺便还带走了重要档案。孙科任行政院长后感叹：“以言财政，几年来债台高筑，罗掘已空，中央收入每年本有四万万，但除还债外，能用之款不及一万万。欲再发债则抵押已尽，且市面债券价格，不过二三成，即强发行，于事何补？最近财政、税收，每月不过600万，而支出方面，只军费一项，照前月

① 《国闻周报》，第6卷第32期。

财委会核减之数，每月须1800万。”财政问题无法解决，孙科的行政院长也不得不宣布辞职，任期仅1个月。

1932年1月29日，由蒋介石重新掌权的南京国民政府任命宋子文为行政院副院长兼财政部长。蒋宋二人在这次宁粤分裂事件中共进退，合作默契。但两人观念上的分歧仍然不可避免。接下来，这种矛盾再次爆发，宋子文第三次辞职。

1932年初，日本发动了一·二八事变，淞沪抗战爆发。宋子文奉命留守京沪，指挥上海行政事务。在对日问题上，宋子文一直持强硬态度，他在淞沪抗战中全力以赴，不遗余力。但是，迫于各方压力，在南京政府的授意下，他只得与日本谈判，商议停战条件。就在战争还在进行之时，蒋介石不热心于淞沪抗日，反而变本加厉地大举向中共的江西根据地进攻。宋子文一面与日本周旋谈判，一面还要应付蒋介石不断发来的催款电报。他虽然仍然将军费汇往江西，但一再提示蒋：“日本侵袭上海，金融面临严重困难……”但是，蒋介石显然认为“剿共”要比抗日来得重要。

1932年夏，蒋介石加大“剿共”攻势，要求大额军费投入，他一次次要宋子文为军费增加拨款，最后要求将每月1300万元的军费增加到1800万元，宋子文终于招架不住。6月11日，宋子文宣布辞职。对于辞职原因，他说“四月来政府始终刻苦自励，进行紧缩，未举一债，适合收支，各银行金融机关，因此亦得未贷款于政府而致瓦解。今沪事告一段落，余心力已瘁，不能再肩财政重任。以本人观察，将来财难，必甚于今，军政支出将有增无减，政费稍增尚补难筹，而剿匪费实为目前最紧迫问题。“共匪”一日不除，国基一日不固。但当此灾后战后，事业凋敝，共祸滋蔓，何能再增税重苦吾民，在势唯有举债。然挖肉补疮，终将至无肉可挖，此中痛苦，已久饱尝，内疚于心。今后国府财政上，无论需要如何，决不再循此道，但“共匪”非大军不灭，军费不得不增，为大局及个人计，乃不得不辞。”①

---

① 《国闻周报》，第9卷第24期。

宋一要求辞职，蒋立刻改变策略，他现在太需要这个理财高人为他筹措军费了。他说宋在这方面的才干“决非他人所能望其项背”。他致电宋子文请他“以国家大局为重，继续负责维持”财政，行政院长汪精卫、国民政府主席林森亲自前往上海规劝宋子文。经过谈判，宋子文同意从7月起每个月增加“剿共”经费150万元，这与蒋原来提出的经费要求当然还有相当的差距，但总算已经有所让步了。至此，第三次辞职以双方妥协告终。

1933年10月，宋子文再次辞职，这次蒋介石没有像以前一样极力挽留宋，而是很快批准了他的辞呈。据说宋由于蒋在他出国期间私自突破预算，将大笔经费用于“剿共”，而大发脾气。与蒋介石据理力争的结果是挨了一记耳光，因此当时流行的说法是宋子文说“当财政部长跟当蒋的一条狗没什么两样”。而汪精卫的解释是“自国难以来，收入骤减，军政各费，约每月短少1000余万之巨，因无法筹措，故欲求去。”当时的报纸评论说：“自从中华民国成立以来，政府经常在财政困难之中……去年尽管有长江水灾和上海战争，宋成功地平衡了预算……现在国家的条件并没有像一年以前那样危急。……鉴于他过去的振作有为和气魄，说他辞去政府的职位仅仅因为他不能解决政府困难，这种论调听起来实在可笑。”①

实际上，在宋子文出访欧美的几个月时间里，蒋介石大力“剿匪”。他将鄂豫皖的农村金融救济处改组为农民银行，由自己直接控制。财政部还通过增发国内债务和赋税，举借外债等方法为其筹措军费。蒋介石用这笔钱购买大量军火，装备他在江西“剿匪”前线的军队。

宋子文回国后，于8月底重新主持财政部工作，却发现几个月时间里，政府已经向各界银行借款6000万元。巨额款项的用途都是“剿共”，这将他苦心经营的平衡预算计划再次打破。矛盾的继续激化是在9月庐山召开的国民党中央政治会议上。宋子文坚持对日强硬，争取欧美的支持。而蒋介石和汪精卫都认为应该先与日本修好，恢复中日关

① 《密勒氏评论报》，1933年11月11日。

系。蒋的理由是，内部安定后对日问题就容易解决了，也就是说，目前的中心还是“剿匪”。宋子文在会议上没有得到支持。此后，蒋介石仍然不停地催促他为“剿共”前线再筹集2000万元的军费。而此时，政府每月的赤字已达1000万元，宋子文左右为难。最终，他只好发行一亿元关税券来偿还原有的借款，并供给蒋介石的军事需要。

10月28日，宋子文感到难以支撑蒋介石不断加码的军费要求，同时，也对蒋介石消极抗日、积极“剿共”的做法十分不满，遂通电辞职，他说：“窃子文自一·二八事变，重掌财政，艰难维持，心力交瘁，在此盘根错节之会，益觉心绌力薄，长此以往，诚恐贻误党国大计，敬恳准予辞去财政部长本兼各职，无任屏营感祷之至。”这次辞职，蒋介石根本没有挽留，立即批准，并很快决定由孔祥熙接替宋子文。这回孔祥熙掌管下的财政部就完全听命于蒋介石了。下野后的宋子文表面上专注于金融和经济，他表示：“本人现既已脱离政府职位，专力于建设工作，故对于任何政治问题，不愿有所表示，所谓不在其位，不谋其政也。”实际上，他一直关注着国内外的局势发展。

宋子文辞职的直接后果是南京国民政府调整了内外政策，事实证明，这种调整是失败的，它使蒋介石在国内和国际都获得了种种批评和不信任。从而也证明了宋子文在政府和国际社会中的地位和重要作用。

宋子文辞职后，1934年7月南京国民政府迫于日本的压力，废除了宋在1933年5月实施的海关进口税则，重新颁布了新税则，大大降低了日本对中国的主要出口货物的税率，同时提高了几种非竞争性产品的税率。此举极大地打击了中国的事业界，使中国的棉纱制造业陷于困境。有关经济部门评价说：“新税则的根本目的不是……发展和保护中国的实业，它的重要目的是推翻1933年5月国定税则的精神……就是要转向到中日互惠协定时代那种歧视民族资本发展的路线上去。”

1933年底，顾维钧收到一位加拿大籍朋友的来信中也有关于美国政界对中国看法的记录，信中说：“目前在华盛顿很少听到谈论中国。听到一点，恐怕也都是反对的意见。华盛顿官员似乎有一种感觉，认为中国使他们失望，只是心里不十分清楚怎么会这样。他们都认为宋子文辞职后会官复原职，但实际并非如此，此事造成了不良的影响。在他们看来，中国现政府中没有人能代表政府达成协议或承担义务。……使得华盛顿官方人士恼火的另一个原因，是他们认为日本人正在与汪精卫、蒋介石、黄郛以及中国其他各派系协调合作。宋子文与罗斯福总统似乎曾在华盛顿进行秘密的私人会晤，宋将此事电告汪精卫。而在24小时之内日本驻华盛顿使馆得到了会谈的全部内容……”同时，他也表示了对中国友谊，“尽管中国有种种错误以及现政府软弱无力等，美国官员、新闻界和一般公众对中国具有潜在的信任感，对中国人民有着对任何其他民族所没有的友谊。”

顾维钧本人则说：“一旦中国有了稳定的政府并作出一两件必要的事情，这种友好的感情必将迸发，变得空前强烈。

我惊讶地发现，即使是纽约的银行界与金融界也认为，只要中国能清除一两种小的和比较不重要的不良现象，很快就可以重新从纽约筹集巨额款项以发展其本国资源……宋子文来访期间，在获取大宗款项方面已接近成功。”①

然而，对于宋子文来说，事情并没有向好的方向发展。这次辞职导致了他长达七年的赋闲生活。

1940年，中国的抗日战争进入关键时期，对于美、英等国援助蒋介石显得更加迫切。委派一位既能够与西方各国建立良好关系，又能够忠心为党国办事的合适人选前往美国成为当务之急。在蒋手下这个庞大的官僚集团中，思来想去，似乎只有宋子文才能担此重任。于是，宋再次得到重用，以蒋介石“私人代表”身份前往美国，与各国商洽援华事宜。事实证明，蒋介石这一次又压中了宝。宋子文不仅为中国争得了巨额的援助，而且还顺便大大提高了中国的国际地位。蒋介石论功行赏，干脆任免宋子文担任外交部长，常驻美国。被蒋介石几次摘下乌纱帽的宋子文总是不会吸取教训，总是勤勤恳恳地为蒋卖命。在蒋史之争中，他又一次捐弃前嫌，坚定地站到蒋的一边，不惜得罪和威胁自己的

① 《顾维钧回忆录》第二册，第279—280页。

毕业于西点军校，曾4次来到中国，担任过美国驻华武官，在中国居住过10年，通晓中文的史迪威成了最合适的人选，尽管他在部队里被称为“尖酸的家伙”。

美国朋友。

1942年1月，蒋介石成为中国战区最高统帅后，为了便于与美国联络，从而建立更加亲密的关系。他请宋子文转告美国政府，希望美国选派一位高级将领担任他的参谋长。人选的条件是军衔中将以上，“不必熟悉东方旧情者，只要其品学与热心者可也”。他的用意只是想讨好美国，而不是真正要一个对自己指手画脚的人物。而美国则刚好利用了这个机会，派一个自己人监督中国对于美国租借物资的使用情况。陆军部长史汀生和联合参谋部部长马歇尔负责为中国选择合适的人选，他们当然认为这个美国的参谋长越熟悉中国越好。这样，毕业于西点军校，曾4次来到中国，担任过美国驻华武官，在中国居住过10年，通晓中文的史迪威成了最合适的人选，尽管他在部队里被称为“尖酸的家伙”。宋子文则电告蒋介石：“此人公认为美陆军中最优秀之将才，现充军团长，曾任马歇尔参谋长之作战局长，通华语。”蒋介石满以为史迪威来到中国只是个摆设，遂答应了美方的建议。而在史迪威看来，到中国可是一显身手的机会，因为美国赋予他的职权很大，1. 办理所有在中国之美国军贷援华事宜。2. 在蒋委员长统辖之下，指挥所有在华之美国军队，及委员长自愿交与指挥权之某部中国军队。3. 代表美国参加在华之一切国际军事会议。4. 维持及管理中国境内滇缅公路运输事宜。一开始就存在的认识差异导致了后来不可避免的冲突。

史迪威来华可谓风光无限，他的头衔是美国驻华军事代表、在缅甸的中、美、英军队司令官、对华租借物资管理统制人、滇缅公路监督人、在华美国空军指挥官、中国战区参谋长。这让他有些飘飘然，一度忽视了中国本来的受益者们。宋子文在史迪威来华之初曾经对其颇为友好，也对他寄予极大希望。在给蒋介石的电文中，他介绍说："史迪威为其（马歇尔）部下最有能力之将才，本拟任为出政军司令，唯中国事紧要，故派其来华，谅蒙委员长重用。"

宋子文对史迪威推崇备至，但后者来到中国后却频频令蒋介石感到不快。一个小插曲是史迪威来华不久，蒋介石要将中国航空公司的两架运输机拨给航空委员会使用，但是这个命令却遭到了美方的抵制，他们说只能听从史迪威的命令。碰了钉子的蒋介石压住怒火，找到史迪威，要他对美方官员下达命令。可是史迪威丝毫不顾蒋的面子，给蒋送来一份备忘录，强调自己是美国总统代表，并批准蒋的要求。这个行为彻底惹恼了中国的最高统帅。他表示：平时我对史迪威不用中国战区参谋长名义签署文件，并常以罗斯福总统代表的身份自居一事，皆不以为意，毫不与之计较，但这次事情使我再不能不与其政府商讨参谋长地位与权限。

接下来，在中国的缅甸远征军作战问题上，史迪威对蒋介石的不同意见置若罔闻，一意孤行，导致作战失利，损失严重。蒋介石对他的指挥等能力更为不满。他在给宋子文的电文中说："……询我对史迪威之感想，业已另复。中国战区至今未有任何组织，亦未筹备进行、甚至于维持中国最少限度与其可能方案，亦未曾着手。至于空军之建立与补充，以及空运按月总量，陆军作战以及反攻时期之整个方案，亦皆视为无足轻重。一若中国战区之成败存亡，与彼无关痛痒。此人（史）不重视组织与具体方案，及整个实施计划，此或因平日未习幕僚长业之故，缅战失败之原因，其咎全在战略失败，而彼乃完全归罪于我高级将领，且谎报罗卓英逃回保山，其实彼自缅甸退却之先……竟自赴印度，并擅令我军入印，事前对我并未有一请示，或直接报告，于情于理，皆出意外。"但由于蒋介石此时需要维持与英、美的合作关系，态度还不能过于激烈。因此，蒋又嘱咐宋子文："我愿保全友邦荣誉处计，不愿多言，此时对马歇尔参谋长不必急于答复，将来彼或亦能了解吾之苦心也。"

史迪威令宋子文感到不可接受的另外一点是因为租借物资的控制权。因为自从史迪威到任后，原本由宋子文控制的美援物资就被史迪威牢牢掌握了。而在租借物资的分配上，史迪威与陈纳德也产生了分歧。1943年4月以前，史迪威将援华物资的八分之五用于了陆军，只给了陈纳德的空军八分之三。这激发了两人之间直接的争吵，蒋介石显然支持陈纳德。5月5日，宋子文在美国参谋长会议上提出增加对空军的物资援助。而史迪威则提出反对意见。对此，宋子文在会上给予了争辩，他说："今日会议，无异家人商谈家事，陈将军力主空援为援我，史将军力主增强陆军，亦为援我，蒋委员长同深感佩，同样注意，担以最高统帅地位，盱衡全局，权量轻重，为保卫陪都，为支持中国各地战场，为振奋中国军民人心，目前最迫切需要者，实为增加空军力量，况三个月后，仍当分运接济陆军物资，于史将军计划并无大碍。"①

更严重的问题是史迪威认为的自己军队指挥权远远超过了蒋介石能够接受的程度。这在史迪威来华以前就埋下了隐患。《史迪威与美国在华经验》一书中，巴巴拉指出："虽然蒋介石打算让他（史迪威）指挥中国派往缅甸的两个军，不过是对他表示恭维的一种姿态。"在这场战役中，他们合作得很不愉快，史迪威说因为蒋介石"愚蠢、恐惧和单纯防御的态度，我们丧失了一次在同古把日本人打回去的大好机会。"而蒋介石则说史迪威"脱离我军，擅赴印度"，"不知军纪何在"。两人明显地都认为对方的权力过大，阻碍了自己的决策和指挥。

此后，史迪威提出军队改革计划，这个计划的目标是"建立一个强大的中国，它有一支现代化、组织完善的军队，它能够支持一切合理的要求，它与美国建立密切的友谊关系，有着共同的利益。（在这种情况下，东方的和平将得到保证，中国在中国、印度支那、暹罗、缅甸、印度组成的亚洲同盟组织中将成为领袖。太平洋将由美国和中国共同管理，这与荷属东印度群岛、澳大利亚、菲律宾并不发生利益的冲突。）"

---

① 《中华民国重要史料初编——对日抗战时期》第三编：战时外交（三），第225页。

这一目标看起来充满了诱惑力，但是他的改革计划却没有得到成正比的赏识，因为这份计划对于中国现有的利益集团有太大的触动，其中也包括蒋介石和宋子文。史迪威计划对现有部队进行精简整编，对选出的主力师重点装备，清除无能的指挥官，给予前线总司令以全部的指挥权。他显然还不明白中国军队任用将领的原则和政治的复杂性。他还希望“任命宋博士为他的行政助理，以协调美中双方为改善中国军队的技术工作和供应工作而进行的活动”。

雄心勃勃的史迪威在两个月内先后递交给蒋介石 11 份军队改革计划，但显然，蒋介石并不买账，他一直未给予任何回复。7 月，史迪威致信蒋介石，强调他来中国担任的职务，想以此来为自己争取更大的权力。蒋介石当然很恼火。他致电宋子文，让他转告美国政府：“中国战区参谋长在中国战区范围以内，执行其参谋长职务，应服从统帅命令，所有其他地位皆不适，否则名为参谋长，而事实以总统代表资格挟持统帅，而将美国政府精诚援助中国之盛情厚意，与其对华之政策，将发生不良影响。”

此时，宋子文也觉得自己竭力推荐的人物实在不给自己争气，虽然蒋介石并未直接对宋有所抱怨，但也足以使他非常难堪。于是，宋也一改以往对史迪威的赞誉有加，称“史迪威态度殊属离奇，阅其原函，强词夺理，谬解职权，非神经错乱，不能狂妄至此。”并直接请示蒋介石“是否仍拟留其（史迪威）在华供职，抑或趁机更换，另选他员。请即指示，以便相机进行”。“史迪威对我之态度，久在堪虑之中，若早日得完成，美方接济或不致延宕”。史迪威的傲慢态度就是因为政府对“一般客卿待遇过厚，往往失其诚惧之心，此辈宽不知恩，于此可见”。而蒋似乎考虑较多，他表示，为两国关系计，“最好能由其自动召回”。

宋子文随即在美国开始运作撤换史迪威。但是美国政府的意见却令他很是失望。罗斯福不置可否，美军方又以强硬的态度表示不会召回史迪威。宋子文只好作罢，向蒋报告说美方认为：“史为中国区参谋长，当然听命于蒋公；同时为美国驻渝租借案代表及国际军事会议美国代表，当然听命于美方”，对于召史回国一事，由于“美国干练适当之军官甚少，另觅妥员，确有相当困难。”这次撤换史迪威的想法未能实行，相反，史迪威对于蒋介石军事指挥能力的怀疑更为加深了。

1943 年 5 月 17 日，史迪威在英美联合参谋长会议上，在罗斯福、丘吉尔和英美参谋长的面前对蒋介石的领导才能公开质疑，他说蒋“诸事犹豫，于战略无一定见解，中国军队混乱”。同时应邀参加会议的宋子文当场反驳说：“蒋委员长并非初次与外国军事专家合作，前在张古峰、诺门坎击败日敌之加伦将军，曾追随数年之久，创造德国防军之塞克特，及曾充卢登道夫作战科长之伏佛采耳，及最近在史太林格勒击破德军之崔可夫，均曾充任顾问，无一不恪遵蒋委员长意志，若谓我辈遵从蒋委员长，或陷于错误，则错误不止我辈，上述各世界名将亦共同犯此过失，且蒋委员长负中国区安全之责任，凡所筹划，必以全局为主体，如我辈对彼怀疑，反对其主张，则我辈应有担负中国区安全之能力。”① 此后，蒋史矛盾继续升级，宋子文根据蒋的授意向罗斯福递交了《改组中国战区说帖》提出：“（一）由于东南亚指挥部的设立与蒙巴顿的任命，故必须重新检讨史迪威的职位。盖目下史为中国战区参谋长，独立指挥中印缅战区空军，兼管中印地区后勤补给与中印空运事务，统带中国驻印军，并参与云南远征军之指挥；此外陆军部更未经中国之同意，授予史氏管理援华租借物资之权力；以如此错综复杂之职权，施诸五花八门之区域，严重危机未来之军事行动。（二）中国参加英美联合参谋首长联合会议与军火分配委员会。”这些要求明白地告诉罗斯福，中国对史迪威并不满意。而此时，中国这个盟友对于美国正是仍然需要的，罗斯福似乎可能为了保留住蒋介石而牺牲史迪威。罗伯特·舍伍德曾经分析说：“他（罗斯福）最主要关心的就是使中国继续参战并使美国保持与中国人民的友谊，他在每个决策中都牢记着这些目标。他相信，只要俄国在与轴心国作战，中国共产党人就决不会向日本投降，而国民党与日本单独媾和的可能性却总是存在的。无论如何，蒋

---

① 《中华民国重要史料初编——对日抗战时期》第三编：战时外交（三），第 231—232 页。

介石是美国政府必须对付的政府首脑。在这种情况下，即使没有史迪威的频繁干扰，保持友好关系也是困难重重的。因此，不管史迪威是否有理——而他肯定是理由充足的——毫无疑问，他是个最讨厌的家伙，罗斯福曾几次踌躇要召回史迪威。”经过与罗斯福的几番商谈，宋子文也得出类似的结论，即“撤换史迪威，已获罗斯福同意”。他当然也认为，这完全符合蒋介石的本意。

但是，事情却发生了戏剧性的变化。当10月份，宋子文和东南亚战区统帅英国中将蒙巴顿一起回到重庆时，他发现国内的事情已经发生了彻底的变化。蒋介石不再要求撤换史迪威，而史迪威也屈尊向蒋介石表示了和解。这意味着，宋子文在罗斯福那里所作的有关撤换史迪威的工作都属于多此一举了。这让宋颇有些里外不是人，既得罪了史迪威和罗斯福，也没有从蒋介石那里讨到好处。他可能没有想到，蒋态度的突然转变有着一些复杂的原因。首先，蒙巴顿不赞成撤换史迪威，因为史已经在中国指挥军队两年之久，有了一定基础，没有他，蒙巴顿恐怕无法实施自己的作战计划。其次，宋子文能量巨大的姐妹——宋霭龄和宋美龄对蒋施加了压力。她们可不希望宋子文再次掌握租借物资的控制大权，因为此消彼长，那样会影响她们两个家庭分别的利益。当然，蒋介

宋家三姐妹

石也有着自己的打算，他可不想在开罗会议召开前得罪两大盟国。以宋子文的聪明才智，他本可以想到这些，但是他太过于忠实地执行蒋委员长的指令，这种实在的忠实这次却对他开了一个具有讽刺意味的玩笑。这个玩笑的结果就是蒋介石与他讨厌的史迪威重归于好，而蒋的坚定拥护者宋子文再次被无情地踢出局去。为此，宋子文还得罪了史迪威。

1943 年 10 月 18 日，史迪威在日记中写道："有一种预感。是宋子文？他是制造麻烦者？如果罗斯福得到情况说我破坏关系，他从哪里获得的呢？答案——只有从宋子文那里。因此，宋子文想免我的职，为什么？因为我和蒋夫人合作，而她是为了大元帅，这不利于宋子文的野心。"

这个戏剧性的过程被普遍称为"茶杯风波"。虽然其真实细节并无详细的记载，但是相关人物各种版本的说法却令此事越发显得传奇。

美国驻华使馆秘书谢伟思在给美国的报告中对当时代中国形势分析说：中国政坛上最近发生的重大变化之一，就是宋子文戏剧性的黯然失色；蒋和宋一向就难以彼此相得。蒋独断专行，而宋直言无忌且意志坚强。他们在这之前曾多次吵过架；作为外交部长，宋独立性太强，不讨蒋氏夫妇喜欢。关于蒋宋的争吵，谢说："宋子文触怒了蒋，并使孔祥熙和其夫人（一般说来是，'中国最有权势的人物'）提高警惕，因为他苛刻批评中国处理经济问题不当，提出（可能是推理的）他应该成为中国经济大权独揽的人。一条广为流传的消息说，在最初发生裂痕之后（显然是在 1943 年 11 月）之后，这个家族曾在 12 月底开一次会，希望能够和解……据传这次会议的结局是蒋举起一只茶杯向宋的头部砸去，自然，任何马上取得和解的希望也就放弃了。"

而蒋介石的情报总管、侍从室情报组长唐纵在他的日记中，对此事也有所记载。10 月 16 日，"东南亚盟军总司令蒙巴顿来渝。宋部长不知因何使委座见气，委座摔破饭碗，大怒不已。近年来罕觏之事。"10 月 21 日，"日来委座火气甚大，宋子文不知因何碰壁，恐系孔、宋之问题，否则无此火气也。"11 月 5 日，"据古秘书（侍从室秘书古达程）云，此次宋部长与委座意见冲突，闻系为史迪威事。当初委座欲换史参谋长，宋部长不赞成。其后宋部长已向美方交涉撤换。委座以情形变化，不换。宋部长表示难于接受，态度倔犟，其中所说何话不知。但委座因而大怒，至今尚未与宋见面。”总之，蒋宋由于撤换史迪威一事大吵一架，乃至翻脸。

就连美国的《时代》也对此事有所报道。在重庆官邸的茶几旁，气急败坏的蒋介石因外援太少而训斥了他的大舅子。于是两人争吵了起来。有消息说，争论到最后，委员长怒气冲冲地把茶几上的所有茶杯都摔到地上。

而宋的密友、重庆政府资源委员会主任委员钱昌照的回忆则记载了宋子文在争吵后的愤怒表现。“宋与蒋也有矛盾。史迪威到重庆，在宋子文家吃饭。那时我不知道史与蒋不和，因为史主张把美援物资分一部分给中共。三四天后，我在宋家吃早点，看到地上有打碎玻璃的残片，我问他是怎么一回事。他说，他向蒋讲史迪威的事，要蒋尊重史的意见，讲得较率直。蒋发脾气，把两盘电影拷贝向他摔过来，转身就进屋了。宋也很生气，回到家里把装有蒋的相片的镜框摔碎在地上，因此地上还有一些玻璃残片。”无论这次吵架中摔的是茶杯、饭碗还是电影拷贝，宋子文因此又一次惹恼了蒋介石却是真的。

在钨砂借款签订后，他致电钱昌照，“此后是否留美继续工作，或赴英办理借款，抑回国，正须考虑。以弟观察，介公仍被孔等愚弄，回国亦无意义，即平衡委员会弟亦不拟参加，一切听委座及孔等决定。”宋子文在等待机会，而钱昌照也积极为其出谋划策，与顾孟余研究的结果是“最近国际政治中心在华盛顿，有暂时留美的必要”，况且“国内政局尚未至明朗化，除非介公电催速回，届时加以考虑外，似不必遽作归计。”

像前几次出局一样，宋子文一点也不为自己的将来着急，他默默地等候领袖的再次传唤，因为他知道，蒋介石还是离不开他。不久，机会果然来了。

1944 年 6 月，美国副总统亨利·华莱士来到重庆，对中国的抗战情况进行考察。美国通宋子文又派上了用场。他被安排到机场迎接华莱士并陪同他，于是，宋趁机对史迪威大大抱怨了一番。蒋介石也要求由魏德迈来代替史迪威。但是，华莱士并没有听从他们的建议，以他个人对蒋介石的观察，他得出结论："从最好角度判断，对蒋只能是一种短期投资，人们不相信他具有统治战后中国的才智和政治力量。战后中国的领袖将由历史的进化或革命产生，从现在看来，后者的可能性更大。"

1944 年 7 月，国民党在豫湘桂战役中惨败，史迪威坚持把责任归咎于蒋介石的指挥不力。这次，他干脆向美国提出让蒋介石把中国军队的指挥权也交给自己。这无异于要了蒋的老命。而美国参谋长联席会议对于总统的建议是"我们完全知道委员长对史迪威的恶感……但事实是，在战场上他已证明，他对战争的看法和争论意见与不列颠和中国当局的极端消极态度全然相反。"

这次，罗斯福转而支持史迪威，他晋升史为上将，告诉蒋介石由史迪威"统帅全部华军及美军，并予以全部责任与权力"，因为"整个亚洲的前途处于危急关头"。他在给蒋的信中说"依我看，中国目前的严重局势需要赋予一个人协调盟国的各种军事力量——包括共产党的力量——的权力。

我觉得我完全理解你对史迪威将军的看法，然而……我知道，除了史迪威以外，没有其他任何人由能力、力量和决心来消除目前威胁着中国和我们打败日本的全盘计划的灾难。我决定给史迪威将军晋升为上将军衔并希望你赶紧考虑把史迪威从缅甸召到中共，使他在你的直接指挥下统帅所有中国部队和美国部队，让他全面负责，有权协调和指挥作战行动，阻止日军的进攻浪潮。我认为中国的情况非常严重，如果不立即采取果断而适当的措施，我们的共同事业就会遭到严重的挫折。

……我向你保证，本人无意在有关中国的问题上向你发号施令；不过，整个亚洲的前途以及美国在亚洲地区作的巨大努力有可能毁于一旦。因此我有理由对这个问题给予深切关注。

务请记住，在意大利、法国以及太平洋上，事情已经清楚地表明，单单依靠空军是无法阻止顽敌进攻的。”①

罗斯福的支持使史迪威更加肆无忌惮，他甚至告诉蒋介石，中国军队要想得到美援物资就得归他指挥，凡不属于他指挥的中国军队就不能享受这种权利。蒋介石当然不能容忍这种威胁，两人关系再次陷入僵局。

此时的蒋介石可谓内外交迫。宋美龄因为他与前妻藕断丝连而火冒三丈，进而与宋霭龄一起赴美国“治病”。孔祥熙因惹怒了蒋介石被派往美国“开会”，身边的美国通一个个都滞留国外，蒋介石真成了孤家寡人。这时，他又想到了永远随叫随到的大舅子。宋子文果然不计前嫌，再次欣然领命。他对付华盛顿果然颇有手段，一方面以私人名义向老朋友霍普金斯表达自己的不满，“华盛顿今天又作了一项致命的决定，陆军部想硬逼他（蒋介石）接受史迪威将军……我本人毫无保留地向你保证，委员长在这个问题上不会也不能屈服”。同时，他又以政府名义向罗斯福施了一个缓兵之计。他表示罗斯福的建议还不能“仓促付诸实施”，建议应有一个“准备阶段，使史迪威将军能够毫无障碍地对中国军队行使绝对指挥权”。另外，为调解蒋介石和史迪威的关系，他还要求罗斯福委派一位全权代表来中国。既然宋子文所提合情合理，罗斯福就没有理由拒绝。不久，赫尔利作为罗斯福总统的特使来到中国。

1944 年 9 月，蒋史之争进入白热化阶段。双方都把宋子文当成是可以沟通的对象。但是，无论怎样的西化、洋化，宋子文毕竟是蒋介石实在的中国亲戚，他的天平当然是倒向蒋的一端，顺带着也把对他颇有好感的赫尔利拉了过来。蒋介石再次向罗斯福表示“史迪威将军不适合承当新统帅地位必然产生的巨大、复杂和微妙的任务。”

史迪威无奈只得求助于远在美国的罗斯福，同时美国陆军部的也对罗斯福施加了影响。他给蒋介石发来一封言辞激烈的电文，称：“兹者因阁下延搁委任史迪威将军指挥中国所有之军队，致损失中国东部之重

① ［美］巴巴拉·塔其曼著，陆增平译：《史迪威与美国在华经验（1911—1945）》，商务印书馆 1984 年版，第 679 页。

要土地，其影响之大殊非吾人所能臆测”，甚至直接提出让蒋“立即委任史迪威将军授以全权指挥所有中国之军队”。本以为有了这封电报，蒋介石就会乖乖就范，但是史迪威以美国的思维方式当然无法想到，这封电报却给了几乎已无技可施的蒋介石一棵大大的救命稻草。宋子文立即反守为攻。既然罗斯福还必须与蒋介石继续合作，那么他就不会真的彻底翻脸。这封电报正好成为指责史迪威唆使罗斯福的罪证。他请赫尔利转交给罗斯福一份备忘录，要求撤换史迪威，他说“盖盟军合作之要素，为互相谅解，互相尊重，史将军莅华之时，即对此漠视，关于史将军此种缺点，余曾屡次转达罗总统。去年十月，余本欲要求将其调回，后因史将军郑重声言，此后绝对听余命令，不使余再对彼有所失望，是以作罢。乃史将军之言，至今并未实践。如委史将军以重任，其结果不但不能加强作战之努力，以抵抗共同之敌，必致其指挥之系统，内部发生纠纷，中、美军事合作，亦只有趋于失败之一途。”他还表示，无论派哪位美国将领接替史迪威，蒋都会“竭诚欢迎，且将力之所及，以遂行其计划、支持其作战，加强其权限也。”

蒋宋的强硬态度迫使不想与中国发生矛盾的罗斯福只能想办法缓和关系，他回电说“接受阁下之建议，解除史迪威为阁下参谋长之职务，并不再令其负责有关租借物资事宜”，“然为维持中印空运吨位计，盖此对于巩固贵国政府有极大之重要性者，为使其保有适当安全之形势起见，仍需史迪威在阁下之下，负责直接指挥在缅甸及云南之华军。”

见罗斯福有所动摇，蒋介石乘胜追击。10 月 9 日再次致电罗斯福：“阁下所提关于中国全线军队或缅甸与云南局部军队由余委任美国将领之指挥以及其他各种之建议，余固无不乐于接受，但其人选，务须能与中国诚恳合作而得余之信任者，此为必不可少之条件。9 月 25 日之备忘录中，余已详述史迪威将军显然缺乏上项之必要条件，故余不能再授彼以指挥之权，当荷阁下谅解。在余之立场，既归余指挥之将领，必须得余之信任及能合作者，是以余之主张，前后始终一致，而并无改变。今余仍本初衷，即请阁下调回史将军，而另派胜任此重任之将领来华以替代之，则余深信阁下之主张，当能切实推行无阻也。”

蒋介石的意思很明白：罗斯福要么牺牲史迪威，要么失去蒋领导的中国，结果当然是明显的。罗斯福不可能在此时接受失去中国。史迪威在笔记中记录了他对这件事的愤怒："正是9月19日的电报使蒋介石大做文章。他把一切归罪于我——FRD（罗斯福）是他的好朋友。FRD不敢据理力争。蒋介石的一面之词和谎言使我被解职。"赫尔利在事件中如蒋宋所愿也发挥了积极的作用，他规劝罗斯福"您和蒋介石之间除了史迪威之外是没有任何分歧的……我认为，在这场辩论中，如果您保留史迪威，就会失去蒋介石，中国就可能和他一起失去。"这样的分析清楚透彻，理由再明显不过了。罗斯福除了召回史迪威别无选择。10月25日，美国政府宣布，召回史迪威，另派魏德迈为中国战区参谋长。

美国国内对此反应强烈，史汀生说："我预见到会有很多的麻烦，史迪威取得的成就使他在美国人民中间很孚众望。"为了平息舆论，宋子文11月4日发表讲话："史迪威将军之奉召返美，我政府以来纯属军事方面之人事问题，故无法加以解释。近来外界对此事颇多揣测之词，传说纷纭，多无根据，尤以美国为甚。当此作战之时，吾人殊不愿一一评为审辩，深信经过相当时间，实施自能证明观感之错误。赫尔利将军及纳尔逊先生奉罗斯福总统之命来华，与我政府讨论更密切之合作。关于军事政治经济之政策中美两国意见完全一致。是以史迪威将军奉召回国之事，与中美两国政策绝对无关，不过个人问题而已。……中美两国之间不独毫无裂痕，且本人深信此后两国之关系将较以往更臻了解，更趋密切，更有效果。"①

史迪威被召回后，为了奖励赫尔利，罗斯福任免他继续留在中国担任大使。这个新上任的大使在中国就像个跳梁的小丑，他自以为可以调停国民党和共产党之间的内战。于是，他不辞辛劳地奔波于两党之间，最后发现自己什么也解决不了，却陷于可笑的境地。《新闻周报》的记者哈罗德·艾萨克斯说：赫尔利"已经落入善于转动自己政治标记的人的行列。"《泰晤士报》的记者安娜莉·雅谷贝则干脆讽刺赫尔利"忘

① 《大公报》，1944年，11月5日。

记他在哪里，和哪些人打交道，甚至忘记他刚刚出口的话。”

但是，仍有很多人对于中国的事情有着自己的看法。1944 年 3 月，杰克·谢伟思在备忘录中对于蒋介石的看法是“中国的事情一团糟……整个令人失望的局势应由蒋，也只能由他负责……倘若美国下决心要他做些什么，而后毫不让步一定要他做到，蒋才能合作。因为他一直依靠美国……这可能意味着积极参与中国事务。但是除非我们这样做，中国作为盟国将不能起作用。而这样做，我们也许能挽救中国。”史迪威被召回也令同他一起工作的戴维斯感到不公，他在给哈里·霍普金斯的信中说：“委员长也许是同意美国的普遍错觉的唯一中国人，即蒋介石就是中国。”

半生的合作与较量使蒋介石和宋子文之间数次分分合合，也让他们对对方有着彻底、深入的了解。正是因为这样，宋子文才对蒋介石的最后一次要求做出了消极的反应，他实在不想在已经归于平静的生活后再次被蒋介石利用，站到风口浪尖之上。也许他是已经厌倦了这样的生活，也许他是对蒋介石感到彻底失望，也许他真的就想好好地享受生活了。

一辈子最后悔的事

在美国享受安逸生活的宋子文其实也常常想念他的老朋友们。定居异乡以后，他接触最多的就是生意上的伙伴，他同当时许多金融巨头一样在生意场上左右逢源。偶尔参加聚会，举办晚宴，一起外出打球，在各种社交活动过程中拉关系，套近乎，谈生意。但是这种交往只能是表面功夫，因为有太多利益的交换掺杂其中。礼节性的微笑，程式化的寒暄和看似情绪高昂的碰杯是他早已熟悉和熟练的事，可一旦繁华过后，他总是感到有一些失落和孤独。他渐渐地开始厌倦这种戴着面具的生活，于是将生意交给亲自挑选信得过的副手，自己只是在关键时刻出面把握大局。这样，他就有了更多属于自己的闲暇时间。

国民党败逃台湾时，很多党内要人都选择了移居美国。这些旧日同事们凭借着任职期间的巨额收入在美国都过起了逍遥的生活。除了生意上的伙伴，宋子文时常也和这些老朋友们聚会，在一起打打牌，消磨时光。可是，这些昔日的下属们却越来越没有了上下级的观念，这让宋子文很不习惯。一次，曾任国民政府财政部常务次长的徐堪应邀来到宋宅。打牌时徐的运气颇好，连连赢局，让平日里输赢相当的各人都很惊讶，他自己也得意非凡。而宋子文这次输牌最多，很有些恼火，因为大家不再像以前那样故意输牌哄他高兴了。当徐堪提出要结束牌局时，宋子文当然不肯罢休，他习惯性地让徐堪不能赢了就走，要继续陪他玩下去，让他翻本。可没有想到的是，徐堪根本就没有理睬宋子文的要求，反而对宋态度生硬，简单告辞后就离开了宋宅。这让在场的人目瞪口呆，毕竟还没有人这样无礼地对待宋子文。事后谈起此事时，有人批评徐堪不应对宋子文这样没有礼貌，毕竟他是宋子文在位时一手提拔起来的亲信。可是，徐堪却认为他们以前都太听命于宋子文了。而现在已经各分东西，入了不同的国籍，上下级之间的关系早就不存在。因而也不必再对宋子文毕恭毕敬、俯首帖耳了。宋子文没有想到昔日将自己奉为恩人、师长的部属在自己失势后会这样不留情面，想想他们当年对自己奉若神明、五体投地的样子，他不觉深切地感受到世态炎凉。也就是在这样的心情中，他更加怀念那些真正与自己志趣相投的朋友们，其中最重要的人物就是张学良。而此时，张学良仍然被蒋介石囚禁在台湾。每当想到这些，宋子文总是由衷的懊悔自己当年的幼稚，他常常感叹，张学良被囚禁是他“一辈子最后悔的事”！

宋子文与张学良之间的友谊非同寻常。

宋子文与张学良之间的友谊非同寻常。早在 1933 年抗战之初，他们就有过亲密的合作。共同的抗日主战使两人成为知心至交。而当热河失陷，蒋介石嫁祸张学良，举国上下对张一片骂声时，宋挺身而出，为张辩白。他当然无法指责蒋“攘外必先安内”的做法，也不能对国民党政府有所质疑，但他还是设法为张开脱，他说：“热河之战，与吾人以重大教训，重大觉悟，盖败绩之咎，不在一人，亦非在一人，在于吾国之军制。养兵数百万，而器械窳劣，衣食不固，几若乌合。士兵纵能见危受命，直是驱市人而战耳，此应归咎于军制之不良也。”①

1936年12月12日，张学良和杨虎城对在西安督战的蒋介石进行兵谏，将其软禁，发动了震惊中外的“西安事变”。当天，他们给南京国民政府发通电，解释他们此举是“东北沦亡，时愈五载，国权凌夷，疆土日蹙……前方之守土将士浴血杀敌，后方之外交当局仍力谋妥协。……学良等涕泣进谏，屡遭重斥……学良等多年袍泽，不忍坐视，因对蒋公为最后之诤谏，保其安全，促其反省”，并通电全国，提出西北军民交换蒋介石自由的八项主张：1. 改组南京政府，容纳各党派，共同负责救国；2. 停止一切内战；3. 立即释放上海被捕之爱国领袖；4. 释放全国一切政治犯；5. 开放民众爱国运动；6. 保障人民集会结社一切之政治自由；7. 确实遵行孙总理遗嘱；8. 立即召开救国会议。南京政府得知消息后顿时闹成一团，大骂者有之，欲致蒋介石于死地，趁机夺权的也大有人在。许多国民党中央要员主张“出兵讨逆”，“不惜玉石俱焚”。

当天深夜11时半，国民党中央常务委员会和中央政治委员会召开临时会议，讨论应对办法。直至凌晨3时，始达成一致意见，即开战西安，将张学良免职，交军事委员会处理。当天国民政府发表通令：“据报张学良文（十二日）日通电叛国，殊堪痛恨。查该员奉职无状，原在中央曲予矜全冀图后效之中。当此外侮紧急，剿匪将竣之际，竟劫持统帅，妄作主张。该员以身负剿匪重责之人，行同匪寇；以身为军人，竟冒犯长官，市属违法荡纪。张学良应先褫夺本兼各职，交军事委员会

① 《大公报》，1933年3月6日。

严办。所部军队归军事委员会直接指挥。”① 此通令一出，全国一片哗然。西安方面交通、通讯早已被南京切断，民众只能听到南京的言论，因此对于西安的紧张空气猜测颇多。似乎战争一触即发，迫在眉睫了。国人陷入空前的恐慌。而国外对此事也颇为关注，由于消息来源有限，媒体对于蒋介石各位知名亲属的反应更为敏感。

张学良

《时代》杂志评论说：“蒋夫人，她哥哥、中国金融界的顶梁柱宋子文，以及她姐夫、在中国发生这起可怕的突然事件时出面代理行政院长职务的孔祥熙博士，他们这三个人掌握着东亚的命运。”

事变第二天，尽管宋子文仍被蒋摈弃在领导中心以外，但作为蒋的至亲大舅哥，他仍然捐弃前嫌，由香港回到上海。翌日，发表讲话表明自己愿为此事出力的态度。他说：“蒋委员长在西安绝对安全，本人以为西安事变，乃系国家不幸之事，目前急需用有效办法，于最短期内解决，盖全世界之目光，此刻正集中于中国也。本人与蒋院长公私之关系，及与张学良多年之友谊，均为人所共知，在特殊关系中，如有任何可能之解决办法，本人极愿在政府领导之下，尽最大努力。至于采取何种办法，须待政府决定，本人是否有赴西安一行之必要，亦待命于政府。”②

这番讲话明确表明了宋子文相信张学良能够保证蒋介石的安全，同时提出可以采取前往西安谈判的方式来解决问题，这与当时中央政府的强硬措施完全不同。当然，这种方式更能为蒋夫人所接受。

12 月 14 日，奉蒋夫人、孔祥熙之命前往西安探询消息的端纳来电

① 西北大学历史系等编：《西安事变资料选集》，1979 年版，第 160 页。
② 《中央日报》，1936 年 12 月 15 日。

告知了蒋介石的安全和张、杨请二人前往西安谈判的意图。事情似乎有了和平解决的转机。

蒋夫人立即赶到南京，对那些想乘机牺牲蒋介石，取而代之的人们奋力演说，“我现在不是以一个只想到自己丈夫安危的女人向你们请求，而是以一个抱冷静和现实态度的国民呼吁你们对这场国难切实采取代价最小的解决办法。……但你们今天所提的建议，只会危及委员长的生命安全。国民和我都同样认为，当此历史的关键时刻，委员长的安全，同国家的统一乃至存在是不可分割的，因此应不遗余力确保他获得和平释放。”

而孔祥熙此时的表现却并不令蒋夫人满意，他说：“我们大家都急切希望蒋委员长能安然无恙地获释，……但我们认为不应让一个人的安全妨碍我们。……这起不寻常的事件居然发生在西安，确实令人痛心。”

但是南京国民政府不同意孔祥熙前往西安，因为他身居要职。宋子文随即表示，他可以代替孔，同美龄一起前往。这一要求一开始同样被政府以“有政府与叛逆讨价还价之嫌”而拒绝。

《时代》周刊跟踪报道事件的发展时说，这是个“需要用大哥宋子

宋大亨已被叫做“中国的摩根”。

文的智慧才能摆脱的窘境”。“宋大亨已被叫做‘中国的摩根’，但按上海股票经纪人中间流传的闲言碎语，这位哥哥同小妹蒋夫人的关系并不是一直很好。宋氏家族的纽带总会把他们连在一起，但有时候这条纽带也会把他们捆绑得很难受。”

12月16日，张学良在西安发表演说：“他（蒋介石）拒绝调转枪口对准敌人，而是想用这些枪来对付自己的同胞。”

就在国民党内争论不休之时，蒋介石给何应钦发来了手谕，称：“敬之吾兄，闻昨日空军在渭南轰炸，望即令停止。以近情观察，中正于本星期六前，可以回京，故星期六前万不可冲突，并即停止轰炸为要。中正手启，十二月十七日。”何应钦接电后，只好下令停止轰炸。

毛泽东得到消息后在一次会议上兴奋地说：“自1927年4月12日以来，蒋介石欠了我们罄竹难书的血债，现在该是偿还血债的时候了。应当把蒋介石弄到保安举行全国公审。”尽管如此，中共随后还是派周恩来、博古、叶剑英等代表团于12月17日抵达西安，协助与蒋谈判。

英国驻东京大使克莱夫发给伦敦的一份电报描述了日本的态度：日本去静观态度，并对世界终能认识中国人无可救药——如日本一贯所言——怀难以掩饰之满意心情。

但是，宋子文并没有放弃努力。不日，他又请求以私人资格前往西安，并称：“政府虽不能与叛变者直接谈判以自贬威信，亦应准许我等作劝导叛变者之工作。”

宋子文终于以普通公民身份前往西安。12月20日上午他到达西安。在这个危急时刻，宋子文的到来使蒋介石百感交集，他们之间以往的恩恩怨怨似乎都已微不足道。宋子文带给蒋介石一封宋美龄的亲笔信，信中写道：“子文三日后若不能返回南京，我一定去西安与你同生共死。”宋的冒死前来和夫人的信使蒋备受感动，也使他对自己平安脱险增添了几分信心。在宋的要求下，他得以与蒋单独密谈了半个小时，后来蒋回忆说：“此为余被劫以来撤去监视得自由谈话之第一次”。而宋子文在当天日记中写道：“我单独拜见委员长。他甚为感动，失声大泣。我对其安慰，告诉他，彼并未蒙羞，相反，整个世界均在关心他，同情他。”

在这次谈话中，蒋介石还将自己写好的三份遗嘱交给宋子文。其一是致全体国民的信，信中蒋介石说：“余乃国父中山先生之忠诚信徒，自投身革命以来，无时不为三民主义在中国之胜利竭诚努力。然自三省陷敌以来，国事日蹙。共匪猖獗之势无日不堪其忧，虽数次进剿，然皆因吾党吾军贯彻领袖意志不力致功败垂成。党纪不严，国法不张，领袖亦无威法可言。各派政治势力，阳奉阴违，皆欲趁此敌犯北疆之际谋私图利。或割据为政，或以收复失地为由妄图不轨。学生民众亦受邪党异说之煽惑，助纣为虐。余深感有负国父嘱托，现陷于叛军之手，致全党全国蒙羞。在此九死一生之际，余决心殉国，切希吾党吾民珍视团结，举国一心，以国父三民主义为矢志不渝之救国谋略，上下精诚，务期早日实现国民革命之伟业。剿除共匪，铲除叛乱，则余死于九泉而无憾也！”

第二份《遗嘱》，是写给夫人宋美龄的：

“美龄吾妻：吾决心殉国。经国、纬国吾子即汝子，望善视之。蒋中正”

另一份私人遗嘱，他写给了当时正在国外留学的儿子蒋经国和蒋纬国：

“经国、纬国吾儿：余只承认宋美龄为余唯一之妻，务望汝等以生母待之，则吾虽死九泉之下亦瞑目矣。蒋中正中华民国二十五年十二月二十日”

宋子文在与张学良商量后，张保证蒋的人身安全绝无问题，宋于是并未将遗嘱发表。但是，蒋介石当时是做好了必死的准备的。宋子文的到来让他又看到了希望。他让宋转告南京政府，迅速组织军事进攻，并面授了进攻方略。但是，宋子文对于军事解决的方法并不完全赞成。他向蒋介石分析到：“军事上之成功并不能确保其性命之保全，即便西安被占，他们尚可退至接壤共区，唯国家将陷于分裂，内战四起……”当时，宋子文的确认为对张、杨实行强硬手段无异于将他们逼上绝路，万一他们铤而走险，则蒋介石的安全就彻底毫无保障了。在日记中，他写道："他们（张、杨）已走向极端，若其遭受失败之打击，他们甚有可能挟持他退往其山上要塞，甚或，他们可能变成一伙暴徒，并在暴徒心态下杀死他。汉卿（张学良）直言不讳告诉我，其委员会已经决定，若一旦爆发大规模战事，为安全起见，他们将把委员长交给中共。这决非凭空之威胁。"因此，宋子文还是主张谨慎行事。

此后，宋子文又多方试探张学良和杨虎城的态度。他们表示，软禁蒋介石的目的就是要他停止内战，一致抗日，不是要杀害领袖。得到了两人的明确态度，宋子文也做出了他的决定：和平解决。

在日记中，他详细分析了当时的形势："一、此次运动不仅系由张、杨二人所发动，而且亦得到全体官兵上下一致之支持。张、杨至为团结，南京方面许多人计划并希望彼二人分裂，此不仅不可能，且充满严重危险。

二、张、杨与中共两方军队联合一起，将成一令人生畏之集团，以现有之兵力，加之有利之地形，在目标一致之条件下，他们完全可固守战场数月。

三、中共已毫无保留地将其命运与张、杨维系在了一起。

在离开南京之前，我一直在军事解决与政治解决间摇摆，然经我实地细量，我坚信，拯救中国唯一之途只能借政治解决。"

这时，中共代表团也在西安，周恩来认为可以争取宋子文，和平解决事变。毛泽东复电说："如宋子文态度同情陕变，兄可设法见他，一面提出我党调和陕变、中止内战、共同对日之主张，站在完全第三者的立场说话，痛陈时局危机，内战是死路之意旨，征求他即召集和平会议，解决国是。"① 周恩来请人转达了中共的态度，并表示："只要蒋先生抗日，共产党当全力支持，并号召全国拥护国民政府，结成抗日统一战线。"这让宋子文感到非常高兴。端纳后来评论说："经过宋两天来的私人调停，蒋介石与张、杨间在许多点上达成了原则协议。虽然蒋警

---

①《中共中央关于西安事变档案史料选编》，中国档案出版社1997年版，第241页。

告张学良，当他还被拘囚时，不可能有具体解决。”

张学良和杨虎城对于宋子文的居中调停寄予了厚望，希望他能够说服蒋介石同意抗日，兵谏能有个圆满的结果。

21 日，宋子文返回南京，他立即向政府和民众报告了西安的实际情况，并强调了蒋的绝对安全。他讽刺政府说：“南京有谁能承担这样危险去救委座？相反还有人要轰炸哩。”

西安和中共方面也对宋子文寄予厚望。12 月 21 日，《解放日报》发表评论《正告宋子文》。首先肯定了他一贯的反日态度和行动，对他顶着南京政府的压力来到西安表示欢迎和敬意。同时也对他提出希望：“宋先生这次亲临西北，对‘双十二’张杨二将军救亡行动动机的光明磊落，和西北民众真正的抗日情绪，必然会得到相当的概念。我们极诚挚的希望宋先生，将来离陕后，能将西北民众的真实意志和热烈救亡的消息，带到京沪，并传给全国民众。”“自‘双十二’民族解放运动展开后，全国的抗日力量已急趋增高，此次宋先生亲临此救亡抗日阵地的西北，当能更激起了宋先生反日的情绪。我们希望宋先生能参加到西北抗日救亡组织里面，并对救亡运动，多予赞助。我们绝不希望宋先生站在了南京政府一方面或第三者的地位，对西北的救亡运动加以忽视或妨碍，或单纯的在商讨蒋氏一人问题。处在现阶段的中国民众已感受着国家民族危急的深刻，更感觉着除了抗日一途外，再没有更好御辱图存的办法。我们希望宋先生多多顾及民众意思，整个国家的前途，站在民族解放立场上，襄助西北的救亡运动；并能运用伟大的力量，提醒一般沉溺在升官发财迷梦中的政府官员，在最短的时间内，召开救国会议，成立真正建立在民意上的革命政府，发动全国抗日战争。西北民众深刻的相信宋先生是中共的爱国分子，亦希望宋先生做一个全国民众崇拜的救亡领袖。”“希望宋先生回南京后，纠正南京政府利用新闻向世界传送的谬论。”

经过广泛工作和商议，12 月 22 日上午，宋子文再次来到西安，这次他带来了蒋夫人、军统头子戴笠、端纳、蒋鼎文等四人。《宋家王朝》对于他们抵达西安的情景有着精彩的描述：“他们乘一架福克式三引擎飞机，无线电天线迎风嗡嗡作响，在泥土地上滑行了一段终于停了下来。疲倦的乘客们走下飞机，周围都是戴着老羊皮帽、高举着火把的东北军士兵。蒋夫人把耳朵遮住以抵御蒙古刮来的寒风。宋子文头戴一顶四块瓦式的大黑熊皮帽，这些年长胖了不少，都分不清哪是他的下巴哪是他的围巾了。那张鼓囊囊的脸上就像粒有点抽水的葡萄满是细褶，还嵌着一张微撅的嘴和两颗黑眼珠。站在他旁边的端纳已经头发花白，面容苍老而阴沉，眼睛里布满了血丝，迎着风有点睁不开。鬼头鬼脑但穿着考究的戴笠在他们身后徘徊，那张温柔的脸显得英俊而又充满智慧，可脑袋里却像点亮了探照灯，用一双冷酷无情的眼睛对各处屋顶急速扫描，寻找是否有像他一样的人躲在暗处。”

23日，宋子文代表蒋介石与张学良、杨虎城以及中共代表团开始谈判。周恩来提出了六项主张，即：子、停战，撤兵至潼关外。丑、改组南京政府，排逐亲日派，加入抗日分子。寅、释放政治犯，保障民主权利。卯、停止“剿共”，联合红军抗日，共产党公开活动（红军保存独立组织领导，在召开民主国会前，苏区仍旧，名称可冠抗日或救国）。辰、召开各党各派各界各军救国会议。巳、与同情抗日国家合作。另外，如蒋同意以上条件，中国共产党将“赞助他统一中共，一致对日”。

宋子文对中共的要求表示基本同意，他还从中联系请周恩来先同宋美龄会谈。12月25日，中共、张、杨、宋子文、宋美龄共同谈判，终于达成协议。周恩来在给中央书记处的电报中记载内容如下：“子、孔、宋组行政院，宋负绝对责任保证组织满意政府，肃清亲日派。丑、撤兵及调胡宗南等中央军离西北，两宋负绝对责任。蒋鼎文已携蒋手令停战撤兵（现前线已退）。寅、蒋允许归后释放爱国领袖，我们可先发表，宋负责释放。卯、目前苏维埃、红军仍旧。两宋担保蒋确停止‘剿共’，并可经张手接济（宋担保我与张商定多少即给多少）。3个月后抗战发动，红军再改番号，统一指挥，联合行动。辰、宋表示不开国民代表大会，先开国民党会，开放政权，然后再召集各党各派救国会议。蒋表示3个月后改组国民党。巳、宋答应一切政治犯分批释放，与孙夫人商议办法。午、抗战发动，共产党公开。未、外交政策：联俄，与英、美、法联络。申、蒋回后发表通电自责，辞行政院长。酉、宋表示要我们做他抗日反亲日派后盾，并派专人驻沪与他秘密接洽。"① 这个初步协议表达了双方的和解诚意。有了这样良好的基础，宋子文又安排周恩来直接会见了蒋介石。周恩来后来总结说："蒋在此表示确有转机，委托子文确具诚意，子文确有抗日决心与改院布置。"② 可见，宋子文在各方协调过程中的确尽心尽力，真诚有加。而蒋介石表示同意的几点意见却只是口头承诺，没有在协议上签字。这让许多西北军将领颇为不满。宋子文所说："在此，决不能有亲笔命令，但返京之后，余信其决不咎既往"并不能取得多数军官的信任。

因此，张学良一直处于矛盾之中。他在圣诞前夜向蒋夫人说明了自己的困境，"杨虎城和他的人不愿把委员长放了。他们说我不会掉脑袋，因为子文和夫人对我都很好，可他们的脑袋就不保险了。他们现在埋怨我把他们卷进来了，说我们提出的条件一条都还没被接受，就把委员长放了，往后他们的日子就更不好过了。"

为了防止已经接近和平解决的事变演变成更严重的事态，张学良没有与杨虎城、周恩来等人商量，擅自决定送蒋介石一行回南京。他和杨虎城亲自护送蒋到达机场，而后张又毅然随蒋返回南京请罪。

蒋在机场临行前仍然振振有词，"今天以前发生内战，你们负责；今天以后发生内战，我负责。今后我绝不'剿共'。我有错，我承认；你们有错，你们亦须承认。"③ 但是，他所强调的承认错误实际上只是张学良、杨虎城等人的错误，而不是他自己。

回到南京后，蒋介石轻描淡写地让张学良写一份书面的"认识"，称以此来堵上要求惩办张的人的嘴。张学良果然顺从地给蒋介石写了一封请罪信，以为兵谏之事就此了结。可是蒋介石立即将信交给了国民党

---

① 《周恩来选集》（上卷），第72—73页。

② 《中国共产党关于西安事变档案史料选编》，第273页。

③ 《中国共产党关于西安事变档案史料选编》，第273页。

中政会和国民政府，称张学良“已亲来都门，来身请罪……有尊重国法，悔悟自投之表示……应如何斟酌情事，依法办理，并特予宽大以励自新之处，伏候钧裁。”这样，就等于将张学良交给了国民党和政府来处理，并最终决定由高等军法会审，进行公开审判。

蒋介石与张学良

宋子文得到消息，立即找到蒋介石，可是蒋还在信誓旦旦地保证，审判只是走个程序，张学良很快就可以回西安。之后宋子文又多次找审判长李烈钧为张说情，可是张学良还是被判有期徒刑十年。根据蒋介石的特赦令，对张学良的最终裁决是：“张学良所处十年有期徒刑本刑，特予赦免，仍交军事委员会严加管束。”

张学良没有想到，他承认错误的代价是几十年的软禁生活和从此永远的背井离乡。而回到南京后，蒋介石背信弃义，根本不落实谈判内容，没有重新启用宋子文重组政府，也没有立刻开始抗日，甚至还囚禁张学良等等行为就不必细说了。

在西安事变中，宋子文多方奔走，凭着自己多年反日的立场和做法取得了各方的信任。可以说他是蒋、张和中共三方共同的朋友，也因此被蒋介石认为“倾向”共产党，从而被再次排挤。但他对于西安事变和平解决所作的贡献是应该得到承认的，正如宋美龄所说：“西安局势是端纳奠了基，宋子文筑起柱壁，而我盖上了顶。”

1937年春，蒋对全国发布了耶稣受难日大赦令，他说“耶稣基督告诫我们不断宽恕那些对我们犯下罪孽的人，要宽恕四百九十次，而且他们如已翻然悔悟，我以为应该让他们重新做人。”但是，张学良数十年的软禁和杨虎城全家被监禁直至解放战争胜利前被处死仍然未能避免。

宋庆龄多年后说：“张学良做得对。如果我处在他的位置，我也会那么做。不过我会走得更远！”

“西安事变”后，蒋介石没有立即捕杀杨虎城，而是允许他到欧洲“考察”，美国“胡佛总统”号客轮载着失望的杨虎城离开了祖国，开始了流放生活。1938 年杨虎城遵照大赦令回到中国。但是蒋介石仍然无法对他当前的行为释怀，杨虎城一回国就被捕入狱，还有他的一双儿女以及秘书一家。1949 年，蒋介石在离开大陆前没有忘记这个重要的人物，他来到重庆郊外的监狱，不是履行他 11 年前大赦的诺言，而是秘密签署了处决杨一家的命令。9 月 6 日，戴笠随即干净利落地完成了任务，包括杨的秘书一家。

第六章

东风不与周郎便——美国朋友

局外人

1963年2月，结束了令人瞩目的台湾之行后，宋子文回到了美国。他向老朋友哈里曼详细描述了他的台湾之行，两人虽然进行了深入的探讨，但是对于美国是否支持蒋介石“光复”大陆却没有反馈给台湾一个准确消息。这让蒋更加心怀不满，但是他对于宋却无计可施。多年的恩怨使宋子文对于台湾已经失去了兴趣，他明白蒋的想法，但不会像以前那样坚定地拥护他，而是作为一个局外人在旁观了。约瑟夫·艾尔索普对哈里曼说：“委员长和蒋夫人对子文深恶痛绝，请他去台湾，只是他们认为，他最善于分析美国政府的意图。”蒋当然更希望宋子文在美国可以再为他卖一次命，打通一些掌握实权的政要高官来为自己说话，或者宋拿出些“经费”来支持他的计划。但是蒋这次显然失望之极。他的两个目的一个也没有达到，宋子文在美国的确还有些身居显位的朋友，但是他却并没有打算再为别人浪费精力。因此，回到美国，宋子文仍然过着他的逍遥生活，就像什么也没有发生过。偶尔，他也会和朋友们谈论天下大事，评论时局，而谈到蒋介石和他的“台湾政权”时，宋子文的口气异常轻松，就像一个局外人在街头巷尾谈论某个毫不关己的事情一样。

宋子文在中国的政坛上，似乎一直都处于从属地位，他是领袖不可或缺的财政奇才，但却永远不能独掌政权，替代领袖的位置。他注定只能做独裁者统治的工具。宋子文固然才华横溢，但是性格上的弱点使他始终无法摆脱这样的命运。这或许也是他在美国多年终于想通了的道理。因此，这次他并不认为自己应该再作为一颗棋子，去为棋手谋局布势，战胜对手。

关于宋子文政治上的弱点，戴维斯早就有过评论："宋既不是委员长的一位言之成理的接班人，也不是在蒋和共产党人之间可以行得通的一个中间选择。他敏锐而不明智，耍花招而不圆熟，骄傲自大而不果断，排斥不同意见而不是去说服不同意见。他不可能取得成功。1944年末，中国在蒋和毛之间是如此的两极分化，以致没有第三条路可走。不是走这条路，就是走那条路。"

长于中国，毕业于燕京大学的戴维斯对于中国的国情了解至深，他清楚地懂得在中国的官场上人际关系的重要性，因此，他也认为宋子文的派系势力根本无法使之在政治上有更大的成就。在《抓住龙尾》一书中，他分析到："如果说他有什么追随者的话，那就是一小撮胆小怕事的西化的银行家和技术人员。在数以千计的受过美欧教育可以称为现代派的中国人中他们只是很小一部分，他们当中的大多数都是不关心政治的。宋的美国捧场者中突出的是华莱士。他夸大了这位外长的微不足道的同人俱乐部，把陈诚和薛岳两位相对杰出的将军和其他几个人都包括进去。这些人虽有一些势力，但不是宋的追随者。实际上，像所有他们的同僚们一样，他们都是些投机分子，只会接受那些看来会使他们有利可图的政治建议。"

他的分析很明显是正确的，因为在国民党的派系中，宋子文根本毫无势力。他骨子里具有的欧美派作风和思想根本无法真正融入中国的官僚体制中。这也注定了他总是在蒋介石的控制之下沉浮起落，而无法真正按照自己的意愿"拯救"中国。

国民党高级将领李默庵对宋子文曾有过这样的评价："宋子文是有政治野心的。满脑子美国作风，以为只要有钱，就可以买到政治地位。他极力进行军事活动，力交张学良，曾扬言小张是听他话的。对杂牌部队，经常收买示好，如徐源泉等。凡得机会向宋子文要钱的，30万、50万，无不照给。（当时币值很高，如一个师9个团每月全部经费不过20余万）但对蒋介石要钱，反以限于预算，常加否决。"

可见，宋子文也试图培植自己的势力，与蒋介石抗衡。但结果很明显，他幼稚的想法和举动与久经政坛、老道圆滑的蒋介石根本无法相比。几个回合下来，宋子文备受打击，终于明白了自己无法改变的事实。

在经历了人生无数次的得意和失意后，宋子文终于明白了自己无法改变事实，于是只好选择退出，而且退出得很彻底。台湾之行并没有燃起他投身党国建设的热情，反而更加清醒地认识到只有当自己有利用价值时，才会被另眼看待。这样的结论当然很残酷，令他心寒，但他已经不再那么冲动，感情用事。他可以平静地接受这个事实。唯一能做的，就是这次要完全置身事外，以局外人的角度冷眼旁观了。

风光一时

台湾之行并没有给宋子文的生活带来变化，也没有如蒋介石期待的那样再次掀起美国对中国的热情和关注。宋子文仍然优哉游哉地过着超级富翁的生活。这与他叱咤中国政坛几十年的性格似乎完全不符。或许是他早已厌倦了那种风光一时的得意，或许他不想再尝试风光过后的落寞，或许他只想在家中的逍遥椅上，捧上一杯香茶，细细回味自己风光无限的外交生涯。初出茅庐的大刀阔斧、成熟老到的寸步不让、举世瞩目的卓越功勋，以及备受欢迎的载誉而归……一切都似乎就在昨天，那么地清晰，令人兴奋不已。

1928 年，宋子文初掌国民政府财政大权，就发现中国海关关政存在着许多弊端。他说："国民政府迁到南京之时，政府和公众对于海关都啧有烦言，诸多不满。人们指责海关已成为国中之国，是使馆街的走卒；总税务司的话成为国家财政上的法律；总税务司还充当了主宰北京每一任财政总长的后台老板角色；关税税款存入外国银行，这只为外国银行增强了信用，而中国的银行则被撇在一边；海关所有的高级职位全为洋人独占，中国沾不到边。”① 这种情况令宋很是恼火。于是他下令整顿海关关政，筹备实现关税自主事宜。美国在各国中对中国颇为友好，1928 年 7 月 25 日，美国驻华公使马慕瑞与中国率先签订《整理中美两国关税关系之条约》，条约规定：

历来中、美两国所订立有效之条约内所载关于在中国进出口货物之税率、存票、子口税并船钞等项之各条款，应即撤销作废，而应适用国家关税完全自主之原则。惟缔约各国对于上述及有关系之事项，在彼此领土内享受之待遇，应与其他国家享受之待遇毫无区别。缔约各国不论以何借口，在本国领土内，不得向彼国人民所运输进出口货物勒收关税或内地税，或何项捐款，超过本国人民或其他国人民所完纳者，或有所区别。如于民国十八年即西历 1929 年 1 月 1 日前，经双方政府按照以下所规定业经批准以上之条款，则于是日发生效力，否则，随时按批准日起四月后发生效力。②

美国首开与南京政府签订关税新约之例后，德国、挪威、荷兰、英国、瑞典、法国等相继与中国签订了新约。但是直到 1930 年 5 月，日本才勉强同意与中国签订《中日关税协定》，但仍坚持部分特定物品的税率不变。尽管如此，宋子文仍然主张“现在关税条约各国均已签竣，关税主权完全恢复，所有海关进口税则自当重新修订”。1931 年 1 月 1 日，他亲自主持修订的新海关进口税则开始实施。这是宋子文对中国外交作出的一个历史性贡献。宋子文还解释了新税则的主旨在于“1. 发展国内工业所必需之原料，减轻其进口税；2. 国内工业之须发展者，尽量扶掖之，使不受外货竞争之影响。”同时，他还对海关关政进行了整顿改革。他说：“直到 1928 年夏天，海关是彻头彻尾不属于国家的行政机构”。中国海关总税务司易纨士对国民政府处处为难，丝毫不以为意。宋说：“易纨士平日做事，只知有英国外交官，不知有政府，曷欲

---

① ［美］杨格：《一九二七年至一九三七年中国财政经济情况》，中国社会科学院出版社，1981 年中译本，第 40—41 页。

② 王铁崖编：《中外旧约章汇编》第 3 册，三联书店 1962 年版，第 628—629 页。

易援助国府募办公债，及关税自主，是犹缘木求鱼。”[①] 因此，宋要求易纨士“将逐月收支数目，暨还本付息数，每项汇兑率并结存各款数，存何银行，分别列表造册具报，以凭稽核”。1929 年 1 月，宋子文任命梅乐和代替易纨士担任海关总税务司，设立关务署掌管海关事物，将海关总税务司至于财政部控制之下。另外，他还要求海关用人“应尽华员升充”，“聘雇海关洋员，仅限于技术方面，并须得财长之特许”。财政部美籍顾问杨格总结 1928 年前 50 年间“从来没有一个中国人升任到海关税务司的职位，但到 1937 年，各口岸的税务司中，已有三分之一是中国人”。[②] 此时的宋子文是多么意气风发，少年英才，他已经获得了国内外的一致认可和欣赏。他的外交才能不久开始在国际社会上得到展现，很快他就博得了更广泛的好评。

1933 年，历时四年的世界性经济危机告一段落。各国决定于 6 月在英国伦敦召开世界经济会议，商讨经济复兴计划。在会议召开以前，美国总统罗斯福邀请各国政府代表先赴华盛顿交换意见，为正式会议作准备。此时，宋子文已任南京国民政府行政院副院长兼财政部长。蒋介石派宋带团出席会议。4 月 17 日，在上海市商会二楼大厅为宋子文举行了百余人的欢送会。上海市商会、地方协会、银行公会、钱业公会、总工会、航业公会、邮务工会等 7 个团体和各界代表到会送行。大会主席王晓籁在致辞中说：“宋部长以行政院副院长兼财政部长之地位，于时局紧急声中，奉政府之任命，离国赴美，参与在华盛顿召集之世界经济会议。……此次会议，可谓列强之干部会议，其重要性咸在昔年九国公约华盛顿会议之上。吾国应如何有剀切之陈述，以动世界列强之听，使世界经济问题，不能离中国经济问题而独立，而中国经济问题，又不能离东北问题而独立，使其有彻底之觉悟，以变更其远东政策。”[③] “……参加华盛顿召开的经济会议至关重要，以宋部长之地位及在各友

① 《申报》，1928 年 7 月 21 日。

② ［美］杨格：《一九二七年至一九三七年中国财政经济情况》，中国社会科学院出版社，1981 年中译本，第 41 页。

③ 《申报》，1933 年 4 月 18 日。

邦中的信誉，自应宋部长亲去，希望宋部长此去能带回新鲜空气，解决国内的沉闷，并希望能达到经济制裁日本……”

史量才

银行业代表史量才说：“此次世界经济会议，极其重要，以宋部长之地位，及宋部长之于各友邦之信誉，自然应该宋部长亲自去，希望宋部长于出席之后，能以新鲜空气来解决国内的沉闷，并希望能达到经济制裁日本的目的。”可见，由于前段有目共睹的成绩，当时商界对于宋子文评价颇高，期望也颇高。

宋子文在答词中说：“兄弟蒙各位筹款送行非常感激，本来鉴于国内形势，不准备前往，但经过多方催促，加之思虑良久，觉得此次会议虽未讨论远东问题，但因相互的关系紧密，故决定前往。以我国现在的经济而言，农村破产、商业凋敝，尤其是上海，生产力日益衰弱，综归原因有三：一为长江水灾，二是日本侵略我市场，三为共匪祸乱。这三点使我国经济陷于困难。应该看到，中国问题，若仅注意军事上是没有希望的，经济比国防更加重要，希望诸位注意这点。此去欧美，子文力争取得列强道义与物质上的支援，改变中国经济、军事落后的局面，使中国有足够的力量对抗外来入侵。”

对于大家的期待，宋子文则表示：“兄弟今日蒙上海市商会、银钱业公会、地方协会等款待欢送，非常感激。……当美国柬约我国时，余因鉴于内忧外患之日亟，本不预备前去出席。嗣经各方之催促，及详加考虑后，觉此次世界经济会议，虽非直接与远东问题有关，然因相互的关系，及有关世界整个经济问题之故，当即决定参加，……以我国现在经济而言，农村破产，商业凋敝，通货咸流于都市，尤其是上海，生产力日益衰弱。……然经济不景气，为全世界普遍现状，不仅我国如是，即以号称富有之美国亦难免于此。……故现一欲解决国内经济困难，决非各个力量所能办到，必合全世界各国，共同解决庶几有望。各国在昔，对于经济问题，亦尝行筑长城政策，如提高关税壁垒，现在已觉其非是。中央此次派兄弟前去出席，亦即因欲解决国内经济困难，必须与全世界共同解决之意。但此去决不是去求人，因中国有广大之土地，四万万人口，为世界最大市场，于挽救解决经济危机，将有极大之贡献于世界，正可与各国开诚相见，互相交换意见，讨论解决办法。现在日本如此蛮横，我国若专重武力，不于经济上致力，实系错误。盖国家犹一人体，决不是仅恃一右手肌肉之坚实，可以健全，可以无恐，必须全体机能完全运用，始克有济。故此次虽系一经济问题，但是亦系全国的问题，亦系全世界的问题。……兄弟明日登轮之后，即系站于国民的地位，故兄弟此次前去出席，虽系代表政府，然亦系代表人民。”①

在宋子文出访期间，由孔祥熙暂时负责财政部的工作。因此，宋子文嘱咐孔祥熙：“此次弟赴欧美，国内财政托付给李副部长（李调生）与庸之兄，如遇重大问题可随时用无线电联系，在轮在陆均可收到，此次大会议程未定，时间难以估计，这些问题我还要与汪院长、孙院长等细商。”

孔祥熙

安排好国内的一切，4 月 18 日，宋子文离开上海，乘坐“杰弗逊”总统号前往美国，秘书黄纯道、财政部美籍顾问杨格、中国银行行长贝淞荪、全国经济委员会委员秦汾、前驻美使馆秘书魏文彬等随团前往。当天，在上海码头人山人海，热闹非凡。三四百人的送行人群将码头挤得水泄不通。一百多个花篮堆满了甲板两侧，美、法等国驻华人员和宋子文的亲友争相与宋及他的随员寒暄告别，人人脸上都堆满笑容，充满了期待

① 《申报》，1933 年 4 月 18 日。

和信心。财政部制作的巨大横幅“欢送宋部长出席华府经济会议”使送行的主题更加凸显，显然，人们对于宋的美国之行寄予了厚望。如此盛大的欢送场面恐怕在全国也是少有。宋子文既感到欣慰，又觉得重任在肩。欣慰的是自己受到南京政府和工商界的高度重视，地位之重要前所未有，但此次出访又责任重大，若无成果则无颜见国内父老。因此，他打定主意，一定要与各国充分交流，取得几个对中国有益的实际成果。

其实，早在前一年，宋子文就已经在筹划赴美事宜了。先期的舆论造势是必不可少，也是非常重要的。这一点，他十分清楚。

1932 年 5 月，美国《幸福》杂志的主办亨利·卢斯就来到上海，与宋子文长谈，他们在宋赴美的问题上达成了一致意见。卢斯将在《幸福》杂志上先期刊登大幅版面介绍宋的生平，并安排宋在美国国家广播公司向美国听众发表重要广播讲话。卢斯从此成为宋在美国的亲密朋友。劳拉·霍布森，卢斯在耶鲁大学同学的妻子对他有过这样的评价，“亨利的矛盾在于他一方面想像他的父母一样当个传教士，而另一方面又想像蒋介石一样当个军阀。”卢斯的童年是随着传教士父亲在中国度过的，他对于中国有着亲切、朴素的情感，他又是充满热情和理想的。作家亚历山大·金是卢斯的雇员之一，他曾经描述卢斯，“我感到此人身上有一种刚正不阿之气；我的意思是说，妇女基督禁酒会一般才会有的那种正气，一种几乎无法打通的固执，谁一见都会立刻清楚。他没有一丝幽默去掩饰他那近乎发疯似的强烈情感。”传记作家斯万伯格描述了卢斯对于英雄的热烈崇拜，“卢斯身上那股崇拜英雄的劲头，与法西斯超人一拍即合，法西斯超人能够鼓动民众向他效忠与他合作……卢斯指出，墨索里尼成功地使高贵的原则在意大利重新复活，‘凭借法西斯的标记，党徒及其创业精神，一个国家获得了新生。’……卢斯崇拜强有力的政权，在这种政权里，‘最好的人’为全体民众的福利而执政。……按照他的观点，共产主义乃是有意消灭最好的人，而让最坏的人执政。在墨索里尼身上，他看到这种伟大品德；在法西斯主义中，他又看到如此激动人心的政治创新，以致使他按捺不住自己的兴奋心情。”而卢斯自己也曾经宣称：“法西斯主义的道义力量，在不同国家以不同形式出现，可能成为人类下一次大进军的鼓舞力量。”

这位近乎疯狂的狂热分子得意洋洋地宣称“宋子文除了《时代》和《幸福》的主编以外，拒绝接见任何人。他还是这两份杂志的订户。”而宋子文孩子的保姆“打扮得与我三十年前曾经雇过的那个阿妈一样。”这无疑又使他感到更加亲切。在他文章中，对于宋子文的重要地位给予了形象的隐晦的表述，“宋子文乘飞机往来与相距百余英里的上海、南京之间。蒋介石要为军队筹款，这种事情是经常有的。子文从上海登上两用飞机，顺着一望无际的长江流域上空飞行。子文一到首都，蒋就见他，硬说他是在‘丢人失礼’，因为他对某省新冒出来的头领连点姿态都舍不得表一表。于是宋子文大发雷霆，发誓没处搞到钱；宋连哄带诈，要他的妹夫量入为出，有多少就用多少。虽然如此，宋还是搭上飞机，返回上海，和银行家们一起商讨此事。”

卢斯在内部备忘录中告诉他的下属：“中美之间的宣传的难点与宋家有关。他们……是亲美政策的带头人。因此，跟他们搞僵了，于我不利。”基于这样的考虑，《幸福》杂志对宋子文推崇备至：

“他鼓励商人作生意，颇得商人喜爱：尤其是他废除了厘金，这是一种城市对城市税收，它阻碍并延误货物的转运，不公平的估价和贿赂使商人破费的钱财不计其数。商人知道从前厘金给国库带来高额收入；他们感激宋子文所作的自我牺牲。”

“国家盐税……总有人从中克扣。子文决心不再受他人蒙骗，他打着灯笼去找一个老实人。这样的人眼前有一个——除了三位蜚声海内的姐妹以外，宋还有两个不太为人所知的弟弟。他选中小弟宋子安，让他去管理国家盐税。子文心里明白子安会遇到什么样的困难：逃税漏税，土匪挡住嗒嗒跑着的小灰驴、抢走驮篮中满载的税收银元。因此人组织一支武装队伍，通常称为‘宋家盐警队’。还有一人可作征收盐税的盐警队少将大队长；此人姓张，他是子文美貌夫人的兄弟。”有了卢斯先期的大肆吹捧，宋子文在美国的形象已经先入为主地成为了中国革命成功的经济栋梁。

5 月 4 日，宋子文一行乘船首先到达西雅图，在接受记者采访时，他表达了参加此次会议的目的：“希望世界经济会议可以完全成功，中国将就最大之可能范围从事合作，借助增进世界和平而谋世界之福利……”随后，宋子文改乘火车前往华盛顿。

5 月 6 日，宋子文率团抵达华盛顿。稍事修整，8 日，他们就应邀到白宫会见罗斯福，展开会谈。会谈期间，宋子文不忘频繁在公众面前亮相。

1933 年 5 月 16 日晚，宋子文在伦敦向美国听众发表了广播演说。翌日，《纽约时报》大肆报道了他这篇对美国刻意逢迎的演说词。“美国革命后数年之中，贵国与英贸易停滞。结果出现严重萧条。而后萧条骤然消失，贵国开始 19 世纪初叶之大扩张，因为美国商人当时发现了同中国的贸易。

贵国一些名门望族从事中国贸易。罗斯福总统家族，包括罗斯福一支与其母戴拉诺一支在内，在两国早期通商中声名卓著。

数以百万计的美元易手而无一字凭据，此乃信任与互敬之范例。

你们没有用枪口对着我们，硬把货物塞下我们的喉咙，而是把商品卖给我们，因为我们需要这些商品。起初我们觉得这实在太好了，令人难以置信，而后渐渐明白了，我们遇到了新型的人，他们相信符合国际正义的新型交易，并且为此而努力工作。

你们是否意识到，我国现政府成员中半数以上是贵国的大学毕业生？我是哈佛大学校友，为此深感荣幸。

在我直系的家庭成员里，妹妹蒋夫人曾在威尔斯利学院念书。两个姐姐，孙夫人和孔夫人（她的丈夫孔祥熙现任工商部长），曾在梅肯市卫斯理女子学院就读。”

这些演讲给美国人民留下了良好的印象，当然对于会谈起到了推动作用。5 月 19 日，《罗斯福——宋子文联合声明》发表，会谈取得首个实质性成果。声明中称：我们一致认为，没有政治上的安定，就不可能实现经济稳定。……我们真诚希望和平能得到保障，并且立即采取裁军的实际措施。与此相关的，我们自然想到了近两年来远东事态的严重发展，已经影响了世界和平。远东两个大国的军队发生了敌对性冲突。为了使目前世界各国重建政治和平与经济稳定的努力获得成功，我们希望立即停止这种敌对行动。① 这一声明的发表，表明了美国对日本入侵中国的关注和不满，指出此事已影响力世界和平，实际上对于中国抗战给予了支持。这是中国争取美国帮助的首要一步。美国远东司司长贺百克在给国务院的报告中表明了对于中国的支持态度“中国正在抵御世界和平的主要破坏者日本，同时还在与国内的共产党作战，但是美国却没有向中国提供任何帮助；中国当局所进行的政治和军事上的活动，是符合我们愿望的，这些活动如果获得成功，与我们的世界政策所要达到的目标，在原则上是一致的。”有了这样的共识，接下来的会谈就十分融洽了。

5月29日，宋子文又主持签订了中美《棉麦借款》协定。协定内容是中国政府向美国金融复兴公司借款5000万美元，其中五分之四用于购买美棉，五分之一用于购买美麦，麦款中又至少有40%用于购买面粉；还本总期限5年，年息5%；以统税为担保品，以海关赈灾5%附加税为第二担保品；棉麦的海运业务应有半数以上由美国有关公司承办。这是个双赢的协定。中国希望通过借款，开发经济建设和国防急需的资源，而美国则试图通过此举遏制国内棉麦价格下跌。美国财政部长摩根索在给国务院的报告中评价说：“即使这笔借款永远不能偿还，然而出售这些棉花将会提高国内棉价，美国国内库存棉花的价值即可增加1亿美元。”这是九一八后，西方国家给予中国的首笔大宗贷款，对于中国来说意义重大。但是，由于大量进口棉麦，打击了中国农业价格，第二年，中国要求消减借款，因此，借款总额最终只有2000万美元。棉麦借款对于日本则是沉重的打击。它使日本对中国的倾销受到限制和挤压，因此，日本驻华大使参赞武富敏彦和驻美大使出渊胜次多次提出抗议。在国内，也有质疑宋子文签订协定是否经中央批准的声音。但是，国民政府却力挺宋子文，说宋此举“完全根据党的主张方针，即总

① 《美国对外关系文件》1933年第3卷，第337页。

理所主张之利用外资以发展国内实业之政策”，“当宋部长奉命赴美时，中央根据总理实业计划，曾训其接洽国际投资”。汪精卫发表声明说：“这次借款，虽因种种关系，未能先呈中央核定，而签字之后，电呈中央，由政治会议加以追认，并交立法院追认，于手续上亦无不合。”随后，立法院召开第二次大会，讨论通过此案，借款因此合法化。国民政府的做法充分表明了当时对于宋子文的信任和器重。

此时的宋子文风头正劲，美国只是此行的第一个胜利，6 月将在伦敦召开的世界经济会议才是他的最终目标。6 月 5 日，宋子文抵达伦敦。他的声名早已在英国政界和金融界流传开来。在这里，他受到的接待不亚于一个国家元首的待遇。英国国王乔治五世、首相麦克唐纳和其他内阁成员分别接见和会见了宋子文一行，英国的金融界、实业界代表也纷纷邀请他出席各种聚会。在频繁的接触和交往中，宋子文反复向英国政府和公众表明，中国人民希望英国能够支持正在进行的抗日战争，希望英国能够给予经济和道义上的帮助。但是，英国方面对此表面上非常关心，但实际上并未有任何的举措。这多少令宋有些失望。

英国对中国问题的漠然当然与其自身利益相关，但当时对中国不利的国际舆论也是重要原因之一。1933 年 5 月，在日本步步紧逼下，中国政府与日本签订了《中日塘沽协定》，日本的侵略进一步升级，而中国政府的一味退让也使国际舆论颇为不满。各国认为“中国愿意通过让步解决与日本的严重纠纷，并且愿意默认日本侵略所造成的现状”。国联当时已经有各类专家在华工作四年之久，协定签署后国联分析认为：“塘沽协定是日本总参谋部和外务省在策略上获得成功的产物；他们的策略旨在挫败国联干预远东的政策，及用先发制人的办法阻止中国方面在华盛顿或在世界经济会议召开前夕采取任何有效行动。”① 这样的看法使国联对于中国的援助热情骤减，而中国希望国联出面继续帮助建设的愿望也陷于停顿。这次欧洲之行，宋子文也努力转变国联对中国的看法，争取继续或者支持。

---

① 《顾维钧回忆录》第二分册，第 245 页。

6月12日，世界经济会议正式召开。宋子文携中国驻苏联代表颜惠庆、驻英国大使郭泰祺、驻法国大使顾维钧出席。与66个国家代表共同探讨关税、货币、商业政策等问题。15日，宋代表中国政府发言，他说："中国挟与世界各国合作、共觅解决世界经济危局的永远方法之诚恳，志愿前来参加此会。当前问题诚属困难，但若以正直之精神与必要之决心，则此难题并非为人类所不能解决者。"为了吸引外资贷款，宋说中国"天然利源虽未开辟，但甚丰富，而人民勤劳奋勉，占世界人口五分之一……其购买力不独可吸收举国自己工业之出产，且可为世界最大之商场，而成繁荣新时代中之极大要素……中国有最大可能的机会，供中外资本之生利的运用。"为了表明政府对于偿还外债的信心和声誉，他说："1927年国民政府成立以前中国所借之各种外债，其中确间有未履行者，然中国政府既已在国难内患世界经济恐慌及外敌侵略之秋，不借外债，克自支持，则他日此种困难一部或全部消灭时，中国之清偿其正当债务，固非不可能事，亦由此可知矣。"他强调，对于中国的发展，孙中山提出的原则是"一面巩固中国政治与经济独立，一面供给西方资本与工商业以有利的发展范围"。他还解释说南京国民政府不会采取"亚洲所罗门主义"，"且将反对国家或地方之孤立"，中国欢迎西方资本和技能。宋代表政府明确提出了向欧美全面开放的主张，这在国民政府还是首次，因而，对于欧美国家而言，的确看到了中国合作的诚意和愿望。在会议期间，宋子文还访问了法国、德国、意大利等国家，广泛宣传中国的开放政策，加强统西方国家的接触和信任，控诉日本侵略中国的罪行，在欧美等国扩大了中国的影响力，取得了广泛的谅解和同情。

6月28日，宋子文又致函国联秘书长，表明了南京国民政府希望国联继续给予合作和帮助的愿望。他在信中写道："国民政府已作初步之考察，并鉴于其所有之富藏，决定先在某某数省着手建设，以为国内其他各处之模范。国联行政院在现在情形中，如能采取办法，俾国联对于中国建设之事业，克与国民政府继续合作，无少间断，例如派一专门人员，常驻国民政府及所属之全国经济委员会，中国政府殊深欣感。”①

经过多方奔走，反复呼吁，在7月18日召开的国联行政院中国技术合作委员会上，与会的中、德、法、英、美、西班牙、意大利、捷克等八国达成一致，决定派遣国联秘书处卫生股股长拉西曼作为国联驻华技术合作联络员，在华工作一年。波兰人拉西曼来华已有多年，与宋子文关系密切，与中国政府要人也都颇为熟识，因此，日本对此举意见极大，称国联对华的技术援助是“国联内部之反日分子与宋子文之提携，为政治的反日运动”，宋子文“在欧美时以排日为目的，努力成立政治的军事的借款”，拉西曼更是“有名之排日家”。尽管日本坚决反对，但是并没能改变国联的决定。宋子文成功的扭转了国际社会对于中国抗日不力的印象，揭露了日本侵略的真相，加强了中国同欧美的经济往来。此次历时四个月的欧美之旅可谓大获成功。

8月29日，宋子文乘坐“杰弗逊”号得胜还朝，抵达上海。这次的上海码头，要比给他送别时更加热闹。政界、军界、上海市的各界代表纷纷前往迎接。简直成了一场名流、要人们的盛大聚会。国民政府主席林森的代表吕超、军事委员会委员长蒋介石的代表孔祥熙、行政院长汪精卫的代表铁道部次长曾仲鸣、立法院长孙科的代表实业部次长刘维炽、交通部长朱家骅、财政部次长邹琳、海军部长陈绍宽、军政部次长陈仪、中央执行委员李石曾、王正廷、陈立夫、上海市长吴铁城、市保安处长杨虎都到现场，中央造币厂、公债司、钱币司、上海市公安局、市教育局、市党部、中国红十字会、市商会等各团体也纷纷派代表到达码头参加欢迎仪式。宋子文的夫人张乐怡、弟弟宋子良、宋子安则乘专轮到吴淞口迎接。当然，这样空前的场面自然也少不了各个媒体的记者，一时间是人声鼎沸，闪光灯烁烁。黄浦江码头海陆空戒备森严。码头上警察哨位密布，江中有警备艇往来巡逻，空中还有欧亚航空公司和中国航空公司的4架飞机盘旋飞行，同时散发各色欢迎宋回国的传单。江中停泊的数十艘轮船也都悬挂旗帜和标语，当宋乘坐的“杰弗逊”

① 《顾维钧回忆录》第二分册，第251页。

号驶入码头时，轮船汽笛长鸣，岸上军乐鸣响，保安队和警察大队持枪列队，颇为壮观。宋子文和夫人等坐在自家汽车返回位于法租界的寓所途中，沿途民众，夹道欢迎，争相“瞻仰”宋氏风采。法租界更由于宋子文获法国总统亲赠的一等荣光勋章而对他倍加重视，排除军警沿途保卫宋氏车队，并在宋宅外列队致敬，奏中法两国国歌。此等排场堪称空前绝后了。不知当时的宋子文是否会想到自己后来隐居美国的平淡生活，与今日的无上荣光相比，简直是天上地下了。

码头的场面还只是欢迎活动的开始，更正式更加重要的欢迎仪式是第二天在市商会大会场召开的“上海市各界欢迎宋部长回国大会”。会场的布置极尽热烈气氛，大门入口的彩色牌楼上有“上海市各界欢迎宋部长回国大会”巨型大字。万国旗和各色彩花布满整个大厅，大厅中央上部是“上海市各界欢迎宋部长回国大会”的横幅，四周的墙壁上挂满了“欢迎宋部长实现回国后之大经济计划”、“欢迎宋部长努力经济建设”、“欢迎御侮救国的宋部长”、“欢迎开发中国实业的宋部长”、“欢迎为国宣劳的宋部长”等各式标语条幅。各种赞颂之词充满大厅。25 个团体的 400 余名代表，多名中外记者参加大会，同时还通过广播无线电现场转播大会实况。大会主席王晓籁致热情的欢迎词后，特邀嘉宾、中央银行总裁孔祥熙致辞说：“今日来参加欢迎盛会，本人系两方面之代表，在公为政府方面之代表，在私本人与宋部长有亲戚关系，故本人欢迎之词，甚为难说。过褒则有阿私之嫌，过抑则又受昨日欢迎及今日又来此欢宴诸君之责，故本人只希望宋部长要为中国争一口气。过去宋部长之努力，为大众所知，即于各界热情欢迎之情况上，可以见之，望宋部长将来更加倍努力，以答诸君欢迎之盛意。”① 这番寓意深长的演讲多少给正沉浸在自己卓越功勋中的宋子文带来些不快，但很快，这种不快又被各界代表大肆吹捧的发言所代替。毕竟，此时的宋子文是得到社会各界广泛承认和高度赞誉的人物。暨南大学校长郑洪年说：“宋部长此次出国，参加世界经济会议，其结果，实足为中国危局

① 《大公报》，1933 年 8 月 31 日。

一大转机，各国政府均重视宋部长，共商世界和平之方法，故宋部长实可为中国人而能谋世界幸福者第一人物，此后必能帮助政府，为中国谋出路，以完成其使命。”

虞洽卿

商界代表虞洽卿发言说：“宋部长是最能为国为民的，我相信来此参加欢迎者，都是从心里发出来的热忱。宋部长之爱国，即可于在日本不登岸一事见之，日人极盼宋部长上岸，与之联络，但宋部长置之不理，尤深得爱国人士同情。”

市教育会代表陶百川则说：“今日农工商学济济一堂，来此欢迎宋部长，与寻常送往迎来，迥然不同。吾人来此欢迎，非宋部长为财长而欢迎之，亦非宋先生为行政院副院长而欢迎之，乃因宋先生是世界的外交家、世界的政治家、世界的经济家，宋先生在世界上能成功，在国内亦能成功。观其与九国成立白银协定，及与国联技术合作，为中国开一新经济途径，实足为吾国之光荣。所望吾人能以全国民的力量，以促其成功。”

地方协会代表杜月笙也发言说：“九一八以后，国家地位大降，今幸得宋先生周游列国，得各国之谅解，予吾国以经济的援助，及技术的合作。今后宋部长将出其全力为全国农工商各业大事整理，我想今天是宋部长回国的第二天，将必为中国复兴之第一日。”

在会上，25 个团体还将一枚纪念银牌赠与宋子文，上面有章士钊所撰记述宋子文此行功勋的文章。这些各界代表的演说虽然有故意阿谀奉承的成分，但所述宋子文此行的种种成绩却也是事实。联合欧美、抵御日本，振兴经济的主张已经深入人心。他们的讲话充分体现了各界对于宋的肯定和支持，按现在的话说，当时宋的民意支持率可谓极高。

宋子文则在致辞中表明了自己的主张和感激之情。他说："子文奉命出使世界经济会议，友邦并不以沦陷四省三千万人民之国家代表视之。备受各友邦诚挚热烈之欢迎，此非欢迎子文个人，乃对于我国家表示同情心，并希望我国民众于创痛之余，能惕然警悟，消除个人之成见，共图建设。"欧美各国"政治与工商实业之新趋势，皆足为我国良好之借镜"，"中国今日横遭国难，处境之困，远愈他国，补救之道，在政府极人民方面，应切实注意各国之好榜样"。"子文外感于世界经济文化国防，内怵于今年我国天灾人祸之纷至沓来，认为立国之道，唯在以国民经济为中心，而以国家全力维护与发展之。同时冀望全国上下，化除成见，集合全国之资力物力与人才，以友邦建设之精神，为救国之唯一途径，则吾国纵云穷乏，已属大有可为，吾苟有自助之决心，则遍天下之物力财力，皆足为我用。"宋的发言可谓慷慨激昂，充满了大干一番事业的决心和信心。此时的宋正值事业发展的一个顶峰时期，当然有着宏图大志，就等着蒋介石能够放开他的手脚，让宋子文奋力图强了。

9月2日，宋子文抵达南京向国民党中央汇报此行经过和成果。3日，南京各界又在华侨招待所召开欢迎大会，参加者800余人，盛况空前，丝毫不逊于上海的隆重。满载着国人的一片颂扬之声，当天下午，宋子文与财政部次长李调生、邹琳、秘书黄纯道等8人，乘坐中山舰前往江西庐山向蒋介石汇报。当然，他回国后所受到的种种热情接待，蒋早已了如指掌，他被广为传颂的各个领袖头衔也早就传到蒋的耳朵里了。这位为党国立下汗马功劳的大将在蒋的心里却埋下了阴影。自古帝王都不希望手下臣子功劳过甚，这种功高盖主的疑虑也使蒋颇为不悦。或许这也是宋子文一个月后突然辞去行政院副院长兼财政部长职务的原因之一。

1928年初至1933年末，是宋子文第一个辉煌的时期，他除了在南京国民政府中主持财政部工作，还先后任中央银行总裁、国民政府委员、国民政府财政委员会委员、国防会议委员、特别外交委员会副会长、全国经济委员会常委、行政院副院长、代院长、国民党三大、四大的中央执行委员。每每想到这无比辉煌的五年，宋子文总是不自觉地充满了激情，那段时间有太多的荣誉和光环环绕着他，令他在几十年后仍然刻骨铭心。尽管此后的七年，他被排挤出国民政府的领导核心，但几年后他东山再起，仍然权倾一时，甚至比前一次还要风光，因为这一次，他的风光不只是局限于中国，而是声名遍布了世界。

1937 年 5 月，克莱尔·陈纳德来到中国，当时孔祥熙在用意大利的训练方法武装中国空军。他记录了中国空军的训练情况："意大利在洛阳办的航校……无视中国学员的能力……连逃避训练科目的人在内，一概准予毕业……可是，蒋委员长对意大利人的方法却深表满意。中国飞行学员是经过严格挑选的，都出身于上流社会。当他们被杭州的美式航校淘汰时，他们那些有影响的家庭便提出抗议，使委员长十分尴尬窘迫。意大利的方法倒是解决了这一社会问题，却毁了空军……

"意大利人在南昌建的飞机组装厂也是一个骗局。它生产的'菲亚特'式战斗机，实践证明只是一堆易燃易爆的废物。'萨沃亚——马尔凯蒂'轰炸机更是过时的产品，中国人只能用来搞运输。"

"意大利人还怂恿中华航空委员会搞一些离奇古怪的名堂。无论情况如何，没有一架飞机从编制表上撤销……结果，战争爆发时，航空委

宋美龄与陈纳德的合影。

员会的造表上有五百架飞机，但可以参加战斗的只有九十一架。”

但是，陈纳德的积极努力没能挽救中国对日战争的节节败退。1939年夏季，蒋介石在写给美国总统罗斯福的信中提出了援华要求，“中国急盼美国政府暨金融界人士，进一步及时提供援华物资。鉴于日本企图破坏我之货币和经济组织，值此转折关头之大量援助，将对我们起到无法估量的作用。”

蒋夫人则在文章中进一步表达了要求得到援助的强烈愿望。“我们希望能够得到可靠的援助，使我们继续战斗下去。如果民主国家不能确保提供援助，那么，总有一天会因为让日本打败中国而追悔莫及……当人民想到民主国家是如何让……中国灭亡时，有理由怀疑他们的头脑是否出了毛病。”

端纳也支持蒋夫人的想法，“日本人在极力诱使金融家支持他们盘剥中国。他们答应给予各种好处……如果美国金融家们是明智的，他们在自己上当受骗，力图在日本人的帮助下以牺牲中国为代价‘迅速致富’之前，应该对此种建议思考再三。另一方面，若援助中国，将及时为外国投资开辟广阔的领域和十分有利的市场……如果民主国家拒绝给予中国任何援助，反而以任何形式援助和支持日本人，他们将成为历史上最大的罪人。”

1939年，《时代》《生活》杂志上都有文章支持蒋介石，《生活》杂志的文章说：“中国和它的委员长……是否具有与日军继续作战的精神和物质力量，世界都在拭目以待。有勇气承担‘失败的事业’的人毕竟不多。目前，蒋介石的前途比美国革命时期乔治·华盛顿的前程还要糟。蒋介石的所作所为已经表明，到目前为止，他仍不失为一个具有非凡的勇气和决心果断的人。两年前在西安被共产党扣押时，他已证明自己是个不怕死的人。他是一个皈依上帝的卫理公会教徒，正在从基督教圣经里所说的磨难中寻求安慰。”

1940年6月，驻美大使胡适电告蒋介石，罗斯福总统同意向中国提供更多的援助。蒋介石立即想到已经下野7年之久的宋子文，似乎除了这位与美国政要熟识且颇受欢迎的国际著名金融家外，没有再合适的人选了。于是，宋子文以蒋介石的“私人代表”身份前往美国，商讨援华事宜。蒋介石在给罗斯福的信中说：“因世界局势之剧变，余觉有与阁下交换意见并请界予援助之迫切需要。因余不能亲来承教，特派宋子文先生为代表，前来华府晋谒，彼固为阁下所熟悉者。余已授予宋先生代表中国政府在美商洽一切之全权，彼受余之完全信任，且其对国内之情形与对外之关系完全明了。敬请阁下慧予亲切之洽谈，一如与余私人接触者然，不胜企盼。”

宋子文此行引起了国内外的高度关注。他在美国没有正面回答记者们对于他此行谈判战争贷款的目的质疑，表示：“但愿如此，但事实上，我是去纽约处理私人事务的……战争把日本人拖得精疲力竭，中国打得很出色，军队和民众士气高昂。在战争条件下，我们还要尽可能增加工业生产。当然，物力比人力更缺乏。”

当时在美国，总统罗斯福与美国国务院的对华意见并不统一。罗斯福与其助手霍普金斯对华态度亲善，是“天然的、坚决的亲华派”，而国务院则对中国并不感冒。连蒋介石也“相信国务院的亚太政策受到太多的主张姑息日本的人士的影响”。蒋的私人顾问拉铁摩尔认为：“国务院内有股强大势力，认为日本军国主义者可以在中国建立法律和秩序；同时处理对华事务的高层人士又对中国的团结和中国的抵抗能力缺乏信心。”①

这次来到美国，宋子文要比以前来美逍遥得多，罗斯福正在为他第三次连任总统忙得焦头烂额，对于这位美国的老朋友暂时无暇顾及。因此，宋子文得以带着他年轻漂亮的夫人张乐怡在肖拉汉姆旅馆过了一段悠闲的假期。正如《宋家王朝》中描述：“他的私人秘书打电话给旅馆图书室，从那里借来了畅销小说。宋子文像一只肥大的海象在旅馆游泳池里游泳，蓝色游泳裤是从旅馆体育室借来的，上面绣了一个大‘S’字母，人们还误以为那是‘宋’的意思。多数宾客还不知道，游泳池

① ［日］砚野富士子整理、吴心伯译：《蒋介石的美国顾问——欧文·拉铁摩尔回忆录》，复旦大学出版社1996年版，第83页。

里那个用鼻子喷水的中国佬，就是一手擎天，使中国免于沉沦的英雄。”

宋子文抵达美国后，7 月 10 日，蒋介石再次指示他向罗斯福提出要求，电报中说：“现在美国若有最新式驱逐机 300 架、远距离轰炸机 50 至 100 架助我，则抗战必能加速胜利。……每次我军之所以不能得到最后胜利，完全在我空军数量对日不及百一之故也。务望其对于飞机能特别助我也。”但是，中国的要求没有引起罗斯福的重视。7 月 15 日，宋子文在给蒋介石的电报中汇报了来美国后的情况：“借款事文到美后无日不在洽商进行中，唯因美国专心注意英国战事，加以准备大选，各部又缺乏联络，而政府要员于暑期中常不在京，以致迁延时日。然文仍抱最大耐心，积极向各方进行，冀收实果。”①

当发现可能将在美国长期工作后，宋子文夫妇搬到了马里兰州切维蔡斯市的康涅狄格大街上一座独立的寓所里。在这里，他频繁地邀请美国的政要大员们共进中餐，贵宾包括联邦贷款局局长杰西·琼斯、财政部长亨利·摩根索和进出口银行的沃伦·李·皮尔逊。宋子文会见摩根索时说中国“在经济上已接近崩溃点……急需援助”。约翰·费正清曾到华盛顿组织中国战况观察团，他说“子文使我想起……威斯康星州橄榄球队的中卫球星，他跟球很紧，但喜欢从后卫和对方带球跑的队员被拖住的空隙间冲过去，而不愿在后面浪费时间。”摩根索曾对陆军部长史汀生说：“哎，可怜的老子文来了，我们是爱莫能助啊。”约翰逊大使此时也向国务院进言称：“如果美国不能……及时提供援助……最后可能导致共产党在中国占优势。”除此以外，宋子文的朋友还有罗斯福总统的连襟、报界人士约瑟夫·艾尔索普、埃德加·安塞尔·莫勒、总统特别助理哈里·霍普金斯、助理陆军部长翰·麦克洛伊、罗斯福总统的贴身助手托马斯·G·科科伦。

11 月，罗斯福在大选中获胜，连任美国总统，这使他松了一口气，开始重新考虑对中国的援助问题。为了维持远东地区的稳定，当然这对

① 《中华民国重要史料初编——对日抗战时期》第三编：战时外交（一），第 276 页。

美国来说也是实现其战后利益的良好途径。美国对华政策确定了两个目标："第一个目标使采取共同行动，有效地进行战争。第二个目标是在战争之中和战争之后，承认中国是大国，她享有与强大的西方盟国——俄国、英国和美国平等的地位并得到复兴。"① 这个政策的制定无疑给了国民政府一个信号，即只要中国努力，美国仍愿意继续帮助中国。

1940 年 10 月，经过宋子文在美国上层各部门不厌其烦的游说，美国终于同意给予中国第一笔借款 2500 万美元。虽然这笔钨砂借款规定中国不能动用这笔款项购买军械、军火或军用品，而起借款数额也远没有达到宋子文的理想。但考虑到如"斤斤于数目之多少，时机一失，易生变化，且恐引起反感"，故中国还是同意了美国的条件。毕竟这是一个良好的开端。

当陈纳德特意从中国返回美国后，经过几个月的积极活动，美国海军部长诺克斯、财政部长摩根索、《纽约先驱论坛报》的艾尔索普、总统顾问科科伦及白宫助理、总统经济顾问柯里等重要人物都陈纳德和宋子文争取过来，成为帮助他们申请空中援助的说客。

果然，接下来的工作似乎容易起来。11 月，中国国内形势发生急剧变化，日本公开承认了汪精卫的伪政府，重庆国民政府压力剧增。美国此时对于中国的态度将严重影响中日两国下一步的事态发展。宋子文多年的努力此时发挥了巨大的作用，在给予中国援助的问题上，罗斯福此时的表现十分坚决，他的支持从经济上、政治上、外交上都给了中国以巨大的鼓励，也沉重打击了日本政府。

12 月，宋子文争取到了美国的一亿美元贷款，《生活》杂志上向美国人民宣传"中国有了这一亿美元，保证能把一百一十二万五千名日军拖住，把强大的日本舰队牵制在中国沿海，延缓日本争夺美国直接利益的步伐。这是一笔十分廉价的交易。"实际上，所谓一亿美元的贷款由两部分组成，一部分是由美国财政部提供的 5000 万美元的平衡基金贷

---

① ［美］邹谠：《美国在中国的失败》，上海人民出版社 1997 年中译本，第 30 页。

款，另一半是由进出口银行提供的5000万美元的金属借款。罗斯福将两者同时宣布是宋子文为扩大声势、打击日本采取的策略。这也符合美国的意图。

经过几番讨价还价，1941年2月，在美国内阁会议上获得批准的100架P—40战斗机由挪威船搭载，从纽约运往中国。7月，首批陈纳德招募的志愿队员110名飞行员，150名机械师以及部分后勤人员前往中国。中国抗日战场上从此出现了美国战斗机，在战场上他们发挥了巨大威力。

美国对于中国的帮助的确十分慷慨。难怪史迪威将军曾经抱怨："我从未听到蒋介石对我们给予他的援助说过任何感激总统或我们国家的话。他贪得无厌，得陇望蜀，绝无满足之时。他还抱怨给他的东西太少……他抱怨说中国抗战六七年了，而我们实际上什么也没有给他。探究一下蒋介石自1938年以来所作的军事努力的性质，当然不合外交惯例。但他的努力实际上等于零。"

在与美国谈判贷款的同时，宋子文也与英国方面进行了中英平准基金借款的谈判。虽然并没有达成中方希望的共计2000万英镑借款，但英国财政部副部长费立浦亲自飞到美国与宋子文见面也显示了英方的诚意。最终，宋子文作出让步，同意了贷款总额为1000万英镑。他在给蒋介石的电报中说："英方信贷及基金借款各五百万镑已宣布，……以文管见，英、美借款门路既通，以后如积极运用，取信于人，继续借款，当无问题。"① 可见，宋子文此举颇有"放长线钓大鱼"之意。

1941年1月，美国通过了租借法案，但对于中国的援助远远不及欧洲。对此，宋子文感到十分不公。4月17日，他在给军火租借委员会的报告中说："我们并不要求任何不可能的东西，我们当然也希望获得那些稀少而很难获得的物品，但最重要的是希望获得保证——那些可以给我们的将会给我们，那些现在无法提供的以后可以提供……"经过与罗斯福总统直接会谈，以及多方敦促具体负责机构，5月，第一批

---

①《中华民国重要史料初编》第三编：战时外交（二），第236页。

7552吨租借物资终于启程开赴中国。但是，在租借物资上，美国一直对中国持忽视态度，这让宋子文十分不满。他在给美国朋友多诺万上校的信中说："某些事态的同时发生使得立即对中国支援飞机成为迫不及待的事件……

1. 这些事态的第一件事，是新出现的日夜不停的轰炸……自从美英对日本南进发出抗议以后，重庆就一直不断地遭受这种轰炸。由于没有飞机在这个城市上空击退这些轰炸机，也不能向入侵飞机所出发的基地进行反轰炸，因此防御或者报复都绝无可能。非常明显，这种轰炸的目的是，日本在向其他地方推进以前，要结束'中国事件'——以此向中国人民表明，现实还是现实，与过去14个月以来怀抱的那种希望到底是有距离的，这种希望是：一旦有了美国的援助，就有办法了。

由于还有另外两件事，这种现实与许诺之间的差距就更加突出地呈现在中国人民的面前了。

2. 第二件事是，在以的确没有飞机为口实，取消了早先一再要给中国交运飞机的诺言之后，却又迅速地宣布正将飞机运交给苏联。

3. 第三件事，并请拟务要理解这不是出于真正辩解的考虑，而是从中国人每天遭到22小时轰炸下的感受来考虑——就是进来坦率地透露出美国用战争物资——正是这种物资和汽油目前轰炸着重庆——来姑息日本的政策，借以阻止日本攻击迤南的某些美国补给路线。

把这三件事和它们的含义加在一起，对于蒋介石在总的民主事业中执行的抵抗政策已经感到厌倦的中国人都在说，'我们的抗战在其他民主国家的自私打算中只不过是一个马前卒罢了。日本正在得到用以摧毁我们的供应物资，借以解除英国人在南方受到的攻击，或者甚至也解除俄国人在北方受到的攻击。尽管我们正在得到有礼貌的、非进攻性的援助，像造路器材和卡车之类，但是真正能够触犯日本的东西，或者使我们具有报复日本的打击能力的东西，却一点也没有被允许真的运到这儿来——尽管这种假定为不存在的进攻性东西，却能够为我们的朋友俄国人立即得到。'

……中国抗战已进入第五年的第二个月，与此同时我为鼓舞起见所拍发的海底电报一份又一份地落空了……

请原谅我如此的直言不讳。但是，我国的情形，以及正在被广事宣扬的所有新的联合战略计划中都只字不提中国……

我们已经坚持了五年。请帮助我们现在继续坚持下去。”

这封信中充满了对美国援助中国不力，姑息日本，牺牲中国做法的强烈控诉。可见，当时的宋子文有多么愤怒和无奈。① 但是，他的情绪却无法改变美国政府的想法。10 月，他又提交给罗斯福一份当前租借物资情况的备忘录，从中可以明显地看出在蒋介石要求、美国同意给予和已交付的数额间存在着巨大的差额。后两者的数量少得可怜，当然与中国的需要相去甚远。他备忘录中补充说明：“为使中国在反对日本和德国的共同战斗中克尽自己的本分，需要将已经分配给中国的适中分配额的飞机和军械中的一部分立即运交给它……如果你认为这样做是明智的话，可否请你要求陆军部长立即调拨所需要的飞机、应有的机组人员和军械?”这份备忘录得到了罗斯福的重视，他立即在备忘录上批示“加快速度”，并转给了租借物资的负责人霍普金斯。看起来这是一个好兆头，但是尽管如此，美国提供给中国的租借物资还是少得可怜。美国财政部统计数字表明，1941 年，美国提供给中国的租借物资价值 2582 万美元，占美国所有租借物资总额的 1.7%。

1941 年 12 月，日本偷袭珍珠港，此举彻底惹恼了美国，太平洋战争爆发。美、英、中均对日宣战，三国成为共同对敌的盟友。就在此时，国民政府正式任命宋子文为外交部长，常驻美国。随即向美国递交了《经济援助方案说帖》，希望美方能给予更多的援助。文中说：“切盼友邦美国以成立租借法案同意之精神，贷于中国以大宗现金借款，俾得收缩法币，巩固金融，稳定物价，唯此项借款须有五万万以上之数额，方克有济”。月底，蒋介石又多次致电宋子文，让他尽快争取到 5 亿美元的借款。

1942 年元旦，中、美、英、苏等 26 国在华盛顿签署《联合国家共

---

① 《罗斯福与霍普金斯》上册，第 546—548 页。

同宣言》，宣言称：“（一）每一政府保证运用其军事与经济之全部资源，以对抗与之处于战争状态之‘三国同盟’成员国及其附从国家。（二）每一政府保证与本宣言签字国政府合作，并不与敌国缔结单独之停战协定或和约”。这就明确了中、美、英等国的同盟关系，也为美国对华继续援助提供了依据。1942 年 1 月 12 日，就借款问题，宋子文开始与美方代表，他的老朋友摩根索谈判。但是这位老朋友在谈判中并没有仗义到放弃本国的利益，提出的条件颇为苛刻。蒋介石这次的态度则更为强硬，他要宋子文转告美国，中国“所拟借之款全在友邦表示对我信任，所以不能有任何之条件及事先讨论用途及办法，否则乃非对我表示信任”。而摩根索也坚持己见，谈判一时陷入僵局。但是，宋子文在美国可是手眼通天的人物，此路不通，则另辟蹊径。美国高层中愿意帮助他的人还大有人在。1 月 30 日，宋子文通过国务院安排，直接拜访了罗斯福总统，详细说明了中国政府对此贷款的迫切需要和贷款的重大意义，请总统不在贷款问题上提出任何附加条件。一番声情并茂、入情入理的游说起到了超乎想象的理想效果。总统同意了宋的要求，并当即召见赫尔、摩根索等有关人员，指示他们要迅速完成对华借款。

期间，宋子文充分发挥了自己的外交才能，在与美国重要人物的谈话中，他声情并茂的演讲为他赢得了相当多的选票。原美国国务卿的斯退汀纽斯曾回忆当时与宋子文的一番谈话，“1942 年 2 月，我获知中国对日宣战。宋子文已担任外交部长一年，他当时在美国，某一天下午，他到国防咨询委员会办公室来见我。以前我从未见到过宋，但我立刻了解到，他为何被视为中国最善辩、最有力的演说家。我们谈了很久，并不多涉及中国所需的资助，而在于亚洲的全景。从他所说之中，我却了解到，中国需要更多来自友邦的支持，它才能继续对日作战。”无疑，宋子文的言辞打动了很多美国的关键人物。

接下来的事情发生了戏剧性的变化。2 月 2 日，宋子文交给摩根索一份拟定的借款草案，对借款的用途、偿还办法等做了规定，“中国接受此项财政援助，其条件及条款，应经美国总统核准，财政部长认为满意。”“在战后，将由美国总统来决定对此财政援助进行整理的详细条款。届时，将根据1942年1月2日公布的联合国家共同宣言，将其视作同盟国之间的协调事项，该宣言规定各国政府用其全部军事或经济的资源，反对与同盟交战的轴心国成员及其仆从国。”“中国同意遵守总统根据以上原则所确定的条款。”

尽管摩根索又对借款用途等提出要求，但是在宋的其他朋友，国务卿赫尔、陆军部长史汀生、海军部长诺克斯等的敦促下，2月7日，美国国会授权财政部长在总统的同意下，代表美国向中国提供不超过5亿美元的借款。美方提出的规定“中国愿将本约中所列资金之用途，通知美国财政部长，并愿对该项用途随时征询其意见，美国财政部长愿就此项资金之有效运用方面，向中国政府提供技术上及其他适当建议，以期完成本约中所述之目的”，在宋子文的执意坚持下被删去。

12日，罗斯福签署该案，借款正式生效。至此，借款未附加任何条件而实现。3月21日，宋子文和摩根索发表联合声明，公布了5亿美元的借款协定，协定中没有规定任何附加条件。这是抗战时期，中国从美国获得的最实惠、最大的一笔借款。宋子文在谈判过程中始终坚持原则，善于调动自己的各种关系和能力，大胆行事，充分发挥他良好的口才，为借款成功立下了汗马功劳，也再次赢得了崇高的声誉。

6月，宋子文和美国务卿赫尔签署《中美租借协定》，美国开始大量援助中国抗战。美国最终统计结果表明，战争期间美国对华援助总额为约8.46亿美元，除2000万美元须偿还外，其他均为无偿援助。援助中国的飞机、坦克、车辆等军用装备租借物资约合5.2亿美元。

在1940年总统选举中失败的温德尔·威尔基1942年秋来到中国访问，这次热闹的访问促成了蒋夫人的美国之行。定居纽约的中国橡胶业富豪李国钦对宋子文汇报了威尔基访问的效果。“温德尔·威尔基史诗般的东方之行是扣人心弦的，他对中国的访问给美国人民留下了深刻印象。他的报告信念坚定，真挚感人，闻者甚广，无不动容。可以说，任何普通美国公民没有一个能像威尔基先生1942年10月26日通过全美电台向全美人民播讲时，吸引了那么多的听众。

《纽约先驱论坛报》第二天有一段文字表达了全国的情绪：‘无论

1942 年，重庆，罗斯福总统特史威尔基与宋美龄。

就美国对世界的责任或对国内的责任而言，威尔基先生的宣讲都是崇高的福音……’

威尔基先生的一些亲华言论也引起了反感，如他提到世界对美国人民很有好感。形成了一座水库，但由于美国的‘贻误’，结果才捅了娄子，往外流水了……对此，反应非常强烈。

沃尔特·李普曼先生在他传诵一时的《论威尔基先生在亚洲》的专栏文章中表示：‘中国人最不该对我们的诚意表示怀疑了，我们在最黑暗的时刻拒不出卖中国，这个事实，胜过一切关于战争目的、自由、正义的高谈阔论……’

这一反应表明，此时即使为了团结而需要掩饰分歧，美国舆论对有关美国对华是否忠诚、援华是否得力之类的问题仍然很敏感。

当然，我们应该表明我们的立场，大力澄清美国人的想法，并就美国参战的真正原因和美国舆论界取得谅解……这似乎是一项很值得交给那些在这里为中国作宣传的人员和组织去干的工作。”

当宋子文在美国风头正劲的时候，1942 年 11 月，美龄来到美国

“治病”。宋子文当然不愿蒋夫人来美，她的到来，将使宋子文的努力被掩盖。当然，宋子文的意愿并不能改变蒋夫人的决定。1943 年，宋美龄在美国大受欢迎，出尽风头。英国政府也匆忙向她表示欢迎，邀请她到英国访问，外相艾登还向顾维钧保证，同盟一定以最隆重的仪式来接待蒋夫人。但是蒋夫人迟迟没有答复。就在英国等候蒋夫人驾临的时候，首相丘吉尔在华盛顿发表了一篇不合时宜的讲话，他认为应该先对付德国，然后再来打败日本，应为用不着使用对付德国的全部军队去“挽救”中国。而战后秩序的建立也是由英、美、苏“三大战胜国”来决定。这样的演讲和措辞深深伤害了中国人民的自尊心，同样也使蒋夫人极为不满。直接后果就是她甚至拒绝了在丘吉尔访问华盛顿期间，罗斯福特别为他们安排的会面。

宋子文对此事的看法是：“如果他处于蒋夫人的地位，他就不去，丘吉尔的那篇讲话使访问显得更为不妥。这样做就像挨了一记耳光还赔笑脸。看来我们将受到一个被英国挽救的流亡政府的待遇……反过来，说不定正是为了这篇演说，蒋夫人更应该走一趟。”他还通过顾维钧对宋美龄做工作。顾维钧回忆说：“他（宋子文）刚给蒋夫人写了一封长信，说明他自己的看法，但是访问与否请她自己决定”，宋子文要顾维钧“和蒋夫人讨论一下邀请问题，并对他信中提出的看法做些解释……无论如何她应及时作出决定，不要总叫英国等待”。而宋美龄的反应是：“丘吉尔目中无人，一定要她去华盛顿见他。她谢绝了。因为在国际关系和个人关系上，礼仪和尊严都至关重要必不可少……无论如何她在政治上没有外交部长之类的职位，所以有条件表现坚决一些。”宋子文相对来说，态度还是比较温和，他考虑再三还是觉得蒋夫人应该会见丘吉尔。蒋介石也希望能够缓解中英关系，他告诉宋子文“三妹既不访英，则乘邱在美之际，最好与之会晤一次，此乃政治上之常道，不能专尚意见与感情，照现在外交形势似有谋晤之必要也，请与三妹详商之”。为此，宋子文煞费苦心地安排好了宋美龄与丘吉尔见面的时间，但是宋美龄还是倔犟地拒绝了。为此，顾维钧认为“妇女往往比较主观，或许蒋夫人在这件事上又比较感情用事。”“无论怎么说，被邀访英和在美国未同丘吉尔会晤这两件事，处理欠妥。”

其实，中英之间的矛盾由来已久，虽然两国在面对轴心国时是并肩战斗的同盟国，但是英国一直对中国没有足够的重视和尊重，这当然引起了中国的不满。首先是1942年，英国就宣布向中国提供5000万英镑的贷款，虽然重庆政府屡次要求立即兑现贷款，但是英国政府却没有实际行动。外相艾登甚至宣布“英国之所以将原来不到1000万英镑的数字增加到5000万英镑，是因为事前有所默契，重庆所要求的仅是一种姿态，借以鼓舞中国财界的精神。”显然，英国并不想真的帮助中国，只是做了一个口头承诺而已。

其次，中国主张反攻缅甸，开辟中国的陆上交通线。而丘吉尔认为“缅甸只是英帝国的一个前哨，而不是一个具有战略重要性的地区。他想把日本人赶出缅甸，与其说是为了同中国联结在一起，毋宁说是借以洗雪英帝国的威信所蒙受的奇耻大辱。他不喜欢看到美国人，特别是中国人，分享解放缅甸的荣誉。”① 为了表示对罗斯福的重视，他对于重开中国的陆上交通线倒是表示赞同，但并不是出于为中国考虑，而只是让罗斯福感到高兴而已。

最严重的问题是在西藏问题上对中国的无礼干涉。1943年5月在美国举行的太平洋作战会议上，丘吉尔在会议上公开声称：“近闻中国有集中队伍准备进攻西藏之说，使该独立国家大为恐慌，希望中国政府能保证不致有不幸事件发生……希望中国人不要浪费精力去进攻独立的西藏。”他的言论立即引起了中国的不满。时任外交部长的宋子文立即对此予以驳斥，“西藏并非首相所谓独立国家，中英间历次所订条约，皆承认西藏为中国主权所有”。他们甚至在会上争论起来。当丘吉尔傲慢地表示英国对西藏这个“偏僻荒凉”的“不毛之地”不感兴趣时，宋子文马上不无讽刺地说，如果西藏不是那么偏僻荒凉，恐怕英国早就对它感兴趣了。这次唇枪舌剑令与会各国都对中国刮目相看，也对宋子文的据理力争印象深刻。

---

① 《罗斯福与霍普金斯》下册，第417页。

在1943年1月，签订中英新约时，宋子文就留有一块心病。那就是关于香港和九龙租借地的问题始终没有得到解决。英国在这个问题上远没有美国等国表现得实实在在。

本来中英双方积怨已深，这次蒋夫人拒绝访英更使两国关系雪上加霜。但是战争还远没有结束，中国尚处于十分困难之时期。同盟国的帮助仍然必不可少。尽管宋子文也对英国政府颇有不满，可是作为外交部长，维持两国继续合作的关系还是非常重要。因此，宋子文当然要前往英国以缓和关系。这也正是罗斯福所期待的。

当宋子文在访英前夕会见罗斯福时，他热心地给宋提了几个建议："1. 邱相仍以过去目光视中国，文言语之间，不妨强硬，中国将来之伟大，非任何方所能支配，英国应认识中国地位之优势。2. 印度问题不询及最好不谈，询时似可答以中国当然希望他日印度能自治，但中国对于印度绝无经济、政治野心……3. 极力催促攻缅。4. 委员长既同意世界性机构之组织，似可竭力推动。"① 此时，英国政府也对中英之间的关系感到不妥，他们对宋子文来访给予了高度重视。外交部中国科科长赶在宋到达伦敦前特别拟定了"同宋子文会谈议题大纲"，递交给了外相艾登。其内容对于中英关系中的敏感问题均有所涉及，并拟定了谈判方针。大纲中说："谨此奉上我们在同宋子文会谈时应谈判之要点如下：

1. 中英关系；2. 中国目前的形势；3. 西藏的状况；4. 五千万英镑信用贷款；5. 中国政府和共产党的关系；6. 同中国的商业协定；7. 西藏的供应线；8. 东伊朗——新疆的交通线；9. 和平组织；10. 中国的海关管理；11. 中国海员；12. 租借协定的签署；13. 平准基金会；14. 兑换率；15. 同敌方的贸易；16. 互惠的援助：即完全改变租借法案。

一份关于香港问题的建议已单独呈上，有几个问题将会涉及，诸如我们的公司战后在中国的地位问题。

外交大臣本人不需要（除非他愿意）关心包括（10）到（16）在

① 《中华民国重要史料初编——对日抗战时期》第三编：战时外交（三），第232页。

内的所有问题。但（1）到（4）是重要的，（1）到（9）中的任何一条都可能会引起问题，我冒昧地要求他应该特别谨慎地研究第三条，该条体现了内阁关于西藏地位的一项决议的精神。这是一个十分棘手而艰难的问题，对此问题印度政府恰恰非常感兴趣。本司将很乐意就此点或其他各条作进一步的口头说明。我愿就宋博士应邀前来同彼得森爵士以及本司讨论的任何详细问题提出建议，财政部特别要求财政问题应由我们主持在外交部展开讨论（他们将派代表参加）。”英国对于接待宋子文来访工作紧锣密鼓地进行，舆论界也对宋子文此行颇为关注。英国记者巴纳特评论此举说：“滇缅路被切断后，中国因供应品之断绝，致令其若干人民增加作战之苦。中国为联合国家四大国之一，其所具之极重要战略地位，自未为英政府所漠视。日本与其南方外围之交通，最终或将遭受中国大陆方面之严重威胁。宋氏抵英作数周之谈话后，必将加强中英友谊。”①

中国方面也对访英极为重视。宋子文在 6 月 17 日就向蒋报告了他此行的想法：“英美方面俱希望文早日赴英，与其政府交换意见……此次除观察英国各派势力及方针，并促成实际攻缅计划外，拟引起彼国朝野注意中国建设合作之机会。”两人电报来往频繁，多次商讨访英具体事宜。宋子文到伦敦后，蒋介石于 7 月 28 日又指示宋子文：“兄到伦敦，英国态度如何？若其无积极精神表示，则我方亦应消极，不可使其认吾人有所求而往访也。”对于谈判原则，蒋介石指示“关于南洋问题，凡与美国有关者，我不应与之单独先谈，如彼提及时，吾人此时并无成见，当待联盟国共同之洽商为辞可也”，“至于我国进入缅甸作战之部队，决不干涉政治，只要能打通滇缅路，达到仰光海口，则中国军队随时可以撤退，此可明言也”，“有人提议向英国租借物资，如布匹、机器与日用品之类，由中英组织空运公司，英国派机运到宜昌、昆明，使我国民对英国能改正观念，增进感情者，如其愿意为此，则可交涉，但其数不能太少，每月须在千吨以上，方能有效”，其他问题“可以在

---

① 《大公报》，1943 年 7 月 24 日。

渝面商各项要旨相机进行，但亦须视对方之态度而定也。”可见，中英双方对于此次会谈抱有不同的目的，但态度都是积极的。

1943 年 7 月 24 日，宋子文抵达伦敦。英国政府派出代表前往车站迎接，包括外相艾登代表哈尔维爵士、外交部代理次官皮德逊、外交部远东司司长克拉克、外交部代表杨格、财政部代表李滋罗斯等。到场的还有中国驻英大使顾维钧、驻荷兰大使、驻比利时大使及大使馆全体职员。美国大使怀南特也派代表前往欢迎。虽然欢迎场面堪称热烈，但是英国外交大臣艾登及外交部常务次官贾德干的缺席却令宋子文十分不快。他认为这是英国政府对于自己的怠慢之举。顾维钧则解释说他们“并非存心侮辱或有意冷遇。他们实在是为大小会议忙得不可开交……后来事实证明，那是他们正在准备离开英国，随同首相去同罗斯福总统举行会谈”。

7 月 26 日，宋子文正式开始对英国的访问。他的日程安排非常紧凑。26 日，由顾维钧陪同去白金汉宫在英国国王的来宾簿上签名，到外交部与艾登会面，访问副首相阿特里和美国大使怀南特。27 日，到白金汉宫会见英国国王，随后与国王和往后共进茶点，游览王宫。28 日，英国外相艾登在道辙斯特饭店宴请宋子文。参加宴会的有顾维钧、怀南特、坎特伯雷的大主教、英国战时内阁和三军代表及其他的贵族。29 日，中午丘吉尔首相夫妇设宴款待宋子文。在座的有顾维钧夫妇、英国上院领袖克兰波以及联合作战部长蒙巴顿等。晚上，中英议会委员会宴请宋子文。30 日，英国财政大臣伍德宴请宋子文。这些频繁的活动使宋子文感到英国方面还是对他的到来表示了友好和热情，但是这并不代表双方的会谈将会顺利。

英国媒体此时也对中国充满了兴趣，伦敦每日电讯报表发社论称“六年以来，蒋委员长领导中国英勇抗战，而宋外长追随左右，表现坚定之决心，实为卓越之政治家……邱首相昔在国会声明，英国经常企图‘对华作有效而直接之援助’。……英国应在经济财政方面援助中国，盖不仅为表示对此可贵盟友之忠诚，亦系为英国之永久利益计也。”①

中国方面也对此行寄予厚望。《大公报》于1943年7月26日发表题为《宋外长访问英国》的社评，“……英政府近屡声明打击暴日至其无条件投降的决心，丘吉尔首相与罗斯福总统最近一次会商后，决定在东西两洋以同等量进攻敌人。我们欣见英国认识东方战场的重要，及其对日作战的决心。现在宋部长抵英访问，对于今后打击东方公敌，深信中英间将有更进一步的联系。”“宋部长访英，除了协议共同作战外，一定要讨论到两国一般关系及战后问题……英国始终希望强大而统一之中国之存在；非然者，远东即无永久安定之希望，战后之中国，对于任何建立远东永久和平之计划，必须居于领导地位。”

伦敦泰晤士报对于宋子文访英的评论说：“宋外长访问之主旨，属于财政方面。然此经常以敏锐之现实主义，与时局发展发生关系之重要部长，在此若不就远东问题与英国及联合国政治家交换意见，当亦为令人惊异之事。宋外长自1933年代表中国出席世界经济会议以来，即未莅临伦敦，此次除重游故地外，自望直接研讨英国之作战努力，并参观若干重要生产中心。外长在重庆及华府，适当作战最紧迫之时刻，而对盟国之最后胜利，仍具信心，足证其卓越之能力与坚定之决心。自1921年以来，渠与国民党之长期关系，以及中国对于野蛮侵略者之长期抵抗，使渠此次访问伦敦特别受人欢迎。”②

宋子文在英国访问的18天里，进行了16次正式会谈，会谈对象包括首相丘吉尔、外相艾登、远东区参谋长亚历山大、空军部长辛克莱、外交部官员克拉克、商业部长戴尔顿、内政部长摩理逊、上议院议长克兰波、罗易德银行负责人魏汀顿、红十字会英国负责人齐德渥、海军部长亚历山大、新闻部长布莱根等。宋子文还拜会了印度国务大臣、挪威外长、波兰外长、捷克总统、比利时外长等，出席了伦敦太平洋军事会议。

---

① 《大公报》，1943年7月29日。

② 《大公报》，1943年7月28日。

8月4日，在记者招待会上，宋子文肯定了英、美两国给予中国的援助，同时强调了回复滇缅路的重要性。他说："关于我国供应方面，自印度北边空运至华之运输品中，百分之九十七以上系军用品，美国根据协定，正负责太平洋地区之供应事宜，并正努力增加飞机数量。滇缅路一旦收复后，过去每月二万三千至二万五千吨之运输量，可借公路与运输线之改善，而增加五倍至十倍。苏联曾以大量供应品运华，直至希特勒攻苏时，苏方始坦白声明，无法照过去情形继续供应，然中苏间并无问题存在。日本对中国人民，现采取笼络政策，若将占据之工厂财产等交还华人，即其一例……中国人民并未忘怀六年来所受之压迫与虐待。敌方在六年以后始采取联络政策，未免为时过晚。除非利用西伯利亚之滨海省，则中国当为轰炸日本本土之唯一重要根据地……中国之作战一若联合国家之战，非为种族战争，而为爱好自由之民主人民与企图以刀剑实施统治者间之战争。"① 宋子文还积极与英国工商界接触，努力促进中英的经济合作。他认为"英国的一般论调，每以战后中国必不愿与其合作。故此举如能成功，对英一切交涉必有良好影响，无论战后能否实现，此时不妨表面上非正式示意。"他对英国工商界表示战后的中国将稳定发展，"战后六个月国民党将要在中国建立选举制度，并结束一党统治。"他还希望双方能够签订商业条约，"由于治外法权的取消，条约应当建立在一个新的基础上：将不会再建立旧式的租界，但中国政府切望获得外国技术顾问和外国资本。"英国政府对于新的商业条约却不感冒，他们表示"我们宁愿等到中国政府重新控制了中国东部的商业中心以后，那是才具备某些条件。"但是，他还是积极地在伦敦会晤商界人士。先后与太古洋行的沃伦、怡和洋行的约翰·盖西克、汇丰银行的海因克曼、英美烟草公司的雨果·坎利夫－欧文、羊毛大王泰维奥特勋爵以及伦敦五大银行的金融巨头进行了会面，邀请他们来中国投资。宋的表现给英国留下了良好的印象，英国当局说他是"中国政坛第一位使英国乐于交谈的人物"，甚至是"令艾登相形失色的外长"。这

① 《大公报》，1943年8月6日。

个评价可谓非常之高。

然而，一些分歧还是无法解决。艾登在会谈时说“西藏是在中国宗主权之下的一个有自治权的国家”，这令宋子文非常恼火。8月5日，艾登在给宋子文的备忘录中再次坚持他的意见说：“英国政府一直准备承认中国对西藏的宗主权，但这只是以将西藏视为自治区为前提条件的。无论是英国政府还是印度政府在西藏都没有任何领土野心，他们只是对与印度东北边境接壤的那个地区保持和平的环境、维持友好的关系感到关心。他们欢迎中国政府能有意作出任何安排，同西藏就以承认中国的宗主权来换取双方达成边界协议、允诺承认西藏的自治权进行协商。为了达到这个目的，他们将乐于提供双方所期望的任何帮助。”① 为了维持访英的融洽氛围，宋子文没有就备忘录进行答复，直到一个月后他回到华盛顿才向英国大使馆公使乔治·桑萨姆、美国国务院政治关系助理顾问斯坦利·霍恩贝克表明，西藏是中国的一部分，西藏问题纯属中国内政，“就政治和法律上的关系来讲，中国的要求比英国的要求有着更坚实的基础”。

宋子文在西藏问题上与英国针锋相对，但在贷款问题则完全争得了主动权。英国认为中国急于得到其允诺的5000万英镑贷款，会主动提出这个问题，而在双方的其他议题上，“如果5000万英镑信用贷款问题得不到解决，要想就其他问题进行富有成效的讨论可能会有困难。他（宋子文）了解我对5000万英镑信用贷款所采取的态度的原因，但重庆并不了解，这牵涉到‘面子’问题。只要5000万英镑信用贷款条款还没有得到解决，重庆必然会抱着不合作的态度，因为对于在伦敦要提出讨论的任何其他问题都需提交重庆审议决定。”因此，当宋子文闭口不谈贷款问题时，英国甚至主动提出讨论贷款事宜。令英国被动的是，宋子文表示此行并不是为了这个目的而来的。

8月4日，宋子文在记者招待会上侃侃而谈，对于记者提出的各个方面的问题，他一一进行了答复。关于英国普遍关心的印度和东南亚问

① 陈谦平：《太平洋战争爆发后的中英关系：宋子文访英个案研究》。

题，他说："中国但求收复失土，而决无领土野心。中国对越南及对亚洲东南部其他国家之关系，亦系以联合国家一分子之地位出之。中国愿其海外侨民获得最惠国之待遇，吾人不作特别利益之要求，而仅欲最惠国之待遇而已。中国但求收复全部失土，并希望朝鲜独立……中国对印度之经济关系，应加发展，亦必求发展，中英间更有实行最密切合作之广泛范围。"①

宋子文在记者招待会上的表现令英国赞赏有加，会议结束时记者们甚至长久鼓掌，不愿离去，以示肯定和赞扬。随后国内外各个新闻媒体均发表评论，对他给予高度评价。

《标准晚报》发表文章说："宋外长发言时，经常面露笑容，其答询为坦率之典型，而又富于外交上之郑重声明，其所予人之印象，为其个人之才干及其敏捷而有效之智力。记者问及'满洲国'一词时，外长微笑，并指称，中国人士了解发问者之原意，系指中国东北而已。"

《每日邮报》报道："宋外长昨日招待记者时，答复各项问题，达一小时之久，其表现允称杰作。其谈话自经济至运输，自军事问题，至战后政策，使人对于六年来遭受外患之国家，适如电光之一闪，顿时了解。外长坦率承认中国之困难。提及自中国基地轰炸日本时，亦直言无隐。渠希望与印度建立密切之经济关系。记者询问'战后香港'问题时，渠避作答复，仅称'余如为英政府之阁员，余敢断言，对此问题必甚注意。'战时之中国，虽物资匮乏，然仍准备巨大之工业计划。和平恢复后，并欢迎外国之协助。"

《格拉斯哥先锋报》的社论说："宋外长保证中国逐出侵略者后，决无领土野心，对法国三年前为暴日所占领之越南，亦无要求，对于泰国亦复如此。唯渠对于东部四省，则坚持必须归还中国。对朝鲜亦无任何要求，中国所希望者为朝鲜之独立。"②

8月8日，宋子文又在英国广播公司向全英国发表演说，他的开场

---

① 《大公报》，1943年8月6日。
② 《大公报》，1943年8月7日。

白坦率、幽默、诚恳，给听众留下了良好的第一印象。他说："当我接受 BBC 邀请时，我以为要作一次演说，但上周日当我听到一位伦敦计程车司机在此节目中谈他个人的例子时，我告诉自己——我只是要用几分钟和我的英国朋友们谈天，不需要任何演讲。"这个生动别致的开场使英国人民很容易对他产生好感，从而对于他说演讲的内容充满兴趣。在演说中他揭露了日本在中国的暴行，表明了我国在处于劣势的情况下长期坚持抗战的情况。"余可禀告诸君，我国民众对于我国之抗战，并不感觉有特殊英勇之事物存在。日人早已计划蹂躏中国，征服全部东亚，进而统治世界。吾人深知其所计划者为何。然当吾人以此事告知诸君以及世界其他各国时，并无人相信此说。吾人认为日人此项计划系属幻想，且事实上系属幻想；然彼等有计划，则系事实。彼等于 1931 年侵略吾人之东北。……第二次世界大战，实于是时开始。彼等继乃逐步进侵华北，所到之处，抢掠、焚烧、屠杀，无所不为。吾人目视一切事变之发展，吾人不得不起而迎战，至于是否准备充分，则在所不顾也。吾人倘不抗战，必沦为奴隶，且子子孙孙莫不如此。吾人起而抵抗，则至少尚有渡过危难之机，故吾人乃起而迎战。在此抗战六年之期间，吾国军队死伤数百万，平民在此最野蛮之侵略中，因屠杀患病饥饿而丧失生命者，更何止千万。吾人所予日军之死伤为 200 万。吾人之损失，远距此数目，然吾人对此无须辩解，盖吾人之武器至为简陋也。我国人民曾受极大之痛苦，然一若伦敦过去之遭受闪击，仍能忍受，今则距离之终点业已在望矣。"

对于中国武器装备的落后情况，宋子文也不讳言，他坦率地承认中国的落后，并言明美、英等国的军事援助对于中国非常重要，从而婉转地表达了对于各国的感谢以及继续获得援助的愿望。他说："余尝闻及一项问题，即吾人在军事装备方面之情况如何，诸君或亦知之，吾人仅能制造步兵武器及轻炮，而不能制造重炮坦克及飞机。在抗战之最初三年内，中国曾接受苏联之军火援助，唯德国侵略后，苏联即告吾人，不能希望再获援助。幸而其时罗斯福总统已施行租借政策，吾人乃能自美国获得若干武器。当时身在英国之诸君，不能为吾人之助，诸君本身亦未有准备，且诸君所求美国之供应品，亦有若干与吾人所求彼等相同，故供给吾人以作战物资及财政协助之主要部分者，乃系美国。事实上当美国第一批供给中国之武器到达仰光时，吾人尚须与缅甸之贵国军队分用此极少数之珍贵武器。缅甸失守以后，武器及军火即不能经由陆路运输。由印度至中国之空运线，虽畅通无阻，然至最近为止，吾人尚不能获得充分之运输机。……目前因武器及飞机生产之增加，局势似远较过去有望。美国当局已殚精竭虑，以增加由印输华货物之数量。然吾人必须重开陆上或海面通华之路线，俾久未获得国外接济之中国军队，能有充分之武器，对日军发动反攻。吾人获得此等武器后，当更能与诸君及美国盟友合作，以击败亚洲之纳粹。”

在演说中，他也展望了中国在战后和平建设的前景，并且表明了中国与各国发展外交关系的态度。他说：“今君等必然盼余报告中国战后之希望。此种希望，乃以中国国内复兴为中心。吾人毫无领土野心。吾人固欲收复全部失土，但对他国之寸土，并无染指之意。我全国人民之视线，皆集中于我国之任务上。

君等今日正在考虑战后之社会安全，同样我中国人民亦正考虑计划如何改进我全国人民之生活水准。吾人设不能达到此项目的，则对日作战之胜利，必失其大部分意义。中国以农立国，故提高生活水准最便捷之方法，为改进农业。政府将不再任令农民听天由命，将实行农贷、合作、兴修水利。改良施肥，设立农业实验田，及现代之运输机构。吾人相信行之十年以后，中国农民之收入，必将倍增。……吾人最大之困难，在建立中国之重工业与轻工业。……吾人深知此事之困难，然吾人已决心建设吾人之工业，因无工业，吾人即不能将中国人民生活水准大事提高，亦不能于世界之新经济合作多所作为。吾人决定自战争后之复兴至工业化之动员，勿令其有间歇之时，且吾人具有极大之优先条件。盖吾人无须逐步自始为之，而能立时运用现代之技术。……中国之工程师，将大批出国学习此种知识。将来更有受过高深训练之外国工程师，甚至外国管理人员，协助吾等建设新工业。

……吾人认为中国工业之长成，对于吾国前进之工业国家，互相有利。中国将成为一空前之市场，先进工业国可在中国推销其机械、船舶、机车、卡车等，及其他中国不能自制之消费品。当中国人民生活水准提高时，全世界蒙其利。试思一具有四亿五千万人民之市场，其购买力为如何。”

宋子文的演说在英国引起了相当大的反响，各大媒体都争相转载他的演说辞。《远东观察家》的评论说：“宋外长论及发展中国未来工业，以提高国民生活水准及增强中国在国外购买力一节，尤为商界人士所注意。宋外长并相信中国农民经十年之时间，其收入必将倍增。凡熟悉中国者，均知此项发展已预示世界新经济因素之诞生，结果必将因社会与政治之平衡发展及中国全国空前之稳定，而使其国家之财富，获得更佳之分配。”

《谢菲尔德电讯报》认为：“美英之军需生产甚丰，在此次大量作战物资内，中国也应享有公平之一份。联合国家尤须计划如何援助中国，并为中国之友人。”

《新闻纪事报》对于宋子文的演说给予高度评价。“渠演讲之目的，在提醒吾人，联合国家初非三大国家之联盟，而为四大国家之联合。其中中国为首先遭受侵略之国家。世界大战实开始于1931年日本侵略无抵抗之中国之时。宋氏以有力之言辞，叙述中国所受苦难及其如何忍受苦难，以勇气及决心继续作战。英国予中国之援助甚少。始则英人袖手旁观，任侵略者剥削中国，迨吾人亦成为侵略者之牺牲品时，则已悔之晚矣。吾人今已了解中国在战争中占有极大重要性之真正理由。第一理由纯为军事性质。当欧洲之轴心国家终被粉碎后，盟国必须用其全力，制服日本。此种工作，非与中国合作，不克完成。中国之东部各省份终将成为对日发动攻击之跳板。盟方须击溃亚洲大陆上之侵略者。为达到上项目的起见，吾人当尽力援助中国抗战，俾战事之最后阶段及早结束，并尽速重开滇缅路，俾援华之飞机坦克车及大炮，可自陆路运往。中国人民必须完全参与盟方计划之另一项深远理由，为中国乃世界上最大之政治实体，境内居民约当全球人口四分之一。建设未来世界之计划，若不顾及中国之需要与愿望，何能有效。中国所期望者，乃发展其农工业，以提高人民生活水准之机会。……英国若为己方利益设想，则必须认清中国即将需要者为何。吾人当排除一切困难，尽力满足其需要。”

有评论说：“外长此行，尤其8日之广播，使我国之未来国家声明及其在世界政治及经济中行将担任之任务，以更鲜明之色彩再度受人重视。”

宋的演讲甚至使英国新闻部长布莱根正式评价说，宋对中国抗战的介绍“使英国人民感同身受”。而宋子文对于英国社会的影响更为直接，伦敦市场的中国证券一路看涨，各种证券平均价格上涨了3英镑。同时，他的演讲还感动了成千上万的英国人民，大家纷纷踊跃为中国捐款。据英国新闻处伦敦8月8日电，英国援华捐款已达70万英镑。一位小学生将表演戏剧募集的五十二镑二先令一便士全部捐出。伦敦甚至成立了名为“友情使者”的援华团体，它的成员利用晚间时间制作衣物，义卖这些衣物和鲜花，将所得捐助中国。显然，宋子文在英国掀起了援助中国热。

8月11日，宋子文结束访问，乘坐美国空军运输机离开英国。此后，中英两国同时公开发表了声明，称“宋部长及英政府均热烈欢迎此次之机会，得以增进中英两国之谅解，并扩大两国继续作战及战后和平建设之密切合作基础”。①

中国外交部也发表公报称：“中国外交部长宋子文博士，应英政府之邀，访问英国，已阅数星期。在此时期中，曾与英首相、外相、各部大臣，及陆海空军高级当局，作数度谈话。在英首相主持之下，曾召集太平洋会议特别会议一次，对远东方面之战略形势，加以检讨。在此空气极为融洽之各次会谈中，双方就东西两方战事之各方面均曾交换意见，战后问题亦曾讨论。双方对于全力作战，以迄德日两国彻底溃败。以及订立各项办法，取得世界永久和平之需要，完全同意。”②

① 《大公报》，1943年8月14日。

② 《大公报》，1943年8月14日。

虽然此次访问在具体问题上没有得到根本的解决，但是两国之间的沟通和了解大大加深了，宋子文也与英国政府建立了良好的关系。这也是他此行的最大收获。

1945 年，第二次世界大战尾声，轴心国败局已定。2 月 4 日，美、苏、英三国元首在雅尔塔举行会议，讨论苏联出兵参战问题。尽管会议内容涉及中国较多，但却没有邀请中国代表参加，甚至在会议结束后相当一段时间仍对中国保密。原因就在于这次会议讨论的结果，苏联出兵是以牺牲中国主权为代价的。苏联提出的出兵条件包括库页岛南部和千岛群岛、大连和旅顺口问题、中东铁路和南满铁路问题等。斯大林的理由是“如果此等条件不能满足，将难以向苏联人民解释为何要参加对日作战；苏联对德作战是因为德国威胁了苏联的生存，但他们却不能懂得苏联何以要和一个并未发生重大冲突的国家作战？假如此等政治条件可予实现，人民即将懂得宣战是为了国家利益，且比较容易向最高苏维埃会议解释这一决定”①。在这种思想指导下，苏联提交了《关于苏联参加对日作战政治条件草案》，草案完全是以中国的主权和利益作为交易条件。11 日，美、苏、英三国签署以苏联草案为基础的协议，即“雅尔塔密约”。协议规定：

苏、美、英三强领袖同意，在德国投降及欧洲战争结束后 2 个月或 3 个月内，苏联将参加同盟国方面对日作战，其条件为：

1. 外蒙古（蒙古人民共和国）的现状应予维持；

2. 恢复俄国在 1904 年被日本夺去为权益，即：

甲、库页岛南部及邻近岛屿交还给苏联；

乙、大连港国际化并保证苏联在该港的优越权利，苏联租用旅顺港为海军基地；

丙、中东铁路和南满铁路应由苏中合办公司共同经营，须保证苏联的优越权利而中国则保持在满洲的全部主权；

---

① 石源华：《中华民国外交史》，第 619 页。

3. 千岛群岛应归于苏联。①

作为最大的受益国，苏联则同意在8月参加太平洋战争。同时，苏联提出将协议内容对中国保密。但是，中国对于此次会议也是颇为关注，并且经过多种方式探听到了协议中有关中国的内容。这当然使蒋介石大为不满，他让赫尔利转给罗斯福自己希望了解协议内容的信函。随后，宋子文也请赫尔利转达其会晤罗斯福的愿望。但是，美国对他们的要求都以官方辞令加以拒绝，其答复为"从现在到旧金山会议之间的时间太短，不足以进行有效的商议"。不得已，宋子文开始动用他的秘密武器。10日，宋子文急电他的老朋友、罗斯福总统的特别顾问程普金斯，企图通过他来说服罗斯福接受宋子文的会晤要求，他还特别强调他不是前来借款或使美国作出为难的决定，"只是来同总统及其高级顾问们商议中国与亚洲的未来"，"总统在雅尔塔已见到了三大国的首相和外长们。既然中国没有出席，我认为，我现在前来有助于我们在中国的战争努力，有助于旧金山会议四个发起国之间的关系。特别是某些机密事项最好不要在旧金山会议上提出，因而事先商议是十分有益的。我相信事先讨论将避免以后的麻烦。"尽管宋子文再三的要求，罗斯福仍然固执地遵守对苏联的承诺，坚决不与宋子文见面。他还编出了个一眼就看出是推诿的借口：身体欠佳。

4月7日，宋子文率团出席旧金山会议。12日，罗斯福总统逝世，杜鲁门成为新一届美国总统。但是这位新总统似乎在对于苏联和雅尔塔协定的问题上与他的前任并没有什么不同。直到6月9日，杜鲁门才在与宋子文的会谈中将协定的内容告诉了他。同时，他也通过赫尔利将协定内容告诉了蒋介石。宋子文对协定的内容非常不满，他希望美国能够在中苏间加以调解。但是，美国对此并不感兴趣。参加会谈的美国海军部长李海上将和副国务卿格鲁等也都表示中苏间的问题应由中苏研究解决。而美国的态度则是支持雅尔塔协定。宋子文当即问到："你们同意

① 《美国对外关系文件》（马耳他会议和雅尔塔会议，1945年），格林伍德出版公司1976年版，第898页。

支持些什么?”他甚至私下里对李海说:“中国绝对不能同意让苏联照着雅尔塔会议的规定,在东北行使如此程度的控制权。中国一旦有了充分的力量,一定要用军事行动来解决这一争论。”可见,宋子文对于苏联的态度是强硬的,在涉及国家主权的问题上他始终坚持了原则。此后,与杜鲁门的第二次会晤也是无果而终,宋子文仍然没能争取到杜鲁门的支持。宋的好友霍普金斯曾经帮他分析了斯大林的想法。他说:“我曾将美国人对‘苏俄进入满洲后待利用中共间接控制满洲’之推测,询问斯大林。斯大林谓照伊所知,中国目前尚无统治全国之人,共产党内亦无之,苏俄不愿与一分裂离析之中国,办理交涉,现正准备支持蒋委员长与其政府,苏俄无侵犯中国主权之企图,亦不需要新疆。苏俄将自动邀请中国指派代表,协同苏军进驻满洲,组织政府,管理民政,对于中共,苏俄认为此系中国之事,与苏俄无关。”

在美国奔波一月有余,宋子文并未获得实质性进展。无奈,他只得返回重庆,准备率团赴苏进行会谈。他深知此行必定充满困难,但在其位就得谋其政。正如他对蒋介石所说:“若干重大问题均须余详加考运,此行任务实属艰难,但政治家不得不处理者,莫非艰巨问题。”本着这种甘当重任的心态,6 月 30 日下午,宋子文以行政院长兼外交部长的身份抵达莫斯科。同行的还有苏联大使彼得罗夫、外交部次长胡世泽、蒋经国、沈鸿烈等。苏联政府在机场举行了隆重的欢迎仪式。“莫外长、卫戍总司令、重要部长及全体外交团,均来机场等候迎接”,“欢迎礼节极为隆重,与欢迎丘吉尔首相相等”。

尽管苏联的欢迎显得十分热情,但在谈判的具体问题上却丝毫不显得那么友好。

在谈判的第一阶段,6 月 30 日至 7 月 12 日,宋子文和斯大林举行了 6 次会谈。苏联方面的谈判人员有斯大林、外长莫洛托夫、外交次长洛索夫斯基、驻华大使彼得罗夫以及翻译柏巫罗夫。中国方面有宋子文、驻苏大使傅秉常、胡世泽、蒋经国等。双方谈判争议的焦点包括外蒙古独立、大连港管理、旅顺港租借、路港优越利益、朝鲜托治、中苏盟约之订立等。

苏联方面对于外蒙古独立的要求令中国完全不能接受，双方在此问题上分歧最大，谈判气氛也异常凝重。斯大林对于外蒙古独立的意见是："外蒙古之地理位置，可使他国利用之，以推翻苏联在远东之地位，苏联如在外蒙古无自卫之权力，即将失去整个之远东，日本即使投降，五年或十年之后，必将复起，外蒙古人民不愿加入中国，亦不愿加入苏联，故应独立，且外蒙古现在有人策动内蒙古，成立大蒙古国，如成事实，势将威胁中国北部，故为中国计，亦宜割去外蒙古，较有利益。"由于中国方面在准备谈判时侧重于东部问题，而在外蒙古问题上没有做过多考虑。当斯大林提出外蒙古独立时，宋子文只得强调国土完整的重要性，他说："吾人实处于困难之地位，吾人无法向人民宣布吾人将放弃任何一部分领土，阁下谓外蒙古为对日战略上重要之点，吾人将不在此时提出此问题，……但如吾人承认外蒙古之现状，中国政府将发生动摇，盖外蒙古即系苏联屡次承认为中国领土之一部分，阁下谓愿见一稳固统一之中国，然则最好对非主要之问题，勿引起困难。"他还做了一定的让步，表示可以允许苏联在外蒙古的运兵权，"卧蹋之旁，任人酣睡可也"，但坚决不承认外蒙古独立。在斯大林不肯妥协的情况下，宋子文无奈只能要求暂时停止谈判，去电重庆请示蒋介石。同时，宋还请蒋经国与斯大林进行私人接触，试图说服斯大林有所改变，但是斯大林抓住中国有求于他的弱点，表示："中国无力驱逐日本，既要苏联帮忙，自应接受苏联之要求。"

宋子文还向美国驻苏联大使哈里曼求助，希望通过他得到美国的支持，但是美国也不愿得罪他也正在倚重的苏联，于是回复说："美国政府向视外蒙古为中国领土之一部分，从不认为苏联与之有特殊关系。然而，此地区在商业或任何方面均与美国无关，故中国若同意外蒙古独立，我应表示无意见，唯外蒙古独立后苏联势力亦不可介入。"这次，中国真正是孤立无援了。

外蒙古的问题还在僵持不下，大连、旅顺等问题也产生分歧。雅尔塔协定以中国主权为交换取得了苏联出兵的承诺，规定旅顺将重新成为苏联租用的海军基地。这个决定完全是在中国不知情的情况下作出的，更没有征得中国的同意。中国当然要维护自己的主权，“既有租借地，便是领土主权的不完整，因为中国的军港，自己不能管理，不能使用，便是领土主权不完整”，中国坚决反对使用“租借”这种名词。宋子文还明确表示：苏联不能要求恢复以前在大连、旅顺的特权。经过反复磋商，苏联将大连变为其在远东不冻港的意图日益显露。宋子文则尖刻地指出苏联的贪欲比帝俄与日本还大，“即在帝俄时代，大连亦为自由港，在日本控制之下亦然”。

尽管苏联的条件无礼又苛刻，但是蒋介石正在急需苏联帮助的关键时刻，中苏条约无论如何也得签署，谈判必须继续进行下去。他告诉宋子文外蒙古的问题可以考虑在抗战胜利后独立，但须在“我国内真能确实统一，所有领土、主权及行政真能完整无缺”的前提下，而国内统一巩固的理想情形是：1. 东三省之领土、主权及行政必须完整；2. 新疆沦陷区域须全部恢复，苏联此后不得支持新疆匪患；3. 中共之军令、政令必须完全归中央统一。蒋介石还指示宋子文允许外蒙古在战后独立仅可作为对苏联的诺言，但不能订立任何秘密协定。

第三次谈判的焦点依然集中在外蒙古上。斯大林还要坚持要外蒙古维持独立的“现状”，他说“现在外蒙古无中国代表，中国亦无外蒙古之代表，外蒙古曾有两次宣布独立”。宋子文没有急于表明蒋介石妥协的观点，而是仍然坚持不能承认外蒙古独立，他说，“吾人不能承认外蒙古之独立，理由至为简单，自存为第一自然法，任何中国政府倘签订割让外蒙古之协定，均不能存在”，而且“中国舆论将反对承认外蒙古之独立，孙总理恒以中国领土之完整为言……无一中国政府，不论其为旧日之满清政府，或为袁世凯政府，或为现在政府，能违反舆论而存在者”。他还以全国人民和各种政治力量以及国民党内部的舆论倾向为理由加以拒绝。

为了缓和气氛，维持谈判继续进行，宋子文还提出了让步方案，即让外蒙古拥有高度自治权，“对军事、外交可有自决之权”，“并承认苏联有权可派兵至外蒙古”。但斯大林对此仍不满意，认为“此项建议并不现实”。宋子文则认为“以我国政府视之，实属现实”。争论仍然毫无结果，宋子文只得表示："阁下不能了解吾人之立场，至为遗憾，在余中国人看来，实为一极现实之立场。"但斯大林也感到中国的固执不可思议，他表示："阁下亦未能了解吾人之立场，至为遗憾，容吾人于此为止。"

就在宋子文对谈判失去信心，打算放弃努力，准备回国时，蒋介石连续发来两份电报，重申了他对于外蒙古问题的让步主张。即允许外蒙古战后独立，"外蒙古问题实为我中苏两国关系之症结所在，中国今愿以极大之牺牲，与示以最大之诚意，而求得中苏关系有一根本之解决，以期扫除今后一切之纠纷与不快，而望中苏能彻底之合作，以完成我总理在日之遗志。"他的两个条件是：1. 东三省领土、主权及行政之完整；2. 苏联今后不再支持中共与新疆之"匪乱"。

宋子文眼见谈判无望，只好依照蒋介石的指示，决定9日与斯大林作"最后一次恳谈"。为避免谈判中斯大林又提出新的要求，宋子文考虑再三，分析"倘斯对我方要求可以同意，而我方仅口头允诺外蒙古战后独立，彼必不满意，恐必有书面保证"，他请示蒋介石"何种方式最为妥善？"9日蒋回复称："关于允许外蒙古战后独立问题，不可由中苏共同发表宣言。如不得以时，可兼用下列两项方式：第一，中国政府于此次中苏互助协定批准后，自行发表宣言，其大意如下：中国政府于对日战争结束，将依照大西洋宪章与中国国民革命民族主义之原则，宣告外蒙古独立。并于为此宣告外蒙古独立以前，并确定外蒙古之疆界。唯此完全出于中国自动宣告外蒙古独立，而不必用承认独立字样，应须注意。第二，苏联政府于中国政府发表上项宣言后，应即照会中国政府声明外蒙古独立被承认后，苏联将永远尊重其独立也。若满洲、新疆及西藏等问题能照中正前电之要求解决，则外蒙古问题于中苏互助协定成立时，可酌依以上方式与苏联成立书面之谅解。"

此时，美国也开始对中国施压，哈里曼代表美国政府表示希望中国在与苏联谈判过程中，在大连、旅顺、中长铁路等方面都多做让步，使苏联得到满意的结果。因为这样，苏联在出兵对日方面将对中国有利。

在这样内外交困的情况下，承认外蒙古独立势在必行。7月9日晚

9 时，第四次会谈开始。宋子文向斯大林表明了蒋介石对外蒙古独立的指示，并表示了中国为促成两国合作所作出的巨大牺牲。他说："斯大林统帅应了解对割让任何一部分中国领土，中国举国舆情之力量。余无意以外蒙古与满洲作一平比，但在割让中国主权领土之意义上而言，彼此正属相同。吾人与日本相较，力量甚为微弱；吾人对国际局势之变迁，亦无把握；但吾人对满洲之法律权，决未让与日本。阁下当知日本曾用种种方法迫我承认，使满洲脱离中国……余之所以拒绝，实因余知中国对其主权领土之本性为如何强烈，倘我国政府此时承认外蒙古独立，将违反中国人民之本性。此一问题实超越政府之安全与巩固，此实违反真正之舆论，余之所以作此言，非为解难，实欲使斯大林统帅了解委员长在中苏两国之永久友好祭台上，所作牺牲之巨大；吾人对外蒙古问题并不轻易视之。"

得到中国这样大的让步，这次斯大林"甚表满意，并同意于战败日本后，再宣布"。接着，宋子文提出了蒋介石对苏联的三项要求："1. 满洲领土主权及行政之完整，斯大林元帅业已表示尊重，此点中国表示感谢。为中苏共同利益计，中国准备共同使用旅顺军港，大连辟为自由港，期限均为 20 年。至旅顺、大连之行政管理权则应属中国，以期中国在满洲之主权行政真能完整。中东、南满铁路干线可与苏联共同经营，利润平均分配。至铁路所有权应属国，铁路支线及铁路本身以外之农业，均不包括在共同经营范围之内，期限亦为 20 年。2. 新疆：在最近一年间新疆发生叛乱，以致中苏交通隔断，商业贸易无法维持，吾人切盼苏联能依照以前约定，协同消灭此种叛乱，俾贸易交通可以恢复，至阿尔泰山脉原属新疆，应仍为新疆之一部。3. 中国共产党有其单独之军事及行政组织，因之军令、政令未能全归中央统一，深盼苏联只对中央政府予以所有精神上与物质上之援助，苏联政府对中国之一切援助应以中央政府为限。"外蒙古问题达到目的，斯大林的态度也缓和下来，对这三个问题他很快作出了答复，基本上同意了蒋的要求。对于中国共产党，他说："吾人认为中国只有一个政府，如在中国国内有另一个政府，自称为政府，此当应由中国自身解决之问题。”同时承诺援助只供给蒋介石政府。

取得了外蒙古问题的胜利，苏联在谈判中更加咄咄逼人。在铁路所有权问题上，双方展开了激烈的争论：

斯：关于铁路，如所有权全归诸中国，实不公允，该路俄人所建，中国在该路之投资实极微小，且已归还中国。

宋：余以为吾人非讨论以往之权益，此项权益业已变更，铁路原定期限为80年，1924年改为60年，观仅余数年未满，再则苏联已将中东铁路售与日本。

斯：吾人对该路多未使用。

宋：此非吾人之过，倘苏联曾较久使用，吾人宁所愿闻。

斯：阁下之意甚是。

宋：蒋委员长现对外蒙古既已让步，必有所可以表显国民者，吾同意干线之共同经营，吾人为中苏友谊已作极大牺牲，中国人民遭受战争之痛苦已达8年，战争所摧毁之财产不可胜数，吾人应有若干补偿。

斯：依照蒋委员长之意见，吾人对于所建及所投资之铁路，将无权益，吾人仅于优惠之下，获得共同经营权，吾人不能同意中国为唯一所有权者，吾人可接受所有权共有。①

对于旅顺、大连问题，双方也充满了争议。苏联要求对旅顺港有完全控制权，宋子文当然不会同意。他与傅秉常、胡世泽、蒋经国等反复研究，决定致电蒋介石：“旅顺军港如全归中国管理，苏必不允，故事实上只能由苏联管理，而由中苏共同使用；至民事行政权则全归我国。”经过在外蒙古问题上的重大让步，苏联同意军港以外属中国管理区，但军港由苏联管理，并且包括金州。对大连，苏联也要求享有特殊利益。宋子文则表示“大连必须为纯粹自由港。”双方达不成一致，只好暂时搁置。在外蒙古问题上，宋子文又代表蒋介石提出了补充条件，坚持在“宣告外蒙古独立以前，先确定外蒙古之疆界”。

---

① 《中华民国重要史料初编——对日抗战时期》第三编：战时外交（二），第613—614页。

斯：外蒙古之原疆界为何？余实不知。

斯：是否意欲改变现在之疆界？

宋：有中国之旧地图可凭。

斯：余甚愿一阅。

宋：吾人始终未曾想到吾人会讨论外蒙古问题，故余未带此图。但中国绘旧地图时，尚未计及今日吾人讨论外蒙古问题，故旧地图之疆界实属公允。余在莫斯科并无此图，但疆界问题可组织一划界委员会解决之。

斯：吾人与日本曾有疆界之争辩，吾人提出以旧地图为准、不知阁下是否指此项地图而言？后在格林郭尔之役曾斩日本大将 Matsumora，于是日本同意吾人之意见。

宋：余希望阁下不必杀一中国将军而获得双方之协定。

斯：（笑）余对中国与日本并不相同。

宋：吾人希望公平处理。①

至7月12日第六次会谈时，中苏对于同盟友好条约的内容已经基本达成共识，但在旅顺、大连、中东、南满铁路、外蒙古疆界问题上仍没有统一意见。此时斯大林、莫洛托夫要前往波茨坦参加国际会议，宋子文决定正好利用这段时间回国汇报商讨会谈情况。7月15日，宋子文率领蒋经国等出访人员回国。宋子文的回国当然不仅仅是汇报而已，他也有自己的打算。赫尔利记载，宋子文回到重庆第一次会见他时说："对中苏协定负责的人，在政治上将受此协定之害。"宋还表示他已建议由王世杰出任外交部长并赴莫斯科继续谈判，自己将可能不再返回莫斯科。可见，宋子文认为中苏同盟条约内容有损于国家利益，签订条约之人也必然因此受到国人不满。他在外交生涯中一直享有盛名，可以说，国人对于他的外交才能和贡献是给予肯定的。他当然不愿因为中苏条约将多年积累的威望毁于一旦。因此，他迅速选定了当时任军事委员

① 《中华民国重要史料初编——对日抗战时期》第三编：战时外交（二），第614—615页。

会办公厅主任、国民党中宣部部长王世杰来扮演这个替罪羊的角色，由王担任外交部长与宋一同赴苏联继续谈判。这个任命对于王世杰来说颇为意外。7 月 25 日，他在的日记中，记下了此事的经过：“午后渡江赴黄山蒋先生山居，晚即在黄山宿。蒋先生亦促予兼任外交部部长。蒋先生说：子文因中苏谈判涉及承认外蒙古战后独立之事，颇畏负责，其所以返渝，亦正为此。由此可见于文之意在觅人与之共同负担此次对苏谈判结论之责任。蒋先生并说：外蒙古早非我有，故此事不值顾虑。予谓此固是事实；但不知对于东北之退还，是否能照议定办法实行；如不实行，则我之承认外蒙古独立为单纯的让步；如彼确将东三省照议定办法交我，则此一让步可不受他人或后代责难。予对任外交部部长事，仍未应允，但允再考量。予细思此事殊令我十分为难，因为我如拒绝，便为畏惧负责之表示，值此中苏情势紧张关系极大之时，本身之毁誉不宜在予之考虑也。”①

7 月 30 日，王世杰正式就任外交部长。宋子文立即告诉王中苏条约要由王来签字。在当天的日记中，王世杰写道：“今（8 月 1 日）晨余与子文谈赴莫斯科事。被谓将来中苏约文应由予签字。予谓可否由彼我共同签字，彼谓不可。但云如苏方由斯大林签字，则彼可签字。实际上，苏方自将由其外长莫洛托夫签字。”王世杰当然明白，这个签字的责任是必然要由自己承担了。

王世杰

在重庆期间，宋子文仍在努力借助美国的力量促使苏联作出让步。在他的建议下，蒋介石召见苏联大使彼得罗夫，向其转交了致斯大林的信函，同时请赫尔利将信函的抄件呈交杜鲁门，请杜鲁门劝说斯大林不再对中国提出过分的要求。7 月 19 日，

① 《王世杰日记》第五册，第 130—131 页。

宋子文又请赫尔利向已赴波茨坦参会的哈里曼表示，“在与委员长及我国政府其他领导人讨论了这次会谈的详情后，我确信，在满足俄国人的要求方面，我们已尽最大可能作了让步。我是十分坦率地告诉您这点的，您知道，我和您历来是坦诚相待的。”

中国的行动引起了美国政府的注意，一些官员认为从维护美国利益这一角度出发，应该帮助中国在中苏谈判中摆脱困境。美国国务院中国事务司司长文森特在其备忘录中说：“如果得到我们支持的中国人采取了坚定立场反对作出超越于雅尔塔协定的让步，因而未能达成协议，那么在最终解决满洲问题时，我们就会像现在一样处于强有力的地位以保护美国的利益——可以设想，在公众舆论的支持下，我们会比现在处于更加强有力的地位。”

但是，支持中国的舆论并没有对美国总统和国务卿产生太大的影响。他们只关心斯大林能否保证遵循雅尔塔协定的精神，确保美国的利益。7月23日，杜鲁门答复蒋介石的内容是：“我曾要求您执行雅尔塔协定，但我未曾要求您作出超过该协定范围的任何让步。如果您同斯大林委员长在正确理解雅尔塔协定上有不同看法，我希望您安排宋返莫斯科，继续努力以达到完全之谅解。”

直到8月4日，美国才转变态度，支持中国。美国国务卿贝尔纳斯指示哈里曼向苏联提出要求门户开放的书面保证。次日，斯大林、莫洛托夫结束波茨坦会议回到苏联。就是在这一天美国向日本广岛投下人类历史上第一颗原子弹，它的威力令世界震惊。7日，宋子文乘坐美国专机抵达莫斯科，双方开始新一轮的艰苦谈判。当天，苏联对日宣战。谈判虽未结束，但是苏联红军已经开始进军东北。这给中国无形中施加了更大的压力。

这次来苏联，宋子文带来了中方绘制的外蒙古地图和1926年苏联绘制的外蒙古地图，希望以此为依据，规定外蒙古的疆界。但是斯大林丝毫不理会地图一事，声称以现状为准，还威胁“此一问题得以解决，则其他皆可迎刃而解”，甚至在此后的谈判中干脆避而不见。而宋子文则表示“吾人必须承认某一依据以解决疆界问题，避免日后之纷争”。

中方代表对于斯大林的固执已经深有体会，因而觉得“倘再迁延，极易立即引起意外变化”。因此，大家认为只能再妥协一步。8 月 12 日，王世杰向蒋介石汇报，并提出解决问题的方案，即要求在换文中明确外蒙古的疆界应以现时疆界为限，“盖有此一语，则在约文上，我国显然不承认民国八年以前属于外蒙古之旧疆土为外蒙古疆土。”次日，蒋介石即复电说：“对于外蒙古及其他未决事项，准授权兄等权宜处置可也。”这样，就给了宋子文和王世杰等更大的自主权。

在大连问题上，早在波茨坦会议上，苏联和美国就已经达成了默契。只要不损害美国的利益，美国就不会真的关心苏联对于大连的要求是否超出了中国可以承受的界限。在波茨坦会议中，斯大林曾经与杜鲁门谈论过这个问题。斯大林说：“中国政府不承认苏联对大连的优越权利。因此大连的行政管理问题，苏联提议设立一个董事会，由苏联人参加。”杜鲁门则干脆地问：“这样做对美国利益有何影响?”斯大林没有直接回答这个问题，而是直接指出他对于大连的设想：“大连会变成一个自由港，对各国商业开放。”这当然也包括美国，就是说，苏联掌握下的大连对于美国的利益是毫无影响的。杜鲁门于是没有理由再反对斯大林的想法，“就依据门户开放的政策。”但是，贝尔纳斯提醒斯大林：如果中苏之间达成的协定同雅尔塔协定一致，便没有什么问题；但如有任何超出该协定的内容，那就会引起麻烦。斯大林爽快地回答说“苏联的要求要比雅尔塔协定松得多”，他“并不希望在雅尔塔协定中增加别的条款，也不想欺骗中国人”。这样说来，苏联绝对不会侵害到美国的任何利益了，杜鲁门可以放心了。美国的主要兴趣在自由港，“至于是否超越雅尔塔协定之处，美方并不关心”。这就是美国的最终态度。看来，要宋子文的老朋友为朋友两肋插刀也决非易事，他只在自己也有利可图时才成为宋的朋友。

在第二阶段谈判中，美国因为对大连的关注，干脆频频表明态度，对中苏双方都施加影响。大连作为自由港，双方都无异议，但是在对大连的管理上则存在较大分歧。8 月 7 日的会谈中，斯大林坚持由中苏共同主持市政，由苏联人任港口管理局长，并分享港口设备的所有权。这实际上等于将大连的主要权力都置于苏联控制之下。宋子文当然不能同意，美国当然也不愿看到苏联独霸大连。贝尔纳斯认为：苏联拥有大连港口设备的所有权将损害美国的利益。大连应该是自由港，而不是苏联的军事区。

一旦涉及美国利益，老朋友就又回到了宋子文身边。美国大使哈里曼代表美国表示支持宋子文的意见。同时，他还告诉莫洛托夫美国的立场，向苏联施加压力。在给莫的信中，他说："宋博士已把他同斯大林委员长会谈的基本情况告诉了我，我业已将这些情况报告了我国政府……我国政府极为关注涉及大连的安排，我们得悉，苏方建议对该港设备共同所有。我国政府命令我提请您注意下列事实，即它将认为此项安排会损害美国对华政策之利益，据此，将不予支持该项安排。诚如我先前告知您的，我国政府赞成该港之一部分出租为苏联运输之需……我已把上述内容告知了宋博士。"美国的表态取得了预想的效果，苏联终于决定妥协。双方达成协议：大连的行政权属于中国；大连以及相连的铁路在平时不属于苏联军事区。但是，苏联也在大连享有特殊的优越权利，即：及其议定书，苏联在大连享有的优越权利包括：大连港口主任苏籍，中国副之；所有港口工事及设备之一半，无偿租于苏联，租期30年；对日作战时，大连受苏联旅顺军事当局之统制；此外还有免税的规定。在美国的帮助下，中国在大连的谈判中取得了小小的胜利，但也付出了相当的代价。

关于旅顺问题，蒋介石有过比较成熟的考虑，他在接见彼得罗夫曾谈到3点方针：1. 旅顺的行政人员由中国政府指派，不能先征得苏方同意，否则主权便不完整。旅顺军港既然共同使用，则必须组织中、苏军事委员会负责处理有关军事各种问题。2. 由大连到奉天的铁路，不可划入军港范围内。本人明白该地的军事形势，军港如果没有其以北至金州狭小海股一段地域在内，那是要受威胁的；不过在这段狭小海股北九公里长之区域内，可由中、苏军事委员会来协商办法，终不使旅顺军港因此减少它的价值。3. 旅顺以南100公里半径内之岛屿设防，非得苏方同意不可一案，中国绝不能接受。此种要求不但使中国丧失主权，而且有损中国之国格。希望苏联政府不再将此不合理之要求，在谈判中提出。

围绕这三点方针，中、苏经过反复协商，终于达成协议：1. 旅顺区域依附件说明及地图之规定，地图由中苏合组之军事委员会就地划定。2. 中苏海军舰只及商船均可使用该港，苏联得在该港驻扎海陆空军并担任防务。3. 关于该港之共同使用事项，由中苏合组之军事委员会处理。委员 5 人，苏籍 3 人，华籍 2 人。4. 旅顺民政由中国政府派人办理，委派时当顾及苏联在该区域内之利益。铁道问题，并入中东铁路一案再行讨论。苏联愿意放弃原先主张的旅顺以南岛屿不得设防的要求。

中东和南满铁路的管理权也是中苏争论的焦点之一。尤其是南满铁路，对于中国来说，它是控制东北重要资源的枢纽，对于苏联来说，它是连接旅顺、大连的必经之路。双方都希望由自己来控制铁路，因而展开了激烈的谈判：

宋：有关铁路，中方要求，阁下考虑如何？

斯：无法接受。二路必须均由苏人负责，不然将造成混乱。中国在此协定中毫无所失。

宋：也有国家许多铁路有不同之路局长。

斯：如系私营自可，但此为国营。

……

宋：何以阁下不能接受华人任南满铁路局长？

斯：中、苏二局长将会发生冲突。

宋：怎么会？还有副局长。

斯：阁下可接受中东路局长为苏人而不违反公平原则，吾人不解何以南满铁路即不可？

宋：双方各一始可谓公平。

斯：恐怕运作上将不顺，且吾人有军队在旅顺港。实不相瞒，吾人所惧者即在此。

王：南满路有许多支线，华人局长可用以排除冲突。

斯：副局长为华人，其可负责联系。吾人仍不能同意，请于此为止。

宋：吾人乃作建议。

斯：恐怕与旅顺之间无法维持正常之联系。吾人可责罚苏方负责人，但华人局长则不能。

宋：吾人亦至盼保持良好联系，吾人亦可处分华方人员。中国挚望与苏俄协同工作，阁下当可体会及此。

斯：余对宋君深信不疑，但届时负责南满铁路者并非宋君。

宋：吾人既与苏方协商此约，即诚意与苏合作，无论何人负责南满路均将遵照此一政策，吾人绝不至于愚笨至违反苏方之需求。

为使整个谈判不致无果而终，最终根据蒋介石的指示，宋子文等提出新的方案，不再争夺局长职位。双方终于达成协议，即：将中东、南满二路合并成一路，称中国长春铁路，简称中长铁路；该路归中苏共同所有并共同经营；设 10 人之董事会，中、苏各 5 人，董事长为华籍，有二票权；路局局长为苏籍，副局长为华籍。表面上看来，中国在理事会中占有多数席位，但实际上，局长握有实权，中国等于放弃了铁路的控制权。

在中方的一再退让下，中苏谈判宣告成功。1945 年 8 月 14 日，《中苏友好同盟条约》正式签订，条约包括 8 项条款、4 个协定、2 个照会和 1 项记录。苏方代表莫洛托夫和中方代表王世杰分别在协议上签字。8 月 25 日，中、苏两国政府都批准了该条约，宣布条约生效。

斯大林对蒋介石额外的赠送是：1. 苏联政府保证“向中国提供道义上的支持、军需品和其他物资，这种支持和援助将提供给国民政府这一中国的中央政府”；2. 苏联政府“尊重中国对东三省的全部主权并承认东三省的领土与主权的完整”；“一旦任何一块解放的土地不再是直接军事行动的场所，中国国民政府将有管理其公共事务的全部权力”；3. 保证在日本投降的 3 周之内开始从“满洲”撤回苏军，完成撤军的最晚期限不得超过 3 个月。斯大林的慷慨对于国民党抢占东北这个重要经济地区非常重要。哈里曼说中苏协议“可以拯救中国国民政府……如果斯大林实行它的话”。这样重要的承诺当然需要相当的代价。因此，尽管中国在条约中有重大的让步，但是由于取得了苏联对国民党政府的支持，国内还是对此有许多好评。

8月16日，蒋介石曾向赫尔利表示，“对条约总的来说是满意的。”孙科也肯定条约是“远东持久和平的保障”，因为苏联支持国民政府和不干涉中国内政的保证是对中国统一的最大贡献。条约公布后，美国《生活》杂志的一篇社论高度评价了这一事件：“日本投降两天之后，莫斯科和重庆宣布缔结了协议。这个胜利对具有常识的人们来说，其意义可与用军事力量击败日本一样伟大。”条约的签订，“对确保和平所作的贡献像我们的全部空中堡垒在这方面的作用一样大。”这个由宋子文的密友亨利·卢斯主办的杂志从来不放过一次为宋子文歌功颂德的机会。尽管条约是不平等的，但正如顾维钧所说，当时“压倒一切的考虑是共产党问题。”在共产党问题面前，其他的事情都要服从这个主要矛盾。因此宋子文与王世杰等人认为：“就我方利害而言，则此次缔约，可以明中苏之关系，减少中共之猖獗，保证苏军之撤退，限定苏方在东北之权益。凡此，皆为今后统一及建国所必需，倘再停止谈判，则形势必立变……”① 当时，中国的局势的确非常复杂，苏联已经在

外交方面的显赫成绩令宋子文在国内乃至国际上都名噪一时，他还几次成为美国著名的杂志《时代周刊》的封面人物。

① 《中华民国重要史料初编——对日抗战时期》第三编：战时外交（二），第650页。

东北先入为主了。对于国民政府来说，不与苏联搞好关系的后果是严重的。一位中国代表团成员的话充分说明了蒋介石当时的尴尬地位："1945 年 8 月 14 日，我们的政府决定签署条约，那时我们在东北（满洲）没有一兵一卒，而成千上万的苏联军队则已经进入这一地区。如果我们拒绝缔结条约，那么我们便无法收复东北，除非我们诉诸武力驱逐苏联军队并防止苏联和中共会师。"

这些外交方面的显赫成绩令宋子文在国内乃至国际上都名噪一时。那时报纸和杂志上对宋子文的报道铺天盖地，他还几次成为美国著名的杂志《时代周刊》的封面人物。他的每一个动作，每一场演说，每一次出行都成为人们关注的焦点。他取得的巨大的外交成果令国人为之振奋和自豪。这些和现在他在美国的沉寂相比简直是天壤之别。平静的寓居生活当然也需要一些点缀，回想当年的风光时代成为宋子文打发时光的好方法，事实是他也的确难以忘却那些生命中美好的回忆。

李宗仁回国

寓居在家的宋子文，虽然已经不问政治，可是对于时事还是颇为关心。他每天都会阅读各种报纸和杂志，一来是打发闲暇的时光，二来也是随时掌握国际局势的不断变化，以应付可能突然出现的各种不利情况。这个习惯他一直保持了多年，尤其是 1963 年从台湾返回美国以后，他更加关心大陆和台湾的动静。1965 年，宋子文从报上看到了一件让台湾和美国都深感意外的大事，而大陆则因此在国际上树立了更加良好的形象，这件举世瞩目的大事也令他受到了很大震动。

1965 年 7 月 18 日上午 11 时，中华民国前代总统李宗仁偕夫人郭德洁、秘书程思远等乘飞机从美国辗转返回大陆，抵达上海虹桥机场，正式宣布回归祖国。新中国领导人周恩来、叶剑英、陈毅等到机场迎接。中共高规格的接待和众多热情的人群令李宗仁感慨万分，他没有想到自己这个共产党昔日的大对头、重要战犯竟会受到这样的礼遇，中共的宽宏大量和广博胸襟让他感动不已。

1965年7月18日上午11时，中华民国前代总统李宗仁偕夫人郭德洁、秘书程思远等乘飞机从美国辗转返回大陆，抵达上海虹桥机场，正式宣布回归祖国。新中国领导人周恩来、叶剑英、陈毅等到机场迎接。

机场大厅内举行了热烈、温馨的欢迎仪式，李宗仁在公开宣布《归国声明》时说："首先我所欲言者，十六年来，我以海外待罪一身感于我全国人民在中国共产党和毛主席英明领导之下，高举着社会主义建设总路线的红旗，坚决奋斗，使国家蒸蒸日上，并且在最近已经连续成功地爆炸了两颗原子弹。这都是我全国人民自力更生、艰苦奋斗的成果。凡是在海外的中国人，除少数顽固派外，都深深为此感到荣幸。我本人尤为兴奋，毅然从海外回到国内，期望追随全国人民之后，参加社会主义建设，并欲对一切有关爱国反帝事业有所贡献。今后自誓有生之日，即是报效祖国之年，耿耿此心，天日可表。

"其次，我深愿以留美十多年所得的感受，寄语留台国民党同志。这些年来，美国表面上以'反共'为名，实际上乃进行着一系列反华、反世界人民的肮脏勾当，企图孤立中国，控制世界。狼子野心，路人皆知……"

"我尤欲寄语留在台湾的国民党同志者，多年以来，美国必欲据台湾为己者，阴谋诡计，无所不用其极。台湾省是中国不可分割的神圣领土，绝不容许美国霸占……深冀我留台国民党军政同志凛于民族大义，也与我采取同一步伐，毅然回到祖国怀抱，团结抗美，一致对外，为完成国家的最后统一作出应有的贡献。"李宗仁在讲话中，处处洋溢着强烈的爱国情怀和对台湾故交的真挚劝告，令在场所有人动容，现场爆发出一阵阵雷鸣般的掌声。

当晚，中国政府在上海工人文化俱乐部为李宗仁举行了洗尘晚宴。外交部长陈毅见李宗仁多少还有些拘谨，就开玩笑说："当年北伐军共有 8 个军长，其中，李济深、唐生智、程潜早已在大陆，现在又有一个军长——德邻先生回来了，大陆就有 4 个军长了，刚好凑齐一桌麻将搭子。"一番话引得在座的人们一阵善意的笑声。看到中共方面对自己完全没有芥蒂，而是以老朋友相待，李宗仁也打消了心中的顾虑，逐渐谈笑风生起来。

经过短暂的休整，李宗仁夫妇一行又从上海飞赴北京。7 月 26 日上午，毛泽东在中南海的寓所中，接见了李宗仁夫妇和程思远。见到李宗仁，毛泽东十分热情，他们像老朋友一样紧紧地握手。毛泽东说："你们回来了，很好，欢迎你们。"他宽厚、温暖的大手无疑将对李宗仁的由衷欢迎传递给了他，这令他感到了家的温馨和感动。

李宗仁向毛泽东谈了自己在海外多年的感受，他说："我们回来后，都为祖国的强大感到高兴。在海外许多人士都怀念祖国，他们渴望回到祖国来。"毛泽东听了他的话高兴地说："祖国比过去强大一些，但还不很强大，我们至少还得再建设二三十年才能真正强大起来。跑到海外的，凡是愿意回来的，我们都欢迎。他们回来，我们都以礼相待。"这是中共对海外人士发出的正式邀请和承诺，李宗仁的回国后受到的特别关怀和照顾证明了毛泽东的话。谈话期间毛泽东还开起了李宗仁的玩笑，他说："德邻先生，你这一次归国，是误上'贼船'了。台湾当局口口声声叫我们做'匪'，还叫大陆为'匪区'，你不是误上'贼船'是什么呢？"李宗仁没有想到毛泽东会直接用台湾的话来开玩笑，这句调侃令他一时还不知道怎样回答，只好笑笑。在一旁的程思远见状赶紧抢着说："我们搭上的这一条船，已登彼岸。"这个回答非常巧妙，参加接见的彭真也跟着说："对，登了彼岸。"接下来的谈话中，毛泽东令李宗仁倍感亲切，毛不仅非常关心李和夫人的身体健康，还认真倾听了李对于参加新中国建设的热情愿望。毛说李宗仁刚刚回国，应该到全国各地走一走，看看新中国翻天覆地的变化。这次会见，让李宗仁夫妇彻底打消了回国可能遇到各种问题的疑虑，新中国领导人的坦诚和热情让他们感到自己的选择是绝对正确的。

后来，李宗仁还特别赋诗一首，表达了自己流亡美国十几年后终于回到祖国怀抱的激动心情。"国民党的代总统，多年戎马历风尘。叶落归根见素襟，邕江畔生一老翁。今日还乡匡大局，当年解甲有真情。徐州会战很有名，台儿庄战论英雄，异邦虽好心思汉，祖国繁荣时梦亲。欣看满堂冠盖集，寒暄笑语回北京。"

李宗仁回国得到了无数的鲜花和掌声，也得到了广大人民的欢迎和理解。从表面上看来处处都洋溢着节日欢腾的气氛。其实，这一切的背后是新中国领导人和相关人员多年来不懈的艰苦努力。从中共的死对头，顽固的反共分子到新中国的拥护者，共产党的朋友，其中经历了复杂的艰辛历程。

1949 年 1 月，解放战争三大战役基本结束，中国人民解放军的隆隆炮火已经几乎烧到了长江北岸。大势已去的蒋介石为逃避全国人民的讨伐，金蝉脱壳，宣布辞职"下野"。同时将一直与他明争暗斗的李宗仁推上风口浪尖，为他担当罪责。李宗仁的代总统却没有什么实权，就连与共产党的和平谈判在最后关头也被蒋介石遥控着一举推翻。这当然令李十分不快。多年来，他一直觊觎着蒋介石的权力，此番难得得手，当然要大有一番作为才行。美国当然是首要争取的对象。宋子文已经先期前往美国，于是，李宗仁也派他的代表甘介侯前往美国四处活动。这样，在美国的中国首脑和政府的代表各行其是，互不协调，无法一起对美国政府施加有力的影响。

宋子文曾经担任蒋介石的私人代表，此次来到美国虽然没有明说，但他的积极活动当然也是以维护蒋介石为目的的。但是，国民政府已经溃败至此境地，蒋介石和李宗仁对美国的要求却是一致的，他们都希望能够得到更多的援助，以维持国民党的统治。既然目的一样，合作总比跑单帮要有利的多。宋子文一开始想要统一蒋、李代表在美国的活动。他特别在会见甘介侯时劝说他“值国家存亡之秋，希望蒋先生与德邻公能携手合作，亲蒋派与亲李派齐心协力，而不应相互拆台，希望你不应效忠德邻公，反对蒋先生……”

但是，甘介侯对李宗仁的确死心塌地，根本不理会宋子文那一套以大局为重，团结对敌的道理，丝毫不与宋合作。他在华盛顿我行我素，四处活动，称李宗仁和白崇禧还有实力与共产党抗争。甘的态度使宋子文期望的由顾维钧与甘介侯共同向美国政府递交全面援助计划的想法落了空。此时，国内蒋李之争也越来越趋于白热化。蒋介石想要任命自家的亲信汤恩伯做“东南剿共司令部”的总司令，但是李宗仁毫不客气地一口否决。这一下，蒋李不合的事实就干脆摆在了明面上。尽管宋子文从中撮合，多次给他们发电报，希望两人能够合作，但是显然蒋、李都不买他的账。

一边是蒋、李继续他们的权力之争，一边是解放军势如破竹、长驱直下。1949 年 12 月 8 日，在蒋介石逃到台湾的前两天，李宗仁越过几乎插满了红旗的大陆飞赴美国。已经对他失去兴趣的宋子文甚至连表面上的礼节都懒得顾及，根本对李的到来毫无反应，更谈不上到机场迎接了。而李宗仁的出国对蒋来说无疑是一次机会。他赶紧以国民党总裁的身份出面部署西南防守，幻想着能够再支持一段时间。他任命亲信胡宗南为西南军政长官公署副长官兼参谋长代长，让胡再坚持一年，等待国际局势的大变化。此时，他的封官却已激励不了这些常年为其卖命征战的将领了。胡宗南对成都的防御根本毫无信心，还说“总裁要我们自杀成仁，我们就在成都同归于尽吧！”于是，他在成都的部署只是草草敷衍了事，而将主要精力放在了怎样在解放军进攻时安全出逃上。战争的结果可想而知，胡宗南被解放军包围在西昌，随即仓皇出逃。蒋介石的最后屏障灰飞烟灭。

已经失去整个大陆的蒋介石在台湾仍然没有忘记夺回自己独裁统治的权力。他先是安排心腹造出民众要求他重新执政的“强烈呼声”，再假意勉为其难地复出就任总统。即使重新登上了总统宝座，面对失去大陆的惨痛历史，他也不得不承认：“我们的中华民国到去年（1949 年）年终，就随大陆沦陷，而几乎等于灭亡了，我们今天都已成了亡国之民。”而这次复出“就是要恢复中华民国，解救大陆同胞；而最后的目的，乃是在消灭共产国际重奠世界和平。”蒋还亲自拟定了 6 句口号，来宣传自己的“救国抱负”和激励岛内人民的“爱国热情”，即：“吃苦耐劳，笃实践履，组织第一，情报在先，防谍保密，铲除共匪。”

还在美国的李宗仁被蒋介石复出的这一招打了个措手不及，他立即指出蒋的做法违反了《中华民国宪法》：“蒋氏会宣布他自己为中国总统，实令人惊异而难以置信，蒋氏自 1949 年 1 月辞去总统职务后，已成为一介平民，现在竟不经选举而自命为总统，实令人惊异。”

但是，李宗仁的指责已经不能阻止蒋介石再次登顶权力巅峰的步伐。蒋介石在台湾大刀阔斧整顿改革，很快就将李宗仁的桂系人物收拾下马，连白崇禧也被蒋介石暗地里软禁起来，成为牵制李宗仁的人质。失去左膀右臂的李宗仁成了孤家寡人，再也没有力量与蒋介石抗衡，只好在美国过起了与世无争的赋闲岁月。没有了代总统的光环和强大的实力，李宗仁在美国新泽西盎格鲁林镇的二层别墅也变得门可罗雀起来。可是，蒋介石对于这个昔日党内的最大对手仍然耿耿于怀，不仅派出特务日夜监视李宗仁的一举一动，还在国民党内不断打击李的威望。

1954 年，在蒋介石的授意下，台湾召开第一届“国民大会”第二次会议，会上正式通过国民党监察院提交的《弹劾副总统李宗仁违法失职案》，认定李宗仁对国民党败退大陆负全部责任。从此，李宗仁成为党国的千古罪人。

虽然李宗仁在美国形单影只，生活得孤单、寂寞，但他丝毫没有考虑过要回到台湾。他对自己回台的处境有着清醒的认识，他说“在此种情况下，我如贸然回台，则无疑是自投罗网、任其摆布……我将来的命运如何，就很难预料了。蒋（介石）先生对我衔恨之深，我一旦失去自由，恐欲张汉卿（学良）第二也。”持有这种心态的恐怕不只李宗仁一人，许多在解放前夕逃往海外的国民党要人，包括宋子文也许也都这么想过。因此，尽管蒋介石几次三番地召集部署们重整河山，但是回台湾的政要还是少之又少。一起“革命”了几十年，最终蒋介石还是没有能够得到那些重要人物的真心拥护，不能不谓之失败。不只是政策和军事上的失败，更是做人的失败。

一方面台湾的蒋介石还在积极备战，准备“光复大陆”，另一方面，中共却非常理智地看待两岸形势。1955 年，在日内瓦会议上，周恩来总理建议和平解决台湾问题，这个全新的想法赢得了李宗仁的赞赏。他随后向蒋介石提出了《对台湾问题的建议》，在《建议》中，他将解决台湾问题的途径归纳为两个方案，即：甲案，“恢复国共和谈，中国人解决中国事，可能得一和平折中方案”；乙案，“美国承认台湾为中国的一部分，但目前暂划为自治区，双方宣布不设防，美国撤退第七舰队，使之成为纯粹的中国内政问题”。在建议中，李宗仁还借此机会向蒋进言：“我想蒋先生已逾 70 高龄，一生饱经忧患，至愿以苍生为念，毋使内战重起于中国，想蒋先生赤不致河汉斯言……以过去亲身的经验，观察今日的变局，自信颇为冷静而客观，个人恩怨，早已置之度外，唯愿中国日臻富强，世界永保和平，也就别无所求了。”这本是李宗仁抛却个人恩怨，从民族大义出发的一番肺腑之言。但是却没有得到蒋介石的正确看待，台湾方面仍然将李宗仁视为异己分子，并把他企盼国家统一富强的言论作为罪证，将其认定为“共匪张目”，说他“年岁高而糊涂了”。这让李宗仁对蒋介石和台湾更加失望。与此截然相反的是，李宗仁的态度得到了中共方面的大加赞赏。

1955 年和 1959 年，原任李宗仁贴身秘书的程思远两次秘密回到大陆，受到中共和新中国领导人的热烈欢迎。周恩来总理特别接见程，向他表明了欢迎李宗仁回国的意愿。但是，程思远向李宗仁转达中共态度时，李认为时机还不成熟，没有下定决心。

1963 年，《欧洲人报》记者奥古斯托·玛赛丽采访了李宗仁，他评价蒋介石说：“我只能引用史迪威将军常说的话——他有许多缺点，就我个人来说，我很同情他，因为我们都是失败者。许多年来，蒋一直在领导台湾政府，但他的常识还没有一个村长多。他不懂历史，不会总结经验教训，每年他总是重复着这样一句话：‘我们一定要光复大陆’，这完全是绝对不可能的一桩事。……蒋说我是一个共产党，我回答说我不是共产党，但是我不否认今天共产党为中国所做的事，中国从来没有像现在组织得这样好。”这表明，无论其政治立场如何，李宗仁已经承认了中共在中国所做出的成绩，并对其加以赞赏。他的思想已经发生了重要的转变，决定返回中国大陆，加入共产党建设新中国的伟大历史进程。

此后，李宗仁委派秘书程思远多次与中共秘密接触，谈洽能否回国事宜。1963 年，李宗仁和程思远按照约定分别到达苏黎世，名义上是度假游玩，实际上是程向李报告中共方面对于李宗仁回国的安排计划。在摆脱了台湾特务的跟踪后，程向李转达了周恩来的态度。他说：“周先生嘱咐我向你问好，关于德公回祖国的问题，他说了‘四可’：第一，李先生可以回来在祖国定居；第二，可以回来，也可以再去美国；第三，可以在欧洲暂住一个时期再定行址；第四，回来以后可以再出去，如果还愿回来，可以再回来。总之，来去自由，不加拘束。周恩来还希望你这次务必按时回美国。”让李宗仁此次按时回美国并不是不欢迎他回国，而是为了迷惑台湾方面。因为蒋介石对李宗仁的“亲共”言论很不放心，派来特务昼夜监视李，以防他果真回大陆，那将引起无法预计的轰动效应。而且，蒋介石也下令，决不容许李宗仁回大陆，如果李真有这样的行动，他将对其采取极端措施。这就意味着李宗仁处于十分危险的境地。因此，他的回国之行必须慎重，计划周密。

1964 年中法正式建交，这是新中国在国际上赢得的巨大胜利。李宗仁为此感到异常兴奋。2 月 22 日李宗仁在纽约的《先锋论坛报》上发表了一封公开信，呼吁美国政府“放弃不合时宜的对华政策”，应仿效法国政府“迅速调整中美关系”。他的公开表态再次引起了蒋介石的恐慌。为了制约李宗仁“过激”言行可能带来的不良影响，蒋介石动用了握在手中的杀手锏。他指示李宗仁的老部下、挚友，桂系的白崇禧劝说李宗仁悬崖勒马。3 月 18 日，李宗仁接到了白崇禧从台北发来的电报："总统蒋公率全国军民，尝胆卧薪，生聚教训，正在待机执戈西指，完成反攻复国大业。而我公旅居海外，迭发谬论，危及邦家，为亲痛仇快。最近闻报，法国与中共建交之后，我公竟于 2 月 12 日投函纽约先锋论坛报，劝说美国学步法国，与中共调整关系。我公对国难既不能共赴，反为中共张目，危害国家，是诚何心，是真自毁其立场矣！自毁其历史矣！自绝于国人矣！伏望我公激发良知，远离宵小，幡然悔悟，以全晚节。"

但是，这封"言辞恳切"的信并没有改变李宗仁的想法。程思远认为："反共复国的滥调，不值识者一哂，白崇禧发此违衷之言，当为明眼人所共谅。"他的孙女李雪曾经回忆说："祖父在美国期间，有三件大事使他对共产党的看法完全转变了。第一，中国军队在朝鲜战争中显示了力量……第二，印度军队入侵中国领土，中国军队在反击中不仅把侵略者赶出边界，甚至还几乎打到了加尔各答……第三，中国成功地爆炸了原子弹。"显然，新中国日益强大和中共的实际成绩深深打动了李宗仁。而中共和新中国领导人的友好态度也令他十分放心。早在程思远秘密与周恩来接触时，后者就说："李德邻先生这次回来是自觉的。过去李就提出要回来，我们怕他回来生活过不惯，劝他以后回来，主席高瞻远瞩，欢迎他回来，来去自由。"

这个自由对于李宗仁来说是多么宝贵啊！因为在得知李宗仁将可能回归大陆后，蒋介石就向国民党保密局局长发出了绝杀令，不过在中共方面的周密安排下，李宗仁一行躲过了重重截杀，平安抵达大陆。而他的老朋友就没有这么幸运了。就在李宗仁回到祖国后仅仅半年，留在台湾的白崇禧就不明不白地死在了寓所里。作为用来牵制李宗仁的棋子，对于蒋介石来说，他已经没有了任何利用价值。消息传来，李宗仁更加庆幸自己的正确抉择。

李宗仁回国前就有各种传闻流传开来，在国际上引起了强烈反响，许多国家和媒体纷纷向台湾方面求证。这时的蒋介石可谓狼狈不堪，他不甘心就这样在心理战上输于共产党，于是干脆对事实予以歪曲，不承认李宗仁即将回国的事实。纽约合众社16日电称：“中华民国人士昨日否认外传前副总统李宗仁在美国长住后将返中国大陆的消息。他们说，李氏已出卖他在纽约的房屋并前往瑞士苏黎世市。同行的李夫人，曾由乳癌而动手术，将在瑞士休养；他们又说，李氏有一内弟在苏黎世。该方面人士强调称，李氏打算于他的太太痊愈后，返回纽约。”这种谎言显然没有维持多久就被事实打破。因为李宗仁回国后召开了新中国首次中外记者招待会，向全世界宣布了这个重大事件。

在记者招待会上，李宗仁对于台湾问题的回答是：“蒋先生目前处境很尴尬，深望蒋先生和在台湾的国民党同志好自为之。”

在被问及是否会去台湾时，李宗仁说：“我同蒋先生尽管在几十年中意见相左，但并无私人仇恨。如果蒋先生确有诚意解决这个内政问题，我赴汤蹈火，在所不辞。”

也有记者提出了一些敏感的问题，在回答是否属于马克思主义者的问题时，李巧妙地回答：“我是爱国主义者。”这句“爱国主义者”也的确道出了李宗仁回国的初衷，正是由于对祖国的热爱和思念，他才冲破重重阻力回到大陆，他才捐弃前嫌与中共再次携手，他才重新拥有了真正的自由。

由于李宗仁在国民党内的重要地位和曾经任中华民国代总统的特殊身份，他的回国对于新中国和台湾来说都有着重大的意义。此事给在台湾的蒋介石以沉重打击，也在国民党内造成了显著的轰动效应，令岛内顿时人心浮动，给了蒋介石一记漂亮的闷棍。同时，李宗仁回国也大大鼓舞了新中国人民的士气和爱国热情，正是由于祖国的日益强大才令许多共产党昔日的对手心服口服，心甘情愿回国效力。这也从另一个方面说明了中共政权的稳固和越来越得到更广泛的认可，在国际上产生了深刻的积极影响。

而李宗仁多次呼吁国人团结一致对外的言论和回国的大胆举动也对宋子文产生了相当的震撼。但是他并没有像李宗仁一样有勇气去冒这个可能被暗杀的风险。况且，他认为由于经济和家族上的原因，自己可能要比李宗仁更为中共所痛恨，也可能不会向李那样顺利地取得新中国的欢迎。再加上他对自己在美国的生活也已经适应，而且还很满意。总之，宋子文觉得还不是完全颠覆自己的信仰和生活的时候。要知道，做出李宗仁那样的决定是需要相当大的勇气和魄力的。

杜鲁门说“他们都是贼”

其实，宋子文在美国的生活也并不是一帆风顺的。虽然他拥有巨额的财富，享受着超级富翁的种种便利舒适，但是来美国的最初几年，官方对于他经济问题的不停调查也让他感到有些麻烦。特别是一些美国政要和舆论界渐渐对他冷淡的态度令他很是尴尬和不适。他也因此逐渐深居简出，尽量低调地继续他庞大的“赚钱”事业。然而，他的一些劣迹还是最终“声名远扬”了，因为美国的新总统杜鲁门对他实在“不感冒”，这与宋子文的亲密朋友罗斯福相比简直不可同日而语。这时的宋子文别无他法，只能在困境中争取最好的结果了。好在杜鲁门也不想过于得罪这位中国的重要人物，尽管他对一些问题已经怒不可遏了。因此，宋子文得以平平安安地继续了他以后的岁月。

作家默尔·米勒曾经访问杜鲁门总统，他当时就曾忍不住愤愤地说：“他们都是贼，个个都他妈的是贼……他们从我们给蒋送去的38亿美元中偷去7.5亿美元。他们用这笔钱在圣保罗搞房地产投资，他们有的房地产就在纽约市……就是那笔钱他们先前用来支持所谓的院外援华集团，现在还是用那笔钱来支持他们。”

早在1947年，中国国内就开始了对宋子文经济问题的质疑。因为“黄金风潮”被迫辞职后，宋子文在讲话中说：“真实情况可以用一句话说明。现在的经济危机是由于八年抗战和一年的幻想和平，一直实行严重不平衡预算的积累后果。投机活动更增加了危机的严重程度。”但是，陈氏兄弟的调查报告却称宋“对外国……资金管理不当。”与宋有关的特权公司集团使用外资和物资的目的并不是像他们自己标榜的那样是进口重建材料。

当杜鲁门以微弱优势赢得美国总统竞选后，蒋介石也意识到美国朋友似乎不那么热情了。1949 年，他匆匆派夫人再次前往美国，试图故伎重演拉拢住这位新总统继续对他给予支持。但这次他却败得很惨。因为杜鲁门早就对中国国民政府的贪污腐败深恶痛疾。他没有像前任罗斯福总统那样对蒋夫人礼遇有加，他说：“她来美国想多讨些施舍……我不会像罗斯福那样让她住在白宫。我想她不会很高兴的。但她高不高兴，我并不在乎。”同时，他不露声色地在报界发表声明称美国给蒋委员长的援助总额已超过 38 亿美元。这无疑给了蒋夫人一个软钉子。

杜鲁门

此时，美国的情报人员开始交出大量有关中国政府腐败的报告。其中一些情报说 1942 年孔祥熙用美国贷款中的二亿美元从被占领的上海商人那里套购货物——即从杜月笙与宋氏家族拥有的商号或受他们控制而与日本人合营的企业购货。还有传闻说宋家和孔家在曼哈顿有 20 亿美元的积蓄。杜鲁门当然听到了这些说法，他对助手们说：“我敢和你们打赌，10 亿美元（美国贷款）今天依旧在纽约。”他命令联邦调查局秘密调查宋家的资产。这份 1983 年才解密的报告表明宋子文“开始担任公职的财力十分有限，而（到 1943 年 1 月）他已经积蓄了七千多万美元。”

战争期间日本曾经指控宋子文在大通国民银行或纽约的花旗银行存款达七千万美元；孔夫人在其中一家银行存款八千万美元；蒋介石夫人在其中一家或者两家银行共存款一亿五千万美元。看来这些指控并非毫无道理。联邦调查局局长胡佛指示其在全国各地的机关，“本局希望你们立即查明标出他们个人的以及他们所控制的工业、公司和企业的国内银行存款额。”一些银行“同意在保密基础上提供关于银行存款情况……如果调查局有此愿望的话。”大通和花旗银行则表示可以在“十分谨慎与严格保密的基础上”予以合作。但是曼哈顿公司却拒绝配合调查局，调查人员说：“看来高级职员已经准备好发给调查局的断然声明。”

接下来，在西雅图和波士顿也发现了他们的大额存款，而且，这个家族的成员们在美国从东海岸到西海岸都拥有众多的公寓楼和大厦，他们还拥有和控制着许多公司，例如，孚中国际公司和莫诺化学公司，但这还只是冰山一角。西海岸的特工人员有着更惊人的发现，那些声名显赫的中国人将大量黄金由中国空运到洛杉矶万纽依斯郊外的一处僻静的私用机场。然而，下面的调查却不了了之。因为经济与政治的关系过于复杂。

虽然对于宋子文的财长情况以及他贪污、挪用公款的行为没有任何公开的直接证据，但是，各种传闻和内部消息早已让美国人知道了他的问题。甚至在美国的各种媒体上都有这方面的报道，而且描述得有板有眼。这令美国的舆论愤慨不已。美国《商业日报》在头版刊登文章专门披露了一些内幕，“中国高级政府官员们把政府财产大量转入私人账户被揭发后，国务院受到了日益增长的压力，要求冻结中国国民政府在美资产。”尽管没有直接指名道姓，但当时在美的中国高官大家都心知肚明，这样的报道当然是有所指。

1950 年 5 月 1 日，《华盛顿明星晚报》刊登了专栏作家布朗的文章，甚至更详细地分析了美国应对台湾国民政府向美求援的办法。文章说：“台湾的中国政府与其请求美国国会的援助，不如动用中国私人存美的资产。蒋总统目前所急需安定金融、建设经济等的款项共约三亿美元，实在可由孔祥熙与宋子文两氏私人借款，不必再向美国纳税人民企求。因为根据美国官方确切可靠的统计，孔宋两人在美国的银行存款达五亿美元之多，从这中间借款三亿美元给蒋介石将军，决不会使他们两人当真‘贫穷’起来。何况以他们和蒋总统的亲戚关系，过去都曾先后拜膺财政部长兼行政院长的高官巨任，荣辱同当，患难安乐共尝，于公于私都有贡献援助之义，省得蒋总统的政府为求一点有限的美援，费尽九牛二虎之力向美国政府和国会申请，多方活动，还不断遭受到误解与抨击。所以由孔宋等富豪来‘援助’中国的政府和他们的至亲蒋总统，实在是天经地义不过的。”这个辛辣的讽刺对于在美定居的孔祥熙、宋子文无疑是不友好的表示，而对于蒋介石来说也是一记响亮的耳光，一心依靠美援挽回局势的愿望使他不得不承受这样的羞辱。

就连曾经支持蒋介石的魏德迈此时也对宋子文改变了看法。他说："不要再派出像宋子文要求的那种正规军事代表团，过去在中国有6万美国士兵可以使用。现在这样的计划费用太大，国会不会批准。”但是他又提出另一种方案即“派少量美国顾问分配给每个中国师长，则所需费用不大，也许只需几百万美元，是可以做到的。”而派出少量美国顾问的“这笔经费让宋子文单独筹借就可以了。”显然，魏德迈认为，从宋子文的巨额财富中拿出一部分为国家分忧是完全应该的，这对他没有什么影响。

宋子文面对这样的言论则显得愤愤不平，他再次将责任推到共产党身上，他对顾维钧说，他已被华盛顿的共产党分子或同情共产党的分子诽谤中伤到如此程度，使他感到访问首都毫无意义。

当时的宋子文没有意识到，这些指责和讽刺只是他美国生涯的一小段序曲。当各种非议铺天盖地而来时，心态渐渐成熟的他反而已经能够坦然地面对了。因为他知道，人们的注意力只能维持一段时间，最好的还击就是不还击。果然，宋子文的消极等待熄灭了舆论谈论他的热情，他得以平静地开始在美国的新生活了。

第七章

世事蹉跎成白首——再次赴港

送别小弟子安

1969年2月25日，宋家最小的孩子，时任广东银行董事长的宋子安因脑溢血在香港逝世，这个消息令远在美国的宋子文悲痛不已。子安一直在商界活动，几乎从未涉足政坛，也没有参与子文与宋家其他人之间的权力斗争，因此与子文关系密切。对于小弟的去世，宋子文当然要到场送行。他随即飞赴香港，参加宋子安的葬礼。赶来参加葬礼的还有他十几年没有谋面的大姐宋霭龄和弟弟宋子良。由于与孔祥熙之间的矛盾，宋子文和霭龄虽然同在美国，却互不来往。这次见面不免显得有些尴尬。留在中国大陆的二姐庆龄由于种种原因不能前往香港，只好在北京拍来唁电。随蒋介石固守台湾的宋美龄干脆毫无表示。这次赴港也是宋子文与宋家兄弟姐妹的最后一次见面。

宋庆龄与宋子安的合影。

由于宋子文和孔祥熙的不和，尽管同住在美国，但是多年来宋子文与宋霭龄也从不联系，甚至连孔祥熙的葬礼，宋子文也没有参加。

孔祥熙的葬礼是宋家的一次空前聚会，可惜宋子文对大姐夫孔祥熙实在是积怨太深，以至于宁愿放弃这次团聚的机会，连霭龄的丧夫之痛他都无暇顾及了。而他对于会见霭龄和美龄也的确没有多大兴趣。

但是，对于小弟宋子安，宋子文的感情就完全不同了。他一直与子安来往密切。宋子安同他的兄姐们一样，从上海圣约翰大学毕业后就赴美留学。但是他学成回国后并没有涉足政坛，而是一直历任松江盐务稽核所经理、松江运副、中国建设银行及中国国货银行监察等职，后来又成为香港广东银行的创办人之一。1949 年之后，宋子安曾经定居在美国西部的三藩市（即旧金山），他经常抽时间到纽约看望大哥宋子文一家，也多次邀请宋子文一家去旧金山，两家互访频繁。因为两家时常走动，宋子安的次子宋仲虎与宋子文较为亲密，感情也很深。宋仲虎后来进入美国斯坦福大学主修历史。他的夫人宋曹琍璇曾经回忆说：“晚年，宋子文和宋子安往来密切，因为他们一起开了广东银行，宋子文常到三藩市来。”宋子安长期主持三藩市广东银行的经营管理，并担任香港广东银行的董事长。他是宋子文绝对信任的人和有力帮手。正是因此，宋子安在宋子文与宋家其他人员的沟通中扮演了非常重要的桥梁作用，这位小弟为兄姐们之间缓和关心费尽了心思。宋曹琍璇还说：“我先生常讲，我婆婆有时有些抱怨，认为我公公一天到晚为了他的兄长、姐姐们的事在外奔波。我先生提到，我公公年纪较小，母亲过世后，姐姐们带他，庆龄到海外深造时，我公公跟着走，因为公公脾气很好，兄姐们都非常疼爱他。吴景平教授曾跟我提到，公公在这个家族是和事老，所有人有分歧时，总是他在中间调解。”宋子安对待自己子女很严厉，平时的话很少、不苟于言笑，但他对各位兄姐都很尊敬。

宋子安的突然去世给了宋子文以很大打击，家族中唯一与他比较亲近的人却最先离去，还真让已经年逾七十的宋子文有些感慨万分。3 月 5 日，宋子文由美国飞抵香港，6 日在香港坚尼地道口的基督教堂，他参加了子安的安息礼拜仪式。在悲怆的气氛中，他见到了阔别多年的大姐霭龄和大弟子良。同住美国的姐弟三人竟然只有在小弟的葬礼上才难得地碰面，恐怕只有这个名震海外的宋氏家族才能出现这样的奇观，同时这也是这个家族的悲哀。

宋子文另一个弟弟宋子良也住在美国的纽约地区。与子安不同，子良是宋家最大派别中的一员，他是宋霭龄的坚定拥护者。而霭龄也乐得培养自己的亲弟弟作为得力的助手，子良是她十分信任的左膀右臂。在国民政府时期，子良曾经是调解宋子文和孔祥熙之间矛盾的有效润滑剂，双方碍于形势都不好撕破脸，宋子良从中斡旋的同时也为自己取得了不少实惠。他依靠宋子文和孔祥熙不断加官晋爵，在金融业和各项实业上捞得了不少好处。他的头衔数不胜数，如上海浚浦局局长，大河沟煤矿公司常务董事、协理，中国国货银行董事长，中国建设银公司董事兼总经理，中央银行理事，以及中国银行、交通银行、中国实业银行、中国农工银行、华安合群保寿公司、华美烟公司、南洋兄弟烟草公司、《大晚报》馆、《时事新报》馆、申时电讯社等银团或企业的董事，国民政府金融顾问委员会第三组委员，邮政储金汇业局监察委员会委员长，上海市银行业同业公会执行委员，广东省政府委员兼财政厅长、军事委员会西南运输处主任等各种要职。

在宋霭龄煞费苦心建立的“公馆派”中，宋子良也是中坚力量。在霭龄操纵的“公馆派”中，孔祥熙理所当然地成为首领，而徐堪、陈行、宋子良则为大将，吴启鼎、盛升颐、鲁佩璋、边定远、谭光、傅汝霖等人成为蟹脚。他们是为孔祥熙和宋霭龄谋得权力和财富的孔家军

1942 年，宋氏兄弟及其夫人在美国华盛顿共度圣诞节时的留影。

团。如今，这些风云人物都随着孔祥熙的远避美国而树倒猢狲散了，只有宋子良还由于亲情而维持着与宋霭龄的亲密关系。

事隔多年，当年争强好胜的宋家姐弟再见面时已经没有了昔日的神采飞扬，记忆中无论是谈笑风生、踌躇满怀，还是明争暗斗、牙尖嘴利都不见了踪影，站在一起的只是几个老态龙钟、泪眼昏花的普通老人。他们现在共同面对的是随时可能到来的“上帝的召唤”。

看到两鬓斑白的大姐霭龄，宋子文百感交集。往日那些恩恩怨怨纷纷涌上心头，可是现在再来计较这些似乎已经没有了任何意义。何况孔祥熙早已不在人世，在霭龄最痛苦的时候自己没有表现出姐弟间应有的亲情，对他们漠不关心，也算是报了往日的旧愁了。如今，只剩下姐弟几人，也许宋子文心里这份亲情也开始复苏了。或许是随着年龄的增长，霭龄多年来也渐渐在反思自己年轻时的所作所为了，或许她会觉得自己冷酷地对待亲弟弟的确有些过分了。总之，两个人在葬礼上保持了表面上的和睦。

葬礼结束后，来宾们纷纷告辞。宋子文来到满脸悲哀的霭龄面前，主动叫了一声“大姐”。此时，他想通过自己的态度和行动，多少缓和一些两人之间的冷战。可是，明明有很多话堵在心里，就是话到嘴边说不出来。霭龄听到这久违的称呼也激动起来，一时间，两个人竟然相对无言，不知道说什么好。还是子良在关键时刻打破了两人的尴尬。他赶紧提醒宋子文大姐心脏不好，让他们都不要太激动。有了子良的解围，气氛缓和了一些，宋子文扶着霭龄坐了下来，子良让霭龄静静地休息。姐弟三人开始了少有的家长里短的闲谈，大家都尽量避免谈及他们之间以前的矛盾和不快，只是互相感叹着岁月的流逝和人到老年的困扰。

三个人难得心平气和地叙叙旧，沟通多年以前中断的，本该伴随一生刻骨铭心的骨肉亲情。长期以来，这份亲情却被另一种刻骨铭心的情绪所代替。可是，毕竟宋子文和霭龄之间积怨太多，这样短暂的交流根本无法令他们一下子找回儿时纯真的感情。他们之间的谈话多少还是有些生疏，虽然机会难得，但是他们的会面只能匆匆结束。因为葬礼结束后，宋子文和霭龄都急于回各自的家中，留在这个伤心的地方对他们都是一种折磨。

可能他们也都没有想到，这是他们有生之年的最后一次会面。

与孔祥熙至死芥蒂

1966 年，孔祥熙 84 岁时终于宣布退休，离开了中国银行董事的职务，与夫人一起搬到位于长岛蝗谷菲克斯巷的新居，开始他们彻底的退休生活。但是这种悠闲的日子并没有维持很久，1967 年 8 月，孔祥熙心脏病复发，送到纽约医院急救后，还是没能挽救住生命，于 16 日去世，享年 85 岁。看来财富在生命面前还是显得无能为力。《纽约时报》对于他的去世给予了报道，还评价道“孔先生是一位有争议的人物。他的一位前下属说：‘他是一位很难共事的人。他喜欢空论和闲谈，不下达明确的指示。至于他的能力，他和所有那些山西银行家一样，是一位精打细算的人，但他不是具有政治家风度的理财家。’”

几天后，在第五街马布尔联合教堂举行了孔祥熙的葬礼。场面豪华而隆重，众多中美要人的到场令孔祥熙的最后一程走得无比辉煌。蒋介

1963 年，孔祥熙 80 岁生日时，何应钦特来祝寿。

石的小儿子蒋纬国和宋美龄一起带着5人护旗队从台湾乘飞机专程来到美国。此外，孔祥熙在美国的至亲好友，院外援华集团中的许多重量级人物也都很给孔财神面子，参加葬礼的人包括尼克松、斯佩尔曼红衣主教、埃弗雷特·路克森参议员、詹姆士·法利和迈阿密海滩的百万富翁威廉·波利等。

而同在美国的宋子文却置若罔闻，对此毫不理会，更谈不上出席葬礼了。相反，台湾方面对孔祥熙的去世却相当重视，虽然他已被开除国民党党籍，但是9月3日，台北仍然为他举行了追悼大会，蒋介石还亲自撰写了《孔庸之先生事略》，在大会上由国民党中央委员会秘书长谷凤翔代为宣读。由此可见尽管孔祥熙生前与台湾和蒋介石脱离了关系，但在死后还是得到了国民党蒋介石的承认。而宋子文却至死也没有对孔祥熙释怀，不愿再见他一面。

宋子文和孔祥熙之间的矛盾由来已久，他们的关系并没有因为姻亲而走近，反而是他们的亲情却因为金钱和权力渐渐丧失，最终成为势不两立的敌人。

斯诺曾经在文章中写道："蒋介石显然更喜欢孔博士，他在党内没有威望，也从不公开抗蒋之命。但是孔博士对现代银行业一窍不通。罗杰士（英格兰银行驻华代表）一次用厌恶的口吻对我说：'他的智力像个12岁小孩子。如果我把和他谈银行业务的谈话录音下来，再放给人们听，谁也不会再把蒋的政府当成一回事了。'"1928年，端纳在给朋友的信中抱怨孔祥熙，说："他左一个发誓，右一个保证，毫无价值。他本意是好的。可是但愿上帝保佑我们，不要让我们同那些本意是好，但把事情办坏的人打交道吧。"

怀特对孔祥熙有过细致的描述："他胖墩墩的，脸皮松弛，下巴垂着一嘟噜肉……是漫画家一见就乐的对象……他很和蔼，不喜欢与人吵架，也不喜欢紧张。谁只要微微一笑，或哭诉什么，就能哄他几乎干什么事都行。他是能说会道的美国推销员最心爱的目标。他的最大愿望就是被人喜爱，了解他的人，觉得他是那么可爱，都叫他老伯。"这无疑是一个和蔼可亲的传统中国形象。王裕震说孔是："中国政界的老好人，极力讨好所有的政客和军阀。”

而在《新共和》中，对于宋子文的介绍则完全凸显了一个现代西方派的形象。“宋子文任财政部长时，部内职员经常处于警惕状态。他们不敢有什么私人约会，因为他们从来不知道大老板是否会允许他们离开办公室赴约吃一顿午餐……他的中国职员想出了一个点子，这样就可以避免挨批：上午他们在办公室内聊天的时候，外面派人放哨；宋子文的汽车一到，那人就马上向大家报告；宋进办公室时，他们已各就其位，忙着算账，头也不抬，招呼也不打。”

在孔祥熙任实业部长期间，中国的纺织业面临极大的困境，《中国评论》的报道说“在老河口，上等棉花每担价值20元；军阀在此地征税每担不下16元。日本人因享有治外法权，可以避开这些捐税，而到内地采购棉花，不但供他们自己在华使用，而且还供（倒卖）给中国纱厂。在这方面，日本人不仅把棉花卖给中国纱厂为自己的工厂赚来可观的利润，而且为自己搞来廉价原料。假使中国纱厂使用洋棉，每担必须先付14—15元的棉花进口税；棉花纺成纱后，必须缴纳每包8.5—11.63元的统税才可生产。所以中国纱厂生产成本，比日本纱厂的生产成本每包高22—26元。”宋子文从美国争取到的棉麦借款本来可以暂时缓解这一矛盾，但是孔祥熙又在这个特殊关头做了一次老好人，豁免了日本厂商的关税，从而使宋子文努力达到的成果成为泡影。中国厂商再次失去了与日本厂商平等竞争的机会。为平复宋的愤怒，孔被蒋任命为特使，赴欧美学习西方实业组织。随同孔前往美国的宋霭龄心情当然不好，她母校——卫斯理女子学院校友会刊编辑尤尼思·汤普生记录了孔夫人的失意。“我看见孔夫人落泪，是女人生气流下的真正的泪水。我亲自为她取来阿摩尼亚药水，使她镇静下来……她担心即使在最后一分钟，弄得臭名远扬，她也会受不住，我们答应她绝不大肆张扬；朋友们理解她需要点清净与安宁，有他们的合作，我们可以保证说到做到。她的同学接到通知，从四面八方来到卫斯理学院与她相会。整整两天，除了熟人之外，她谁也没见，只有几小时，把国家公务放在一边。”

1933年，随着蒋对宋的一记耳光，孔正式接任行政院副院长兼财政部长。这一年，美国放弃金本位，开始以白银充实国库，这导致了中国白银大量外流，国内银根吃紧，政府财政赤字剧增。孔发布财政部通告："在另行通知之前，禁止外汇交易。"但仍阻止不了白银外流。1934年10月15日，孔发表了征税声明，"鉴于银价上涨与一般商品价格水平失去正常比例，为维护中国经济利益，货币稳定，政府兹决定白银出口一律征收关税，并自10月15日起实行。"这一措施控制了白银外流，但同时使中国货币贬值20%。

虽然孔祥熙在财政上的才干不能和宋子文同日而语，但是他对蒋介石的恭敬和绝对服从则令蒋十分满意，因而得以几次得到重用。

在孔祥熙任职期间，国民党内许多派系都争相与之交好，试图拉拢孔，但是孔始终不为所动。他说："我们今天完全是由蒋先生的支持而上来，蒋哪天不相信我，我哪天就滚蛋。联合这班人有啥道理?"孔二小姐曾经解释过父亲的做法说：就是"院长不结交军人，怕的是委员长吃醋。"

在孔任行政院副院长期间，何廉是他的下属政务处长。何对于孔祥熙对蒋介石的绝对听命有过亲身的体会，他回忆说："委员长把公家金库当做他自己的腰包来花销。尽管他花钱不是为他个人用，可他常下令动用公款给某个人或某项工程，全然不顾预算或程序。最活灵活现的一次，是1936年秋在孔祥熙官邸一次会议上，孔接到委员长侍从打来的电话，说委员长要这么一笔款子。这仅仅是一次电话传呼，也没有手谕。孔打趣地对我们说：'看，委员长要款，我该咋办?'孔让他的秘书通知上海中央银行用专机把款送交委员长。"

在对待蒋介石要款的态度上，宋子文与孔祥熙完全相反，因此多次惹怒蒋介石。但是，他在财政金融以及外交方面的才能却令蒋介石不得不几次三番地加以重用，因为在关键时刻，宋子文总是能够发挥巨大的作用。正如钱昌照所说："孔、宋都爱钱，不过宋搞钱搞得漂亮一些。英美人对宋的印象比对孔好。"

1941年3月，美国通过租借法案，一直在美国以蒋介石私人代表身份争取援华物资的宋子文被任命为根据租借法案接洽援华事宜的中国代表。这个任免给予了宋对于援华物资极大的自主权。但是对于孔祥熙来说，无疑把一块肥肉送到了别人的碗里。《宋家王朝》一书中谈到1943年，“从联邦调查局的文件中和驻华观察人员的报告中可以看出，子文手中掌握的租借法案物资的份额已超过宋家其他成员认为适当的程度。他远在美国，他们难以加以干预或惩罚，他已经建立起自己的独立王国。”这样的状况当然不能被孔祥熙所接受，不久他就找到机会不动声色地打击了一下自己的小舅子。

趁着宋子文在美国洽商援华事宜之时，孔祥熙在国内大肆繁殖势力，排挤宋的亲信，并计划让宋子文长期留在美国，这样国内的财政大权就可以牢牢掌握在孔的手中了。宋子文的内线，古达程得知这一消息，立即给宋子文发电：“顷见孔夫人致蒋夫人函……并拟请委座任钧座为驻美大使”。宋子文闻讯大惊，他指示古要查清“委座对弟究竟如何？应否回国，以免被迫为大使?”同时，宋还询问钱昌照“各方对孔不满。孔有无放弃财部”的可能。这才是孔、宋之争的焦点所在。

4月10日，钱昌照回电说：“就弟所知，孔无放弃财部意。各方对孔不满由来已久，但介公迄无决心根本改组政府耳。孔夫人建议任先生为美大使显有作用，其目的当在巩固孔之地位也。”这个分析的确是深刻地指出了孔的用心。同时，古达程也回电说：“委座对钧座现极信赖。唯孔在参政员及全会各中委前竭力攻击钧座，幸各人咸知孔之为人，多不直其所为。八中全会钧座未回国，在美任务若未终了，此时似不宜回。”两天后，古又来电报告孔在国内的积极活动，“孔趁开会时机，轮流宴请参政员及中委，席间每以钧座为攻击对象。诬蔑棉麦借款及平准基金之办理不善。又谓钧座未尽量利用国际局势，致美方援我不能彻底云云。”

孔祥熙在国内的举动，宋子文掌握得一清二楚，他也知道了蒋介石并未改变对他的信任。但是，孔祥熙一刻也没有停止对他的进攻。

在4月签订的中美、中英平准基金协定，是孔祥熙抓住宋子文的另一个把柄。在谈判过程中，宋子文提出由国民政府另外成立一个“直隶委员长”的外汇机构，专门负责外汇控制。规定“凡关于政府统治区域外汇管理，及上海外汇平衡制度之权限，及他日或须扩充之权限，一律秉此机关进行”。宋子文、陈光甫、贝祖诒任基金会的中方委员，而谁都知道贝祖诒是宋子文的亲信，孔祥熙的心腹陈光甫在基金会中当然孤掌难鸣。这等于在剥夺时任财政部长孔祥熙的权力。

孔祥熙当即致电宋子文表示反对，“外汇关系财政金融，应与财政部及银行密切联系，方可收臂之效。前年四联总处充实以后，所有外汇事项，即由该处查核，送由财政部执行，一年以来颇为顺利。四联主席系由院座兼任，原可监督指挥。但必如弟电，将外汇机关直隶委员长，不特系统不明，且脱离财政金融机关，似于币信不无影响，仍应保持现行系统。”尽管孔多次用蒋介石的名义对宋子文施压，但宋倚仗着蒋介石一直对此事保持缄默不表态，对孔的反对未加理睬。反而以“赶办条约，其余从长计议”为由做主签订了协议。这样的做法当然令孔祥熙十分恼火。

协议签订后，由于其内容使英、美两国将控制中国的财政金融，引起了国内部分官员的不满。而宋子文坚持认定为达到借款以支持抗战的目的可以做其他方面的让步。这就让孔祥熙又抓到了可以供给宋子文的把柄。孔在 1941 年 3 月召开的国民参政会二届一次会议和国民党五届八中全会期间，公开表示了不满，称：“协定文字的严厉，某些条款的苛刻，就像出于华盛顿的典当专家和高利贷者之手，本人和蒋委员长都为宋子文在这样一份协定上签字而惊讶”。而宋子文闻讯也立即做出反应，他在给蒋介石的电文中说：“平衡基金借款，本日下午与英、美签约，均系一次拨款，无分月拨款条件。文奉命来美，经十月之若干，赖钧座督促，于今得告一段落。关于平衡基金事，闻有人于八中全会及参政会向各委员对文相施攻讦，幸钧座明察，勿以为罪。本日起对维持币制问题，悉听财政部措置，文未便再参末议矣。”

1942 年 3 月 21 日，宋子文在美国多方奔走，绞尽脑汁，终于成功地争取到美国对中国无任何附加条件的五万亿美元的借款。这对于中国来说，无疑是大功一件。但是，还没等宋子文从胜利的喜悦中回过神来，孔祥熙就给了他一记令人不快的闷棍。费尽周折取得协议签订之时，宋子文曾对美方代表摩根索承诺，中国在使用这笔借款之前要事先通知美国财政部，“关于今日中、美两国政府订立之借款协约，为表现中、美两国协力抗战之精神，鄙人谨奉告阁下，中国政府愿以此项借款之详细用途，不时由财政部长详告贵财长。”

但是在协议刚刚签订的第四天，孔祥熙就擅自发表消息，中国计划发行一亿美元4厘联盟胜利公债及一亿美元储蓄券，由他控制的中央银行作为中国政府的代表银行在美国联邦储备银行开户。这一做法当然也激起了美国的强烈不满，他们当然认为中国不守信用，擅自发行债券、储蓄券是对美国的公开蔑视。摩根索和美国财政部钱币司司长怀特都对宋子文提出责难。而宋子文则完全是替人代过，他本人也是3月2日收到孔祥熙的电报才知道此事。孔祥熙还大模大样地让宋要求向美国联邦储备银行内中央银行户头拨款2亿美元。这当然惹火了宋子文，但是对于美国的批评他是有口难辩，也不能公开指责孔祥熙，只能将美国财政部的意见转达给孔祥熙，他致电孔祥熙指出：“窃思此次借款，美方自当按约履行，唯嗣后两国经济财政关系益深，交涉频繁，为兄着想，最好请即派熟悉国内财政金融情形如淞荪或顾季高来美联络解释。”同时他也向蒋介石说明利害，在给蒋的电文中他说：“查协约并无征求美国意见之明文规定，但我方如确有此种表示于前，似宜先作友谊之协商，若意见不合，即行根据协约，请其拨款，彼自不得拒绝，而我方人情已尽，今毛氏（摩根索）虽遵约交款，然误会滋深。来日方长，从大处着想，中美联系关乎全局，美方经济援助，亦非至此而已。……嘱庸兄速派熟悉国内金融财政情形者，如贝淞荪或顾季高来美，于财长说明。”

1943年12月，孔宋的斗争有了转机。美国的各大报刊开始一致揭露中国高官的贪污腐败。孔祥熙成为他们大肆批判的对象，同时，宋霭龄侵吞美金公债案也暴露在公众面前。顿时，国内外舆论掀起一片倒孔的浪潮。另外一件轰动朝野的事发生在四川重庆。一批虽然不属于蒋介石的嫡系，但因战功卓著被提升为中、高级将领的年轻军官，对于蒋介石的统治现状十分不满。他们认为蒋介石当政十年来一直在使中国走下坡路，他的政府不顾国家的安危，只是热衷于发国难财，为个人利益争权夺利。而现在则到了中国生死存亡的紧要关头。为了挽救祖国，唯一的方法就是推翻蒋介石的腐败政府。他们手中握有一定的兵权，但是这还远远不够。因此他们决定争取美国陆军准将廷伯曼的支持，后者当时负责训练中国军队。在他们找到廷伯曼商议此事后，美国的战略情报局对这个计划很感兴趣。商议的结果是趁着蒋介石参加开罗会议的机会，12 月 12 日，在“西安事变”纪念日那天发动兵变。但是，青年军官们的秘密行动同时也引起了敏感的戴笠的注意，这位神通广大的特务头子马上报告了蒋介石。本着先下手为强的原则，12 月 10 日，正当军官们还在憧憬着兵变后的美好未来时，戴笠根据蒋介石的命令，指挥 500 多名军警，逮捕了他认为与此事有关的 600 余人。当然，他也借机将自己的对头们都牵连进来，并使委员长相信了他的判断。审讯的结果令蒋介石大吃一惊，孔祥熙和宋霭龄都牵涉其中。供词中称：宋霭龄、孔祥熙早就知道此事，还许诺可给予资金上的支持。这对蒋介石来说不亚于一个重磅炸弹，但是他并没有将事实公之于众，那样做，对他和他的夫人都没有什么好处。

因此，蒋委员长一回国就处决了 16 个主要的将领。随即罢免了孔祥熙，派他赴美国出席国际货币基金组织会议，随后留驻美国一年之久。同时，蒋介石重新启用了宋子文，让他任代理行政院长，兼外交部长。第二年，又任命他为行政院长，兼外交部长和财政部长。宋子文在这场斗争中大获全胜，达到了政治生涯的顶峰。此后几年间，孔祥熙彻底失去了与宋子文争斗的实力，宋子文再也不必为与孔的斗争而绞尽脑汁了。

然而，在孔宋斗争中笑到最后的宋子文并没有在政治生涯中笑到最后，最终在蒋介石政府败退之时，他也狼狈地借道法国飞赴美国定居。从这个角度来说，宋子文与孔祥熙相比不过是五十步笑百步而已。这对冤家再一次成为难兄难弟是在蒋介石签署的开除国民党籍名单上，孔祥熙名列第一，宋子文紧随其后。相同的归宿和选择并没有改变他们之间水火不容的紧张关系，宋子文仍然对他的大姐夫无法释怀。因而，在孔祥熙去世后，宋子文所表现出的冷漠并不奇怪。

首次赴港失意

1969年回到香港参加小弟子安的葬礼并不是宋子文离开中国后首次回国。确切地说，这不是他定居美国后的第一次回港。早在1958年底，他就和夫人一起回过香港。那时，身居美国的宋子文还不甘心就此退出政坛，他还在寻找东山再起的时机。只不过，他要复出的行动必须计划周密，并且要同台湾的蒋介石在谈判中达成一致，这是所有问题的难点所在。因此，宋子文回港低调行事，丝毫不承认此行有任何政治目的。一切都只能在暗中进行。

1958年12月11日，早已定居美国的宋子文突然偕夫人回到香港。九年来，宋子文从叱咤风云、权倾一时的国民党大员变成了一个被开除党籍，蛰居异乡的生意人。期间的落差如此之大，当然会使媒体再次对他充满兴趣。人们想知道，宋的此次来港是否像他以往的政治行为一样暗藏了更深的用意和目的。宋子文当然也明白大家的心思，他果然善解人意地在家中举行了记者招待会。但是，他给记者们的答案是他来香港只是为了看朋友，度圣诞节，并无其他目的，甚至他还不无谦虚地表示“我已是望土之人了，和政治生活已隔得太久，不准备再搞了”。至于有关政治的敏感话题，他干脆避而不谈。据现场的记者描述：“宋显得苍老而瘦削，发已半白，但精神仍健旺，他这副模样和神态，如果不事先知道他是宋子文，至少得定睛端详，仔细打量，方能认出。”这样的报道使人不得不对这位昔日的风光无限的政府首脑充满了同情，当然，人们也在由衷地感叹世事沧桑，祸福难料。

1959年1月12日，宋氏夫妇在香港旧居逗留了一个月后，取道马尼拉返回美国，表面上看来，他们此行确实没有什么政治目的，这的确像一次纯粹的度假之旅。但是香港《自由日报》的报道却另有解释。“原来宋氏此次离美东来，本有意复出为国家效力，最初之洽商是宋氏出主救济总会并由宋氏先垫出美金1亿元，辅导国家财经建设，并扩大海外救济工作，因年来救总由谷正纲氏主持，外间颇有繁言，若换一个宋子文，自能将工作圆滑推进，因宋氏有的是钱，而救济工作则非钱不行也。

内幕的报道并说，如果此事能顺利进行，则宋氏复出之第一步工作算是完成，而第二步则是宋氏由主持救济事业进而兼涉财经任务。所传宋子安氏赴台铺路，即是如此。宋子安赴台后，即分头和若干立法委员和国大代表接洽，同时并进谒某巨公（蒋介石），试探当局意见。

使宋子安氏感到犹如冷水浇背的是，某巨公谈当局对宋子文之复出，如果单是协力于救济总会工作，是无问题的，如果要进一步重登政治舞台，以宋氏过去遭到各方的不良反应来说似乎目前尚非时机。当局之意如此，宋子文氏遂不得不知难而退。”

可见，这并不是一次成功的行程，被拒绝的滋味当然不会好受。很难说这件事对于宋子文的打击有多大，也很难说是否就此浇灭了宋从政的热情，或许还有使他对蒋介石充满了失望和愤恨。总之，此后几年，宋子文又回归他在美国的平静生活，消失于人们的视线之外。直到1963年应蒋介石之邀，宋子文回到台湾“叙旧”，那是他报复的好机会。蒋介石也终于发现他的大舅子不再像以前那样，用之即来，挥之即去了。因为这次，宋子文没有对蒋介石有求必应。他已经学会了拒绝。

第八章

物转星移几度秋——寓公生涯

“我是一个历尽沧桑的人”

晚年的宋子文，生活过得安逸、平静。像许多老人一样，他最大的乐趣就是在家中享受天伦之乐。承欢膝下的外孙是他最为关注的对象。

宋子文的外孙冯英祥从小与他生活在一起，一直到14岁。

宋子文的外孙冯英祥从小与他生活在一起，一直到14岁。因此冯英祥与宋子文的感情很是深厚。每年的暑假，冯英祥都整天陪伴在外祖父身边。在他的记忆里，宋子文并不是人们普遍看到的那样权倾一时，得意非凡，而只是个慈祥的老人，跟多数人的外祖父没什么区别。2006年6月，冯英祥回忆宋子文说：“我的外祖父宋子文在纽约的生活很简单，他吃的东西、用的车子都非常一般。外祖父的生活很有规律，喜欢早起，吃完早饭后他就直接去办公室。他很喜欢散步，通常午餐以后散步一小时，外祖父不多的娱乐方式是与他的朋友一起打扑克牌。”当然，宋子文对待儿孙也与所有的老人一样，充满了疼爱。对于一直陪伴身边的冯英祥，宋子文更是格外上心。一件事让冯英祥至今念念不忘。据他回忆，在10岁那年，有一天在放学回家的路上，他突然感觉到有几个外国男孩一路尾随并盯着他的钱包，冯英祥吓坏了，他赶紧跑到最近的公共电话亭给家里打电话，接电话的是外祖父宋子文。“外祖父叫我不要动。5分钟之内，他就带着秘书开车匆匆赶来，他居然还带了一把枪，而且已经上了膛，准备来救我！为了保护我，他愿意做任何事情。”如今早已年过半百的冯英祥，每当讲起这件趣事，还是忍不住开怀大笑，有时还调皮地做个瞄准的姿势。那是他对于一位亲人的深刻记忆。

每当孩子们缠着宋子文讲些有趣的故事时，他总是会想起自己曾经轰轰烈烈的年轻时代，他常常会感慨地说上一句“我是一个历尽沧桑的人”。尽管孩子们还不能明白他这句肺腑之言所包含的深刻含义，甚至有时会笑他对这句话的反复重复。这时，妻子张乐怡就会慈爱地数落孩子们几句。但是，宋子文的心里还是会涌起对往事的段段回忆。无限风光的时光固然难忘，而更难忘的却是那些失意的艰难岁月。

曾任英国驻上海总领事的白利南认为宋子文是很值得研究的人，他说：“宋子文的意见和观点，对研究中国政治的人来说，始终是十分有意义的，无论宋是在位还是下野。”①

1945年8月下旬，抗日战争接近胜利的尾声。蒋介石开始进行内战的准备，同时国内经济亟待摆脱困境，恢复复兴。宋子文当仁不让地成为蒋争取美援的首席代表。他在欧美进行了近一个月的游说和交涉，先后与杜鲁门总统、贝尔纳斯国务卿、美国对外经济事物局主任克罗莱以及霍普金斯等人进行会晤，就大额贷款、军事援助、租借物资等问题进行了商讨。与以往的美国之行相比，这次的收获显然并不丰盛，似乎他们对于中国的兴趣正在迅速地减退，但是美国仍然很给面子地没有让宋子文空手而归。

这次，宋子文又向美国提出了20亿贷款的请求。他在致克罗莱的信中说：“我们原先拟订的五年计划，需要经费40亿美元以上；但为了

① 《英国外交政策文件》第2辑第20卷，第143页。

把方案缩短至三年，我们现在拟订的计划至少需要20亿美元。这一计划将包括东北和台湾的基本需要在内。”尽管最后美国没有同中国签订协定，但是美国表示原则上同意第一笔向中国贷款5.6亿美元，其余的14.4亿美元有待国会审核。贷款总算有所成就。

在军事援助方面，宋子文也提出了几项要求。首先是根据罗斯福总统的承诺再为中国装备60个师。但是，毕竟物是人非，美国总统已经换成了杜鲁门，而中国的对日抗战也已经基本结束。美国早就对国民党的腐败厌恶透顶，现在主要的战争威胁已经消除，当然就更没有必要再进行巨大的投入了。可是，宋子文也不是等闲之辈，他的能量不可小看。经过反复争取，杜鲁门总统终于答应可向中国提供39个师的装备，另可供给一定数量的海军舰艇，并代为装备一支适当数量的空军。1946年3月，依照承诺，美国政府赠送国民政府舰艇271艘。6月，赠送飞机936架。这些装备在蒋介石发动内战后着实让他威风了一阵子，而后，就迅速地败下阵来。再精良的武器也无法改变国民政府土崩瓦解的过程。

为了准备内战，蒋介石希望美国继续派遣军事顾问团帮助自己消灭共产党。于是，宋子文根据蒋的授意向美国政府提出：“拟请美国派遣驻华军事代表团，协助建立训练中国之陆、海空军，并指导后勤、兵工各项业务，代表团团长仍兼本人参谋长职务。”为了使“军事代表团”的名称“难免引起英、苏两国之猜忌，且恐他日指挥困难”，宋子文建议采用“顾问团”的名义，这一考虑周到的建议得到了蒋介石的同意。宋子文向美方提出派遣期限为5年的军事顾问团，由魏德迈任团长。这一要求没有费太多的口舌就得到了基本的同意。1946年2月，一支由海、陆、空各兵种组成的逾千人的军事顾问团来到中国，帮助蒋介石“发展现代化的武装力量”，但是唯一没有满足蒋、宋要求之处就是顾问团长由巴大维担任，而不是他们要求的魏德迈。当然，团长易人并不影响蒋介石对顾问团的欢迎，毕竟这表现了美国对老朋友的关心还是依旧。

对蒋介石军事援助的另一个方面，就是美国政府答应宋子文，帮助蒋介石向东北、东南沿海运兵以抢占抗战胜利的果实。美国用飞机帮助国民党军队攻占山海关，打开了进入东北的门户，为蒋介石抢占东北打开了大门；同时，美国还一度试图将国民党军队用军舰运送到东北的最大港口——大连，以便在苏联撤退后，以最快的速度进入东北腹地。这个计划落空了，因为苏联拒绝在撤退前允许美国军舰登陆大连港。而此时，苏联其实已经默许中共的部队控制了另外两个海上进入东北的港口——葫芦岛和营口。共产党的部队没有飞机和军舰帮忙，仅仅凭着战士们的两条腿，竟然神速地赶到了蒋介石的前面，这让他很是恼火。海上这条最快进占东北的捷径被彻底堵死。无奈，美国只好把蒋的军队送到了还由美军控制的秦皇岛，从那里向东北进发。

宋子文此行还担负一个重要任务，就是希望美国继续将租借物资援华。第二次世界大战结束后，租借法案本已不再发生作用，美国停止了为盟国提供租借物资，但蒋介石表示，对于“前租借法案内物资”、“无论已运抵印度，或已到达中国，或现已在来华途中，均盼美方考虑，迅预拨交我国”。美国政府对蒋介石可谓网开一面，十分照顾，随即同意继续提供租借物资，只是不再无偿供应，而必须由中国折价购买。包括所有还未到达中国境内的所有物资。美国还提出了折价出售租借物资的具体方案，即如果中方全部买下，可按成本折半作价，分 30 年偿还，年息 2 又 3/8 厘。这个条件其实已经非常苛刻。美国既想继续扶植蒋介石作为其反共反苏的东方盟友，又想为剩余物资找到市场，尽数销往中国还能排挤英、法、日等在华的势力，这个如意算盘很是周到。只是宋子文等也不是等闲之人，他为此特意召开会议，请熟悉租借法案的中方人员，包括资源委员会的钱昌照、物资供应委员会的王守竞等人进行会商，达成的一致意见有三：1. 已到达印度的物资，由于分散，要集中转运中国有极大困难；2. 租借物资的成本系按战时生产及运输成本计算，都比平时贵得多，如卡车平时价格，在华交货仅 2500 美元，而战时在印度交货即高达 5500 美元，而且由印度到中国的运费须中国自负；3. 如果中国目前不接受购买全部租借物资，以后该项物资将成为战时剩余物资，作价可更低。此外，其中部分物资积存数年，已不堪使用。既然还有这么多的不利因素，当然无法同意美国的条件。但是毕竟中国还有求于美国，不能直接拒绝美国以破坏融洽的气氛。因此，老到的宋子文没有对美方条件作正面答复，只是提出：中国在租借物资方面所受的待遇，不能低于苏联和英国；租借物资的价格应能为双方接受。

1946 年上半年，中国国内通货膨胀日益严重，经济状况迅速恶化，内战一触即发，形势十分紧张。宋子文为了缓和通胀，改善财政危机，不得不同意购入租借物资，以丰富市场，回流资金。6 月 14 日，中美签订处置租借法案物资协定，内容包括：美国向中国移交包括交通、工矿、兵工类器材设备在内的租借法案物资和劳务，中国如不能马上付款，按年息 2 又 3/8 厘计算。8 月 30 日，宋子文和美国国外清理局局长麦克勃在上海签署剩余物资购买合同，合同规定，美国把战时美军在西太平洋地区的剩余物资和设备全部售与中国，其中包括 5 亿美元可移动的物资和 8400 万美元的固定设备。另外，合同中还规定了资金专款专用的原则，从而限制了国民政府任意使用借款的行为。

1946 年下半年，全面内战终于爆发。国民政府面临的危机进一步加深。宋子文再次把希望寄托于美国的援助。他曾对美国驻华大使司徒雷登表达过对于美国的绝对信任："我确信，只有一桩事能够稳定经济局势、改善政治状况，这就是美国提供具体的援助和支持。"他向美国提出再次提供棉麦借款的要求，并请求两国间进行全面的"经济合作"。但是这次美国的反应没有像他所期望的那样热情。

为了得到美国的援助，宋子文不断向美国描述中国的"经济和财政金融局势已进入万分严峻的阶段，……所有的经济因素都汇集到了严重恶化的转折点，并且正在走向崩溃"。他的呼吁却没有引起太大的回应。美国特使马歇尔甚至不客气地分析了美国的想法：美国对华进行财政援助的前景越来越暗淡，美国纳税人，特别是国会，肯定不愿意支持一个因军事行动而使财政条件越来越糟糕的国家。

当时美国正在西欧推行"马歇尔计划"，主要精力都放在欧洲，并不希望中国陷入不稳定的状态。蒋介石坚持内战的方针和国民政府越来越暴露出来的腐败使美国对他开始失望，进而更加不满。1947 年 1 月 29 日，联合社华盛顿电称："美国调停中国党派纷争，努力一年，今日突告中止，同时宣布留驻中国之大部分美军不久亦将撤退，听由中国自谋解决。"至此，美国暂时退出了对华矛盾的调和，似乎在静观其变，以决定下一步的政策。

美国进出口商协会执行秘书雷克里夫表明了商界的想法："中国法币波动，已使美国对华贸易陷于停顿，进出口商所受打击最重，美国各商行现纷纷取消订货，以待情况安定。"而美国的对华援助也同时暂缓。联合社华盛顿 1947 年 2 月 12 日电称："美国官员希望中国当局能自行维持法币价值，美国方面不致出以何种帮助。美国目下不致为中国某种特殊计划而放款，进出口银行对于中国部分之账册已暂行封存矣。"2 月 14 日又有报道称："中国希望在目前金融危机中获得美国援助，似已无望。国务卿马歇尔 14 日招待记者时宣称，国务院经济顾问皆劝其不必干预此事。唯美国政府是否应援助中国，如再援助，则其性质如何，均未有所决定。至于何时可以实行援助，亦无表示。"事情到了如此地步，宋子文再怎么努力，也回天无力了。

这次争取美援的失败似乎是宋子文走下坡路的开始。尽管后来，美国又回心转意给予中国一定的援助，但都是在宋子文被迫辞职以后的事了。很难让人再把功劳算到他的头上。有一点可以肯定的是，宋子文从此迅速从权力的巅峰跌落下来。

1947 年 3 月，由于黄金风潮的推动，宋子文在国内的声誉一落千丈，"排宋风"大盛，他不得不引咎辞职。随即被国民党六届三中全会上落选中央执行委员会常务委员，真正被排除于国民党权力中心之外。但是，一些了解蒋、宋渊源的人士则认为，虽然蒋介石让宋子文罢了官，但是，像前几次一样，蒋还是用得上宋。中央银行副总裁陈行就曾经私下说：不管怎么样，宋子文总是蒋介石的娘舅，不会让他过不去，今后还是要用他，我们犯不着作恶人。

果然，半年后，蒋介石就迫不及待地要他的郎舅重出江湖了。当然，当时国共内战正酣，6 月底，中共方面刘邓大军千里跃进大别山，在国民党腹地插入了一把钢刀，战略进攻随即展开。国民党眼看既无招架之力，又无还手之功了。

此时，宋子文的理财天赋对蒋来说可是一笔难得的财富。利益决定需要，他总是需要宋的帮助的。在蒋的授意下，宋子文在9月召开的国民党六届四中全会上重新当选为中执会常务委员。接着又被行政院任命为广东省政务委员兼省主席。为了缓解国内舆论的质疑和批评之声，宋子文干脆舍财求平安，他宣布向中央党部捐出他在中国建设银公司的所有股份。经调查核算，这笔股份约合法币5000亿元。蒋介石立即表示赞同，还顺便将宋树为典型，“外间近对宋委员子文有所污蔑，现宋本人愿将其在中国建设银公司之全部股份捐出，以供抗战及剿匪殉难党员家属救济基金之用，希望大家能效法他。”

在国民党中常会上，宋子文很配合地发言称自出任行政院院长后“即将从前所有商业关系全部解除，原任职务悉数辞去……”，而“银公司自抗战胜利后仅向中央银行请得美金八百七十七元，为购买打字机等用，为数之微，几令人不能置信……”

虽然宋子文的表白令人难以相信，但是蒋介石仍然十分买账，对他捐出股份的“义举”更是大加赞赏，公开“表示欣慰，希望全体党员效仿宋委员”。

9月20日，国民党行政院召开了临时政务会议，尽管政务委员们争论不休，但最终仍以9票对8票的微弱优势通过了任命“宋子文为广东省政府委员兼主席案”。

此案一出，国内哗然，《周末观察》刊文说：“这不是豪门开放第一声，而该是豪门再起第一声。”

9月24日，国民党中央最高决策机关中央政治会议召开，其中议题之一就是追认行政院任命宋子文的决议案。许多委员对此意见很大，纷纷表示不满。

张道藩发言说：“依照程序，国民党员出任政府要职时，应先经中央政治会议通过，为什么我们还不知道就任命了？为何此案事先不送中央政治会议通过？行政院讨论时，既然有党员多人反对，为何不尊重他们的意见?”

张厉生对宋子文的主政能力颇有怀疑，他说：“宋子文虽然出任过行政院长，但是否是一位胜任的地方官之才?谁能保证?这样的事，我不同意追认。”

张道藩

但是，行政院的任命是在蒋介石的授意下进行的，根本无法驳回。中央政治会议主席孙科只能以顾全大局为理由，好言相劝，最后才勉强通过了追认。

中央政治会议好容易认可了对宋子文的任命，监察院的监委们却还愤愤不平。他们向国民政府提出，任命宋子文任广东省主席是“政府忽视监察院的权力”。因为“宋子文在辞去行政院长职务期间，监察院对宋在其任内的作为提了一个颇为严密的弹劾案，并请政府将宋氏交付惩戒，而现在非但无任何‘惩戒’，反而又任新职，这是监委们无法接受的”。

种种舆论也对宋子文主政广东进行了猛烈的抨击，但是蒋介石一人独裁的局面无法改变，宋子文成功上任。

不论蒋介石怎样宣传这个“爱国”典型，历史的车轮终究是无法阻挡的。主政广东期间，宋子文的确也煞费苦心，推行各种改革。修筑港口、公路，发展工商业，但是，国民政府统治固有的顽症仍然无法解决。

局势一日千里，三大战役给了国民党以致命的打击。国民党败局已定。不断失败的战事并没有使人们忘记对宋子文的攻击，相反，派系斗争和调查越演越烈。1949 年 1 月 21 日，为逃避失败的罪责，蒋介石再次宣布“退隐山林”，宋子文与之共进退，同时辞职。

1949 年 5 月，无官一身轻的宋子文偕夫人张乐怡离开香港，6 月，在美国定居。尽管在国民党摇摇欲坠时离它而去，但是，宋子文并没有真的放弃努力，仍然心系党国，在美国积极为蒋介石奔走。没有官方身份不要紧，这并不影响他为国出力，“他是以一个公民的身份来尽自己的力量”，“中国的局势已经十分危急，他感到国家兴亡匹夫有责”。毕竟处于危机的国家——国民党政权让他为之奋斗了大半生。

没有官方的头衔，宋的老朋友驻美大使顾维钧就成为他信任的与美国联系的通道。通过顾，宋向美国要求派遣一个正规军队代表团，还请陈纳德率领一支空军志愿队，帮助蒋介石打内战，企图挽救一败涂地的局面。为了抓住这最后一根救命稻草，这次宋子文甚至同意让美国分享控制权。因为按照菲律宾的榜样，他们认为“无需害怕美国侵犯我们的主权，因为只要我们告诉他们或暗示我方意图，他们就会随时撤离”。另外，宋还要求美国再次给予2亿美元的援助和白银借款。但是，当时美国对于蒋介石的迅速溃败失望之极，已经对他失去了信心。8月5日，美国国务院发表针对中国问题的白皮书明确表明不打算再向国民政府提供援助。面对种种不利因素，宋子文还在做最后的努力。

但是，10月1日，新中国已经成立，局势发生决定性转变。11月初，美国国务院的最终决定是“坚决停止援华”，这样斩钉截铁的决定对宋无疑是彻底关上了希望的大门。

1949年12月，蒋介石眼看在中国大陆大势已去，匆忙逃往台湾，此举宣告了国民政府的最终失败。1950年1月，英国政府首先承认中华人民共和国。1月5日，杜鲁门总统也发表声明，称：“美国政府现在无意在福摩萨（指台湾）谋取特殊权利或利益，或建立军事基地。它也无意使用武力来影响目前的形势。美国不打算采取一条导向卷入中国内部斗争的路线。同样，美国政府不打算向在福摩萨的中国军队提供军事援助和咨询。”这虽然没有表示对于中华人民共和国的承认，但却明确表示美国不再援助蒋介石的决心。从此，美国至少在名义上对于中国事务是置身事外了。

至此，宋子文在美国的最后一次为党国效力以失败告终。美国，是曾经令宋子文最辉煌的国家，也是令他最为难堪的地方。这片土地让他激动、幸福，也让他颓废、失望。正是这个令他充满矛盾的地方，也成为了他最终的归宿。

国民党的忠臣和叛徒

尽管在赴美定居后被国民党开除党籍，但并不表明宋子文的政治立场发生改变。换句话说，他仍然是那个无论在野还是下野，无论得意还是失势，都对国民党绝对拥护的宋子文。毕竟，他为党国作出过巨大的无可替代的贡献。即使在反复被排挤时，他仍能以大局为重，只要党国需要必定义无反顾。

1941 年底，下野七年以后又被启用的宋子文终于被蒋介石任命为外交部长并常驻美国。他得以以正式官方身份往来美国政府各部门，交涉中美关系事宜。1942 年初，中国与美、英、苏等 26 国共同签署《联合国家共同宣言》。中国的国际地位迅速上升，成为四大国之一，但是中美、中英之间还保留着原有的不平等条约。为了更好地拉拢中国坚持抗战，保持美国在华的长远利益，8 月 27 日，美国驻英大使魏特南通知英国，美国计划提前放弃在华特权，主动与中国缔结平等新约，原因主要是“美国舆论普遍赞成废弃在华治外法权及有关特权”。有了美国大哥的牵头，英国也不再坚持己见。10 月 10 日，美英同时发表声明放弃在华特权，但是声明中均只提到治外法权而不言其他。美国称将“立时放弃在华治外法权及解决有关国际问题之条约”。英方宣称“废除英国人民迄今仍在华享受之治外法权”。

得知此事，蒋介石指示宋子文：“领事裁判权以外，尚有其他同样之特权，如租界及驻兵与内河航行、关税协定等特权，应务望同时取消，才得名实相符也。……关于废除治外法权事，应静待美政府提出其所谓简短之草约后，我方再行表示意见，此时不必作任何交涉。唯我方不妨间接表示，甚望其将过去所有各种不平等条约，一律作废，整个撤销，重订平等合作之新约也。”根据这一指导思想，宋子文向主管的美国国务院政治顾问郝恩贝克说明了中方观点。10 月 24 日，美国政府拟出了新约草案交付中国驻美大使魏道明，但草案内容所涉及的废止特权范围过窄，很多重要特权均未涉及。次日，宋子文回国抵达重庆，在国内主持外交部签订新约工作。经过认真审议和讨论，外交部提出了《外交部对于中美关系条约草案意见》《中美关系条约修正案》和《中华民国、美利坚合众国关于新约范围以外之特权应即废止之换文》，三份文件中提出了两国关系的基础是平等互惠的原则，另外对于美方草案中没有涉及的其他特权，如口岸制度、沿岸贸易、内河航行、外人引水权、外国军舰游弋、驻泊等，都以换文方式声明作废。这样就使新约覆盖了中美间各个不平等条约。尽管美方不同意换文的方式，但是宋子文坚持："以简单的文字在换文中直接声明美国将放弃此类权益，比在条约中加列一款'中国之内河航行及沿海贸易权将另经法律过程加以调整'对中国人而言更大众化而实际。"在宋的坚持下，美方同意了中方的意见。1943 年 1 月 11 日，中国驻美大使魏道明与美国国务卿赫尔在华盛顿签署了《关于取消美国在华治外法权及处理有关问题之条约》及换文。5 月 20 日，经双方政府批准，条约生效。尽管宋子文没有在美国参与签字，但他在国内一直指导着条约内容的修订和谈判，条约的最后签署，也是他坚持原则的结果。

而在中英新约的签署问题上，宋子文则亲自参与了全过程。1942 年 10 月 30 日，英国驻华大使薛穆将英方草案交给中国外交部，其内容与美国新约草案基本相同。宋子文领导专门部门审议了新约，并提出了增加收回九龙主权的内容。尽管由于英方的坚持，最后九龙问题"保留此案，日后再提"，但是在其他问题上双方均达成共识。1943 年 1 月 11 日，宋子文亲自与薛穆在重庆签署《关于取消英国在华治外法权及其有关特权条约》及换文。此后，在美、英的影响下，巴西、比利时、挪威、加拿大、瑞典、荷兰、法国、瑞士、丹麦、葡萄牙等国也相继与中国重新签订平等新约。中国取得外交上的重大胜利，这对于艰难抗战的中国无疑是巨大的鼓励；同时也沉重打击了日本政府。伦敦《泰晤士报》称："以中国之坚卓抗战，得英、美之明白承认完成主权，其精神将益加强，并保证胜后局大国优越地位，以重整新亚洲。"中国国内也对此异常兴奋，舆论高度评价。《国民日报》称此举是"50 年外交奋斗之光荣"，《大公报》评论"百年耻辱，一笔勾销"，《中央日报》将此举称为“平等自由的光明灯塔”，中共的《新华日报》也报道中共中央决定“各地在战地环境许可下，均应于旧历元旦前后召开军民庆祝大会”。这在艰苦的抗战时期真是举国同庆的一大盛事了。

这些外交上的重大胜利使宋子文成为党国的英雄。但是，英雄并不是终身的挡箭牌，当宋子文的另一面逐渐暴露于公众面前时，连他曾经为之立下汗马功劳的党国也无情地将他抛出阵营。1947 年的“黄金风潮”使国内舆论掀起“倒宋”的高潮，蒋介石为了平息众怒，保住自己的公众形象，再次将宋子文推到前台，使他成为众矢之的。蒋介石借机又显示了一把大义灭亲。当然，蒋对于宋子文的委曲求全心知肚明，因此，不久他又重新启用宋子文为他注定的败局做最后的努力。宋子文这颗棋子这次虽然依旧竭尽全力冲锋陷阵，但是他最终还是发现，与前几次在关键时刻被重用不同，这次蒋介石交给他的是一个无法完成的任务。他将可能再次面对承担所有责任的尴尬境地。因此，他决定不再甘心做蒋介石的马前卒，不再任由蒋介石呼之即来挥之即去。宋子文在蒋介石败逃台湾前夕离开了为之奋斗了大半生的中国，到美国定居。当蒋介石召唤他回台湾“共商国是”时，他坚持了自己脱离政治的想法。这个决定使宋子文在国民党内“收获”了更多的谩骂和愤怒。并最终被开除出党，而他本人对此似乎完全不在乎。可想而知，从党国的忠实捍卫者到被开除党籍的无所谓，宋子文经历了一个怎样复杂矛盾的心理过程。可以说，为党国效力的几十年是宋子文人生最辉煌，最成功的时期，也正是在这漫长的岁月中，他的斗志和信念被一点点磨灭。而宋子文本人也从党国的英雄最终成为了党国的叛徒。这样，宋子文继在中共的战犯名单中名列前茅之后，又成为国民党的叛徒。在两党之争中，他终于站到了天平的中央。

共产党的二号战犯

最终成为中国共产党的二号战犯，对于宋子文来说并不是意外的事，因为他三十年来一直与蒋介石站在同一营垒。但是，说宋子文一直是共产党的敌人却有些言过其实，因为宋子文曾经多次对中共主张表示认同，与共产党有过良好的合作，甚至还一度成为过共产党的朋友。而他与蒋之间关系的几次起伏，其中也不乏他有共产党“倾向”的因素在内。其实就连蒋介石本人，也一度在公开“剿匪”的同时，与中共秘密接触，具体负责此事的就是宋子文。

1935 年，日本对中国的侵略更加深入。占领东北后，日军又觊觎华北，不久制造了华北事件，发动“华北五省自治运动”，在冀东建立了伪政权。全国为之震惊，民众迅速自发组织起来反对日本的野蛮侵略，爆发了席卷全国的一・二九运动，中国人民的抗日战争进入新高潮。

此时，蒋介石的“剿匪”行动也取得新进展。红军于 1934 年 6 月起被迫进行了举世闻名的二万五千里长征，中共被压缩于西北贫瘠的山村之中。但是，共产党一贯坚持的抗日主张却越来越得到民众的广泛支持。这使得蒋介石不得不顾及国内的舆论压力，重新考虑对日的态度问题。再加上他“剿匪”初步成功，已经可以腾出手来对付日本的侵略了。

在国民党内，激烈的权力争夺也已宣告结束。汪精卫在南京参加四届六中全会期间，遇刺重伤，从此退出权力角逐。接着召开的五届一中全会上，蒋介石顺理成章地将党、政、军大权集于一身，开启了他独裁统治的大门。

在继续“围剿”中共的同时，蒋介石开始计划通过试探性的接触，将红军收编，以达到最终消灭共产党的目的。而共同抗日是此时最佳的借口。蒋介石先是计划通过共产国际来与中共建立联系。他将自己的侍从秘书邓文仪任命为驻苏联大使馆武官，派他前往苏联秘密与中共驻共产国际代表团联系。但是，邓带回的消息令蒋介石很是失望。邓在苏联的确联系到了中共代表团团长王明，但是在多次会谈以后，他发现王明对此并不积极，关于合作的问题没有取得实质的进展和结果。在共产国际受阻后，蒋介石只好转向国内，寻求更便捷的途径，即直接与中共方面接触。

蒋介石想到了抗日的强硬派宋子文。宋在第一次国共合作期间与毛泽东、周恩来等人都有过密切的接触，而且他的抗日主张一直得到中共的赞赏，派他与中共联系是最好的人选。

1935年下半年，宋子文开始奉命秘密与中共接触。他首先返回上海，找到从宁汉之争始与自己意见分歧，从而很少往来的二姐宋庆龄。后者是中共一直十分尊敬的人物，也是宋家的一分子，虽然她对蒋介石深恶痛绝。但毕竟，抗日救国是目前最重要的大事，何况这也是宋庆龄一贯的主张，这一点上，姐弟二人是完全统一的。

虽然宋庆龄对中共的主张一直是持支持态度，可她从没有直接出面与中共联合反蒋。特殊的身份使她不能背离由孙中山一手创建的国民党，她是国民党内独立的战士。但是，她的确与中共关系密切，她有许多共产党内的好友，他们为共同的目标而走到一起。这次蒋介石欲与中共联系，宋庆龄当然也不便亲自出面。

经过宋庆龄和宋子文的反复考虑，他们选中了董健吾作为两党联系的桥梁，具体负责双方的消息传递。这个最终的人选是经过周密思考的。董健吾的公开身份是上海圣彼得教堂的牧师，在那里，他开办了一所“大同幼稚园”，暗中收养了很多革命烈士和革命者的子女。其中包括毛泽东的三个儿子岸英、岸青和岸龙，蔡和森的女儿蔡转，澎湃的儿子小丕，恽代英的儿子希仲等。实际上，他早在1928年就加入了共产党，一直是党在上海的联络人之一。同时，他与宋子文、顾维钧等还是圣约翰大学的校友，与宋庆龄和国民党内许多重要人物过从甚密。基于这种种关系，两人一致认为董健吾是帮忙联系中共的不二人选。

1936年1月，庆龄将董健吾请到家中，宋子文与她一起向董健吾说明了蒋介石的用意，请他前往陕北面见毛泽东、周恩来，转交蒋介石的密信。但是，董健吾的公开身份只是一个牧师，通过西安前线进入苏区根本无法做到。宋子文此番有备而来，早就想到了这一点。他交给董一份委任状，由孔祥熙签署，任命董健吾为“西北经济专员”，这样董就可以自由往来于西北各地了。董健吾在国民党统治区多年，早已见惯了蒋介石的所作所为，这次蒋突然转变态度还是让他有些疑虑。因此，他干脆提出面见蒋介石，请得他的亲口允诺，同时查看他的真实态度和决心。宋子文一口答应，并立即付诸行动。第二天，他就和董健吾一起回到南京，安排了董和蒋的直接会晤。蒋介石向董阐述了合作的条件，即：甲，不进攻红军；乙，一致抗日；丙，释放政治犯；丁，武装民众；戊，倾我尚有款。有了蒋介石的亲口承诺，董健吾稍感放心，遂动身前往西北。

坐镇西安的张学良初闻董健吾携密信代蒋介石与中共联络的消息后，将信将疑。但是董健吾言之有物，又提出了宋庆龄和与张学良关系密切的宋子文作为保证。张学良立即派人到宋子文处核对事情原委。当然得到的答复是完全肯定的。张学良大喜过望，他其实早就希望能够停止内战，一致抗日。尤其是日军占领了他的老家东北后，无恶不作，还建立了伪政权，全国上下都对他奉命不抵抗就退出东北气愤异常，这一切都令这位曾经执掌东北的少帅羞愤难当。这次，蒋介石有意与中共联合，正好解决了张学良的心病。他立即安排飞机将董健吾送到肤施，又专门派了一个骑兵连护送董进入苏区。

有了张学良的一路护送，董健吾顺利地到达瓦窑堡。当时毛泽东和周恩来都在东征前线指挥，留在瓦窑堡的博古和林伯渠接待了董健吾。他们将消息通知了毛、周等人，毛泽东随即表示愿意与南京国民政府谈判，并提出五点建议，即：（一）一致抗日；（二）组织国防政府与抗日联军；（三）允许全国红军集结河北；（四）释放政治犯，容许人民政治自由；（五）内政与经济上实行初步的必要改革。

因为急于将中共的意见传递给宋子文等人，董健吾没有在瓦窑堡等候面见毛泽东和周恩来就返回了上海。并立即向宋子文、宋庆龄、孔祥熙等详细说明了此行的成果。宋子文马上动身到南京向蒋介石报告董健吾带回的消息。蒋介石得知中共的态度后，决定与中共进行进一步的接触。这次他们派出的联络人是宋子文的密友曾养甫。

曾养甫时任铁道部长，虽然没有与中共接触的背景，却是宋子文可以信任的朋友之一。他得知了蒋、宋的意图后，思前想后，决定让熟悉工人工作的劳工科长谌小岑负责具体事宜。他给谌分析了宋子文的想法，认为宋有很大的抗日决心，他主张把全国的军队调往华北，与日本作战，这里当然包括中共，这样就揭起了全国的抗战。宋认为，蒋介石同意进行长期的抗日战争，说明国共第二次合作已成为可能。但由于没有具体谈判，所有国共合作后，共产党的地位还要再研究，但其合法地位是肯定的。现在为双方联络的工作是预先的铺路，时机成熟时，国共合作就能实现。

接受任务后，谌小岑多方联系，先后通过北平自由职业者大同盟书记吕振羽和国民党宣传部下属征集部左恭同分别与中共组织取得了联系。双方多次秘密会谈，在抗日的问题上取得了一致的意见，但是在一些具体问题上并没有进行深入的讨论。

1936 年 8 月 14 日，毛泽东曾为联合抗日一事致函宋子文，晓之以情，动之以理，文中说："十年分袂，国事全非，救亡图存，唯有复归于联合战线。前次董健吾兄来，托致鄙意，不知已达左右否？弟等频年呼吁，希望南京当局改变其对外对内方针，目前虽有若干端倪，然大端仍旧不变，甚难于真正之联合抗日。先生邦国闻人，时有抗日绪论，甚佩甚佩！深望竿头更进，起为首倡，排斥卖国贼汉奸，恢复贵党 1927 年以前孙中山先生之革命精神，实行联俄联共扶助农工三大政策，则非唯救国，亦以自救。寇深祸亟，情切嘤鸣，风雨同舟，愿闻明教。"这样言辞恳切的肺腑之言进一步促进了宋子文坚决抗日的主张。

虽然宋子文等人积极奔走，但是蒋介石却一直不忘消灭共产党的初衷，此次秘密接触未取得实质成果。相反，蒋介石一面与中共谈判，一面仍然逼迫张学良、杨虎城向西北中共进剿，终于酿成了震惊中外的"西安事变"。在"西安事变"中，又是宋子文，凭借着他与中共领导人的良好沟通和与张学良等的抗日共识，促成了事变和平解决，最终使国共合作抗日得以实现。

1945 年 4 月，宋子文率团赴美国旧金山参加联合国创立会议。宋子文开始并不主张代表团包括各党各派代表，但是美国驻华大使赫尔利接受了中国共产党的建议，认为中国代表团应包括国民党、共产党和中国民主同盟的代表。他的主张得到了罗斯福的赞同，他来电称美国代表团也包括了两党代表，中国代表团吸收中共等其他政党代表有利于国内政治团结。宋子文开始并没有在意这封电报的意见。但顾维钧认为“尽管总统把问题提得轻描淡写，语气谨慎，充满外交辞令；但他确实希望能看到代表团中有共产党代表”。在国内外压力的作用下，代表团最终由各党各派代表共同组成。中共方面以董必武为代表，随行秘书章汉夫。

宋子文担任代表团团长后，非常注意团结各党派代表。顾维钧说：“即使在出现政治问题时，宋子文也不是一味维护国民党，而总是用开阔的眼界对待问题。”他还专门召开会议，征求各党派对他的意见，表示要采取更加民主的做法。在代表团举行的记者招待会上，他也是谦虚有加，强调中国代表的团结。《大公报》报道说：“今日所见情形，达成一个团结的中国似非难事。”即使是表面上的团结，宋子文也为树立中国的良好形象和大国地位作出了富有成效的努力。当他作为四个大国中的第二名发言时，他说：“自 1931 年以来，经 14 年之野蛮的战争，中国已忍受一大劫掠……吾人曾极力寻求一切方法，以谋补救。吾人明了如无一实际有效之集体安全制度，则任何一国之最后安全即无希望”。这个观点代表了整个代表团各个党派的普遍意见，得到各位代表队共同赞同。在会议期间，各党派代表保持了良好的合作状态，宋子文在其中起到了重要的协调作用。《大公报》评论说：“我国在旧金山会议中的态度，与外间忖测的——中国将盲目的维护美国——恰恰相反，我国对英美苏的意见，同样采取独立的观点……造成了良好的印象……许多外国观察家对于一个强大进步的中国，实为不可缺少的安定力量的信心，已愈形加强”。尽管由于升任行政院长，宋子文于6月10日回国，没能参加旧金山会议的全程，但他在主持代表团期间为维持各党派合作，协调意见作出了重要贡献。他对于各党派的态度也得到中共的认同和赞扬。

但是，当解放战争的炮声轰响时，宋子文同他以往的选择一样，坚定地站到了蒋介石一边。尽管国民党节节败退，大势已去，他还是宣称“无论何时，只要有可能，就要同共产党继续战斗下去”。这样明确的表态令人们无法原谅，当然，他最终成为了人民的敌人。

1948 年 12 月 25 日，中国共产党宣布了“举国闻名的头等战争罪犯”43 名，宋子文名列其中。此时，中共还对宋子文手下留情，可是，他根本没有表示出任何悔改，反而更加坚定地宣称反共的主张。1949 年 1 月 28 日，中共再次公布“必须立即动手逮捕”的“最主要的”内战罪犯名单，蒋介石名列榜首，宋子文仅位于蒋介石之后。

在家族的夹缝中

在美国的平静岁月中，宋子文不时会想起自己的几个姐妹和两个弟弟。越到晚年，人就越想念亲人，越容易回忆往事。可是宋家的姐妹兄弟却因为不同的人生追求各分东西，不相往来。对于垂暮的老人来说，不能不是一件憾事。而宋子文将这一切发生的原因都归咎于蒋介石和宋美龄的婚姻，每当想到自己在他们的婚礼上亲手将美龄交给了蒋介石，他就感慨地说：从那一刻开始，我一生都难以摆脱的悲剧就开始了。

在宋家这个大家庭中，三姐妹都各有不同的信仰，并且立场坚定，可是作为长子的宋子文却似乎缺乏一种果断的判断能力。他总是处于矛盾之中，左右摇摆，自己时常为此感到痛苦。大姐霭龄和小妹美龄为了金钱和权力都是蒋介石的忠实拥护者，而二姐庆龄却一生都为了理想和信念与蒋介石势不两立，水火不容。宋子文本来倾向于庆龄的主张，却由于性情的懦弱而屈服于家庭和暴力的威胁，最终走进了蒋介石的阵营，使庆龄陷于孤军奋战之中。如果说美龄接受蒋介石除了权力还有感情的因素外，那么大姐霭龄则完全是因为利益的需要而支持蒋介石了，而她的决定在家族中的地位是举足轻重的。

1983 年，联邦调查局解密了一份 1943 年 1 月 9 日呈送调查局长 J.埃德加·胡佛的备忘录，其中记录了一次谈话。“他说，宋家是一个严密组织起来的网络。它有无情的规矩。不论是谁越轨，不是被驱逐就是被消灭……这个集团的头脑一般认为是孔夫人……一个邪恶而聪明的女人。她置身幕后，指挥这个家族。宋子文是具体的操作者，执行她的许多主意。他们已使宋家紧密地结合在一起，以致今天在中国发生的任何事情都必须通过至少宋家的一个成员。据说孔夫人在中国雇有刺客。许多身居高位认知她的为人和行为的中国官员，不敢有所议论。他们既对宋家的操纵非常愤怒，也对美国人甘愿受骗非常鄙视，任何人不论何时到达中国，如温德尔·威尔基、劳克伦·柯里等人，都被宋家拉进他们的圈套，告诉他们宋家所希望他们知道的事情，他们一般不会把这些事情告诉应该知道的人……美国财政部一个官员与宋家十分亲近，经常是他家座上客。他应该知道内情，虽然他也许受了宋家的欺骗。”庆龄一次曾说“倘若大姐是个男人，委员长恐怕早就死了，她在十五年前就会统治中国。”

宋美龄和哥哥宋子文曾经关系十分亲密，他们曾经一同在美国读书，期间，宋子文是美龄的监护人。在美龄就读的威尔斯利学院保留着一份老师对她的鉴定，其中，对于她和家人的关系有所描述。“她和子文关系很密切。她听他的话。他身为‘兄长’，说话总希望妹妹照办……我从未听说过另外的兄弟子良和子安，这当然只是巧合而已，因为美龄是个家族观念相当重的人，总是为家族感到骄傲。只要无关大局，她总能顺从家族的意志。她经常谈起她的两个姐姐和父亲，经常提到子文，有时也谈起母亲，但一次也没有提到过她的另外两个兄弟。”

宋子文的外孙冯英祥表示，外祖父宋子文和宋美龄的感情非常好，兄妹间有很多通信，这与广泛传播于外界的传言完全不同。他说：“即便1949年以后外祖父宋子文在美国，蒋介石和宋美龄在台湾，他们晚年身体不好时，宋子文会积极帮他们找最好的医生和最好的药物，并把医生送到台湾让他们替蒋介石看病；宋美龄每次到纽约，哥哥宋子文也会替妹妹找当地最好的医生。”

对于宋家的三姐妹，蒋介石最为敬畏的不是夫人宋美龄，也不是德高望重的孙夫人庆龄，而是深居简出、低调沉默的大姐霭龄。她对蒋的影响要远远比其他人大得多。蒋介石的美籍顾问欧文·拉铁摩尔就认为：“蒋夫人受孔夫人的影响甚巨，政治上蒋介石信任他的姨姐孔夫人甚于信任自己的妻子。他把对孔祥熙的信任推及孔夫人，对自己妻子能力的评价不如对孔夫人的评价高。”

当然，对于霭龄的信任并不能缓解蒋介石和美龄之间的矛盾。1942年，美龄访美前夕，美国驻重庆的政治观察员杰克·谢伟思在给国务院的报告中有相关的描述。“眼下在重庆，关于蒋氏家庭纠纷的传闻正闹得满城风雨。一般人都认为委员长有一个情妇，所以跟蒋夫人的关系往少里说，也是很紧张的，众说纷纭，无风不起浪。

对政府首脑私人生活的议论，本不属政治报告的范围，但中国例外，涉及的人是独裁者，他与他岳家之间的关系非同小可。这种关系由于委员长和宋子文之间关系紧张已经有所削弱。蒋夫人秉性傲慢而拘泥，一旦与丈夫公开决裂，整个王朝就要分裂，这对中国以及国外都会产生严重的后果。即使现在的情况为国外知道（迟早必然的事），委员长夫妇两人的威望都会遭受很大损害……

蒋夫人现在提到委员长时，只说‘那个人’。

蒋夫人抱怨委员长，现在只有去看‘那个女人’的时候才在嘴里安上假牙。

一天，蒋夫人走进委员长的卧室，发现窗下有一双高跟鞋，便扔出窗外，不料误中了一名卫士的头……

委员长有一次四天不见客，因为在与夫人的口角中，头的一侧为花瓶所伤……

然而，大部分观察家相信，权力的得失对于宋家太重要了，他们（孙夫人除外，但孔祥熙又作为一份重要力量加进来了）将竭尽全力防止公开破裂，而蒋夫人也将放下架子，忍受现状。”

也许是蒋介石的所作所为伤了美龄的心，也许是美龄趁机报复蒋介石，也或许是此时的确需要蒋夫人为委员长施展她高超的外交手腕，抑或是他们共同的利益而亲近美国。总之，当落选的美国总统候选人威尔基1942年秋来到中国访问时，美龄抓住机会得到了访问美国的邀请，此时离开中国可能正是她所需要的。威尔基对于美龄的回忆充满了欣赏和崇拜。

“当我们刚要离开的时候，蒋夫人对孔祥熙博士和孔夫人说：‘昨晚宴会上，威尔基先生建议我去美国做一次友好访问’。孔氏夫妇以探询的眼光看着我。我说，‘确有其事。我觉得我的建议是对的。’

这时，孔博士一本正经地说：‘威尔基先生，您真是这个意思吗？如果是，理由何在？’

我答道：‘孔博士，您可以从我们之间的谈话中感觉到，我坚信，让我们美国人来了解亚洲的问题和亚洲人民的观点，真是太重要了；我敢肯定，未来的世界和平将取决于亚洲的种种问题战后能否得到公正解决。

必须由这一部分人当中来一位有头脑、有辩才、有道义力的人，就中国、印度和两国人民的问题对我们进行教育。蒋夫人正是这样一位再好不过的使者了。她的才能出众——请恕我这种带有个人感情的说法——以及她对中国的献身精神，在美国是众所周知的。她到美国不仅会受到大家爱戴，效果也必然可观。她的话会比任何人的话都有力量。她具有才智与魅力，还有慷慨与谅解的胸怀，她的仪容优美，风度文雅，她的信念炽热，正是我们最需要的人物。”

显然，威尔基已经被美龄彻底征服了。甚至佩顿·戴维斯还描述了他们之间的交往细节，尽管威尔基断然否认。

“宋家小妹无疑一举征服了威尔基。她在主持一次救济组织的茶会上，空军中将的披风在肩，娇滴滴承认威先生是一个非常‘撩人的人物’。这句坦率话说得这位总统的私人代表心花怒放。……有趣的是，这种影响对这位独身主义者在判断形势，看待政治事件的进程方面，竟也大起作用。”

威尔基回国后果然大肆宣言亲华言论，这为美龄访美制造了良好的舆论基础。此后不久，1942 年 11 月，蒋夫人赴美国，声称完全是为了治病。

27 日，美龄乘坐的飞机抵达纽约的米切尔基地，总统代表哈里·霍普金斯专门前往迎接。他记录了当时的情景。

“我预先安排飞机只在各地军用机场着陆，这样她的来到就不太可能被人发现，因为中国人急于在消息传出去以前让她住进医院……我见到蒋夫人，同车前往哈克尼斯医院特别病房楼，占了全部第十二层楼。

路上，她对我说，她要向总统说清楚，她到这里来除治病和休养外，没有任何其他目的。但是，与此同时，她开始提出许多有关中国和美国的问题……

她相信对德、对日两场战争都能胜利，但是方法要集中全部力量先打败日本。她的论点比我以前听过的任何人的论点都更有力。……

她认为史迪威不了解中国人。他强迫蒋介石把他精锐队伍中的一个师派到缅甸去，是可悲的错误，这个师后来全军覆没了。（中国的第五十五师在日军压力下，在茂密的热带丛林中竟消失得无影无踪，史迪威大叫'这真是我从未见过的最糟糕的事情。'）她说：蒋介石同意这样做是违反本意的……

很清楚，她不喜欢史迪成，但对陈纳德却大加赞赏。她花了很长时间向我解释《生活》杂志上一篇激烈抨击英国政府的文章。她要我特别读读那篇文章，因为它代表了她的观点。

我告诉她，罗斯福夫人想见她；我已安排她次晨在医院与罗斯福夫人会面。"

罗斯福夫妇显然对美龄十分热情，他们在她出院后，安排她到海德公园总统修养地住了两周，然后又邀请她到白宫居住。这简直是最亲近的表现了。总统夫人还说："我很愿意帮助她，照料她，把她当做我的女儿一样。"一直陪伴美龄的还有她的外甥和外甥女，孔令伟和孔令侃。他们在那里受到了几乎是骄纵的款待。

费正清曾经记录了一件美龄的逸事。"赛珍珠特别不满对红极一时的蒋夫人的过分渲染。美龄是罗斯福总统的贵宾，却活像爱撒娇的公主。赛珍珠因 1934 年写的《大地》一书获得诺贝尔文学奖，成了美国最负盛名的中国问题专家。后来她给我们讲了一件有关宋美龄的很典型的事情：一天，她接到蒋夫人的随从从海德公园打来的紧急电话，说：'请马上来，夫人要见你。'赛珍珠便从宾夕法尼亚的珀凯西匆匆赶到海德公园，结果很尴尬地发现并没有人在等她。蒋夫人要见的原来是她的随从陈珍珠。真抱歉！"

等到美龄的身体完全复原以后，她就开始了此次美国之行的真正行动了。她频繁地到国会等各种重要场合演讲，召开记者招待会，反复宣讲中美的友好关系、中国面临的困难和需要的帮助。

她已经成为美国新闻媒体争相报道的明星。媒体甚至用了“蒋夫人轰动全美”这样夸张的字眼。《新闻周刊》报道她在国会的讲演时说，“效果动人极了：娇小的身材，穿一件紧身黑色长旗袍，开叉近膝；平整的黑发在颈背稍稍卷曲；她戴的首饰都是无价之玉石；纤纤十指涂得鲜红；脚上是透明的长筒丝袜和轻便的高跟鞋。”这样的形象固然妩媚动人，她的言论也使美国人听了十分舒心。她说：“我们两国伟大人民之间持续了一百六十年的传统友谊……从未因误解而受到损害，这在世界史上是无与伦比的。”然而，在谈到日本时，她又是充满了愤怒和爱国情怀。

“一直有一种轻视我们对手力量的倾向。日本在1937年突然对中国发动全面战争时候，各国的军事专家们都认为中国毫无希望。但日本未能像它吹嘘的那样使中国屈膝求饶，这时，大家便改口说他们过高估计了日本的军事力量了，聊以自慰。然而，当日本背信弃义袭击珍珠港，熊熊战火在太平洋地区无情蔓延开来时，钟摆又摆向另一个极端了……我请大家不要忘记，在四年半的时间里，只有中国孤军奋战，承受着日本全面侵略的凶残暴虐。”

她的演讲很有感染力，因此取得了巨大的成功。于是，她很明智地抓住机会乘胜追击，在白宫又召开了盛大的记者招待会。172名记者有幸拿到了入场的通行证。他们看到蒋夫人优雅地坐在主席台上，衣服上装饰着中国空军的标志，但看上去完全不显得突兀，反而十分自然。这当然是她的服装师精心设计的杰作。罗斯福友好地坐在她的旁边。记者们的提问常常涉及一些敏感问题。

“有一些报道说中国没有最大限度地动用它的人力，是否属实？蒋夫人面露愠色，答称：中国现在是有多少军火就动用多少人力。总统曾说需要的是更多的军火。中国已经培训了许多飞行员，但没有足够的飞机和汽油。

她将怎样得到这些东西？蒋夫人恭敬地转向富兰克林·罗斯福。他曾经解决了那么多的难题，度过了那么多的难关，她很放心地把这个问题交给他去处理。

记者们对她干净利索地把球扔给富兰克林·罗斯福，报以微笑。总统毫不犹豫，抱起球就跑——而且跑得很卖力。他说，向中国提供飞机和给养有巨大困难，但是美国正千方百计地把这些物资送去。总统补充道，假如他是中国政府成员，他肯定要问：什么时候？能不能多一点？作为美国政府成员，他要回答：上帝叫我们多快就多快。说罢，总统满意地靠回椅子上。

对蒋夫人的下一个问题是：她对于如何加快美国对华援助有何建议？她站起来，两眼向前直视，然后转向总统。他刚刚说过，上帝叫我们多快就多快。但她知道，上帝帮助那些自助者。”

美龄应变和表演的天赋令许多在场的记者感到惊讶，一位专栏记者写道：“有朝一日他们可能让海伦·海斯上演这个角色，但她决不会超过蒋夫人。”

这次美国之行再次证明了蒋夫人的超凡魅力，3月1日，她再次登上《时代》周刊的封面，成为当时美国人民最为熟悉的中国人之一。

紧接着，蒋宋两家的好朋友，天才的吹捧家，亨利·卢斯又为美龄安排了一系列在美国的活动。当美龄被邀请在麦迪逊花园广场的群众大会上演讲时，宋子文也是嘉宾之一。但是，他明显的被妹妹的光辉淹没了。几乎没有人注意到这位为中国争取了无数援助的功臣。《生活》杂志报道文章的标题是

《时代》周刊封面上的宋美龄。

《生活》杂志报道文章的标题是《群众赞颂蒋夫人》。

《群众赞颂蒋夫人》，文中动情地描写了演讲的热烈场面，这简直会令人激动万分。“当温德尔·威尔基称蒋夫人为‘复仇天使……为正义而战的无畏勇士’时，广大热情的听众爆发出赞许的欢呼。”

美龄在洛杉矶受到了更为隆重的接待。在州长和市长的陪同下，她出席了在好莱坞圆形竞技场召开的3万人参加的欢迎大会。接待委员会的成员名人荟萃，几乎囊括了当时好莱坞最著名的所有明星：玛丽·匹克佛、丽泰·海华丝、马琳·黛德里、英格丽·褒曼、琴吉·罗杰斯、秀兰·邓波儿等。斯宾塞·屈西和亨利·方达致介绍词，赫伯特·斯托萨特为蒋夫人专门创作的《蒋夫人进行曲》由洛杉矶爱乐交响乐团演奏，沃尔特·休斯顿和爱德华·罗宾逊也演出了一首关于中国的交响叙事曲。而电影《飘》的制片人大卫·塞尔兹尼克是整个仪式的总导演。

《好莱坞生活报》在报道演讲会的盛况时说：“在好莱坞的山坡上，在当时被称为全球第一艺术广场的地方，在只有总统、知名导演和获得奥斯卡大奖的艺术家才能讲话的地方，宋美龄用她来自东方式的矜持、优雅和超群出众的口才，迷住了从来都自以为是的美国人！当天的演讲一结束，便有十几个企业财团表示愿意以资金的方式支持宋美龄！”

在这样盛大的场面中，美龄尽情地发挥着自己杰出的外交天赋，她详细地描绘了日军在中国进行的“南京大屠杀”。

“侵略者抢走了受尽折磨的人们的所有生活资料，侮辱我们的妇女，把所有健壮的男人赶到一处，像捆牲口一样地把他们拴在一起，强迫他们自己挖坑，最后把他们都踢下坑去活埋了。”

这样惨烈的情形自然激起了人们对于日本的痛恨和对中国的广泛同情，他们丝毫没有意识到，中国当时也正经历着一场罕见的饥荒。《时代》杂志的西奥多·怀特曾经对此有过报道。不过由于正值蒋夫人在美国访问，她对此事大为恼火。后来，怀特回忆了当时的情况。

“我当时看到的情景，我现在已不再相信——但是，我草草写下的笔记证明我当时看到的确实是事实。到处是死人：我离开洛阳不到一小时就看到第一具女尸，躺在雪地上，已经死了一两天了，她脸部的头盖骨处已经干瘪。她死时一定很年轻。雪落在她的眼睛上。无人掩埋她，飞禽走兽终将把她啄净啃光。沿途的狗……都吃得很肥壮，毛色油亮。我们停下来，给几只正在从沙土堆往外刨死尸的狗照相，有些尸体已被吃得只剩下一半……

我被邀请去参观（一所孤儿院）。我从来没有闻过那么臭的气味，就连陪同我们的那位官员也受不了那股臭味，用手帕捂住鼻子，走开了。这些都是被遗弃的婴孩。四个孩子被塞进一张有栏杆的小床，稍大一点塞不进小床的孩子，干脆被放在稻草上。我记不得给孩子喂些什么东西。他们身上散发着婴儿呕吐物和粪便的臭味。孩子们一死，便被清理出去。

这些是我看到的，但是最糟糕的是我听到的，差不多就是人吃人了。我并没有见到过人为了吃人肉而杀人……但当时人吃人似乎是无可争辩的事实……

（蒋的）部队在河南干的事情就是征收比粮食总收入还要多的粮食税。他们抢光了农村所有的食物；他们不从余粮区运进粮食来。他们置人民的需要于不顾。

当我设法使蒋介石了解这些情况的时候，我愤怒得无法控制：我跑来跑去，大声呼喊，简直就像疯子……我急不可耐地要把灾区的情况尽快传出去，便在河南从回程经过的第一家电报局洛阳电报局，直接把未经修改的稿子发出去。按规定，这篇稿子同其他电讯一样，原应先送到重庆部里，由我的老伙伴们审查，而又怕他们肯定会扣下不发的。但这份稿子竟然由洛阳经成都商业无线电系统直接发到了纽约。如果不是审查系统出了毛病，就是洛阳电报局有某位不知姓名的发报员受良心驱使，打破规章未经审查直接发到纽约。因此，当灾情不是从别的地方，而是从全美国最致力于中国事业的杂志——《时代》杂志透露出来时，蒋夫人恰好在美国。这篇报道使她大发脾气，便要我的上司亨利·卢斯将我解雇，卢斯拒绝了。为此我对卢斯是怀有敬意的。至于我和他之间的争吵，那是后来的事。"

1943 年 7 月 4 日，美龄返回重庆。

当时正在中国为战时情报局工作的格雷厄姆·佩克注意到，尽管在美国国内的美国人民在有关中国的情况方面受到欺骗，但美国兵却没有。在飞越危险的"驼峰"之前，为了减轻飞机重量，美龄的行李在阿萨姆机场卸了下来，另装一架美国军用运输机。

这一装卸工作是在机场相当偏远的一角进行的。搬运行李的美国兵不慎摔了一个柳条箱。箱子开裂了，里面的东西都滚了出来……里面满是化妆品、内衣和各种珍奇的玩意儿。蒋夫人是打算用这些东西伴她度过战争岁月吧！这些美国兵勃然大怒，因为当时"驼峰"运输处于困难时期，许多美国飞行员为了向中国运送物资而牺牲性命。这些士兵把其余的箱子也都摔在地上打破，皮大衣、魔钟等在尘土中滚得一地，用脚踢踹够了，这才把这些乱七八糟的东西扔进待命起飞的飞机。

但是这些情况美国人民并不知道，他们被美龄和她的好朋友们刻意表现的现象所迷惑了。

这次圆满的美国之行收到的效果要比预想得要好得多。甚至在美龄回国后，纽约州圣劳伦斯河边小镇马西纳的圣约翰圣公会教堂，一幅巨大的玻璃彩画窗上按照蒋夫人的容貌绘制了圣母玛丽亚的形象。她简直成了"基督徒中的第一夫人"。

美龄在美国真是出尽了风头。年底，她又陪同蒋介石到埃及出席开罗会议。此前，她在美国的活动显然对罗斯福发生了很大的影响。后来罗斯福坦率地承认"在开罗我未能对蒋作出判断，当我事后想到这点时，我知道我所有的了解全是蒋夫人告诉我的，她告诉我关于她丈夫的情况和思想。"

在开罗，罗斯福要求马歇尔认识到“我们所有人必须记住，委员长经历艰辛才成为四亿人民无可争辩的领袖；要从各样领袖人物的集合体中——军人、教育家、科学家、公共卫生工作者、工程师，所有这些人都争着要夺取地方的或全国的政权——取得任何形式的统一，而且在短暂的时间里在整个中国建立起我们用了两个世纪才获得的统一国家，这是异常巨大的艰难事业。

除此之外，委员长认为维持他的最高地位是必要的。你和我在一定环境下也会有同样的做法。他是总司令，也是行政首脑，人们不能对这样的人用轻蔑口气说话，也不能像对待摩洛哥苏丹那样从他那里强行索取承诺。”尽管当时他已经意识到蒋介石“变幻无常”，他对于“这个政权显然对广大中国人民的悲惨苦难缺乏同情”感到耻辱。

这位变幻无常的委员长在开罗会议后，对于他那位在美国无限风光的第一夫人并没有表现出特殊的感激。当他们结束了旅行回到重庆后，委员长的态度又变得冷冰冰了。约翰·费正清拜访蒋夫人时，发现“她精神疲乏，她的头微颤，宛如老人模样”。“谈话显得漫无边际，不是真心话。她像一位女演员，具有许多值得称赞的优点：很迷人、敏锐的直觉能力、机智；但在外表之下，藏有烦恼的情感……为某些事而痛苦，做作的姿势常给人一种虚伪感。通常带着美丽而忧郁的表情，说话矫揉造作，上唇向下绷紧；但偶尔也发出真诚的笑声，圆圆的安详的脸和稍高的喉音，给人以自然和随意的感觉，对照下使其余时候的谈吐和表情似乎带有被迫和悲剧的气氛。”谈话中的某个时候“她凝视远方说，生活是保持理想，保持幽默感和随遇而安的混合物；她还说到要把我们自己看做大实验剧场的演员，关于这场戏的结局如何，谁也不知道”。

此时，蒋夫人已经搬到孔家居住，也很少陪同委员长出席公共场合。谢伟思分析：“目前最明显的事实是，财政部长孔祥熙博士正受到几乎所有派系的攻击。与他一起成为攻击目标的，有他的妻子和小姨子蒋夫人。”“关于这方面的谣传是孔将辞去财政部长职位并将出国……蒋夫人在国内政治中似乎远不如昔日活跃，可能出国作较长的夏季休假。”

谢伟思的预测很准确，不久，1944 年 6 月，孔祥熙被解除财政部长职务，出国考察。蒋夫人与大姐霭龄及其儿子儿媳来到巴西治病，几个月后转赴纽约。美国情报机关设在重庆的机构发回的电报称：“蒋夫人也许将留在美国，但是他们不会离婚，因为此举的影响有损中国道德的标准，据提供消息者说，他得悉委员长的前妻和他们的儿子现在住在家中。”这位前妻指陈洁如，据说 1944 年春天，她为蒋介石生了个儿子，事情显然发生在蒋夫人前次赴美期间。可想而知，蒋夫人当然不会坦然接受这个事实。

但是，第一夫人的角色还是必须要继续扮演下去。显然，美龄确保了自己的地位坚不可摧，并将这种绝对优势一直维持到了生命的最后。而美龄与蒋介石建立这种牢固关系的同时也令她与子文的关系出现了裂痕。尽管在许多敏感问题上美龄对蒋介石也十分不满，但在子文与蒋介石之间的矛盾上，美龄还是选择了坚定地站到丈夫一边。这当然也影响到了他们兄妹的关系。他们之间的联盟也随着蒋宋的不和而渐渐瓦解。

由于多年在美国的积极活动，宋子文在美国拥有的权力和掌握的越来越多的租借法案的份额终于引起了蒋氏夫妇的不满。谢伟思在 1944 年就注意到了这种戏剧性的变化。“作为外交部长，宋子文持这份独立的态度引起蒋氏夫妇的不快，他们要安排自己的对外关系……宋讽刺地批评中国经济措置失当，激怒了蒋，吓坏了孔祥熙和孔夫人（她被普遍称为‘中国最有权势的人’）……广泛流传的消息说，在 1943 年 11 月开始破裂后，宋家在 12 月下旬召集了一次会议，那次会议上有希望达成和解。不幸的是，蒋就如何处理经济情况询问宋的意见，宋回答，经济缺乏有效控制的一个原因在于机构太多，而每一个机构又没有处理全部经济问题的权力。（子文要求蒋让他建立一个单独机构来监督其他所有机构）蒋回答说，建立这样一个机构……将打乱整个政府结构而且是不合宪法的。对于这个意见宋反驳说：‘当你需要时你就能够改变宪法，例如你决定当国府主席时就是这样。’据说这次谈话以蒋把一只茶杯摔在宋的头部而告终。当然，很快和解的希望也就破灭了。”

宋子文与蒋介石因执政理念完全不同，而不可避免地产生诸多矛盾。但他与蒋之间的合作却是相对稳定和长期的。相反，实际上他与二姐庆龄的思想最为接近，却无法走到一起共同革命。这个奇怪的结果可以被理解为是由于宋子文性格上的弱点所决定。

宋子文与两个妹妹宋庆龄、宋美龄留学美国时的合影。

宋子文与庆龄的关系是家族中最为亲密的，他们曾经一同赴美学习。更为重要的是，庆龄是将宋子文带入政坛的领路人，而他们的政见也一度非常接近。

中共地下党员王炳南的妻子，一位中国名字叫王安娜的德国姑娘，抗战爆发后，在香港结识了宋庆龄。由于王炳南的父亲与杨虎城是至交，杨虎城一直十分照顾和重用王炳南，在“西安事变”的整个过程中，杨虎城就受到他的很大影响。基于这些特殊的关系，王安娜与庆龄和子文都很熟悉。她曾经这样描述宋子文：

“1938 年 6 月，我和孙夫人在香港相见时，我觉得，就对问题的看法而言，在家人中和孙夫人最接近的是她的弟弟宋子文。他当时是中国银行的董事长。在政治上，他和这个姐姐的思想很接近，只是缺乏姐姐那样的勇气和不屈不挠的意志。就如美国作家文森特·希恩曾恰当地称他为‘性格永不固定的自由主义者’一样，他每每为内部的纠纷而烦恼。对受过美国教育的宋子文来说，与外国人相处比与中国人在一起要愉快。在中国人看来，他是个忙忙乱乱、充满热情、忽三忽四、充满矛盾的人。”（《中国——我的第二故乡》，第 128 页）

1923年，庆龄向处于财政困境的孙中山推荐自己的弟弟宋子文。此时，宋子文哈佛大学经济学硕士毕业已经八年，并且在哥伦比亚大学拿到了经济学博士学位，有在纽约市国际金融总公司工作的经验，在国内先后在汉冶萍公司、联华商业银行、大洲实业公司、神州信托公司等任职。现在是华义银行的总经理。尽管宋子文才29岁，但他专业的金融知识和丰富的工作经验足以令他在中国业界引以为傲了。孙中山当然可以信任宋子文，更信任庆龄。况且当时的孙中山正处于革命事业的低谷。从1911年起，革命相继遭到失败。1913年的二次革命、1915年的护国运动、1917年的护法运动，到1920年广州政府都让孙中山一次次地投入热情，也一次次地失望。这次，他又重整旗鼓，招兵买马，准备卷土重来了。

宋子文就是在此时，投身到国民革命的阵营。3月，宋子文接替二姐庆龄担任孙中山的英文秘书，开始了步入政界的实习。4月，他就被任命为中央银行筹备员，开始正式施展他的才华。5月，中央银行成立，宋就任副行长。10月，宋子文被任命为两广盐务稽核所经理。随即开始与中国银行交涉追回欠款之事。12月25日，《广州民国日报》报道："中国银行于龙济光督粤时代，借盐务稽核分所款10余万元，日久未觉。乃宋子文自督办两广盐务后，检查案卷，发觉此数，乃呈报大元帅。大元帅即令宋子文前往交涉，提回该款。乃该行行长凌某，以事久不觉，将全数挪移埋没，及闻稽核分所有提回消息，乃匿避香港，致宋氏无从接洽。大元帅乃再令陈友仁带同卫队将该行副行长扣留，责令缴款。闻凌某在港，已允将该项归还，以便释放该副行长云。"可见，宋子文年纪虽轻，但办事毫不容情，给那些还有些不服气的元老留下了深刻的印象，而且印象还不错。

1924年4月，他又成为广东省财政委员会委员，到广州主持财政。随即显露出杰出的理财天分，改革税收制度，为革命迅速筹措了大笔经费。初露锋芒后，年轻的宋子文得到了广泛的认可。一年多以后，他被新的国民政府任命为财政部长，成为最年轻的政府中心官员。从此，一路在政坛走红，尽管也数次被贬下野，但他对于国民政府的影响力一直不减。

另外，宋子文的二姐夫孙中山更是使他走向辉煌的一个重要人物。孙中山对他的重用和提拔，使他终身受益。并且大大提升了他在国民党内的地位。1925 年 2 月 24 日，孙中山病危之时，宋子文与汪精卫、孙科、孔祥熙在他病榻前听取了其口述遗嘱，并与孙科、邵元冲、吴敬恒、戴季陶、何香凝、邹鲁、戴恩赛、孔祥熙以证明者的身份在由汪精卫记录的孙中山遗嘱上（共 2 份）签字，成为总理遗嘱为数不多的几位见证人之一，这充分证明了孙中山对他的信任和期待。

3 月 11 日晨，孙中山病情急剧恶化，宋子文与何香凝一起劝说宋庆龄同意孙中山在遗嘱上补行签字。并将陈友仁起草的致苏俄同志的英文信念给孙中山听，获得同意后，亦由孙中山签字。次日上午 9 时 30 分孙中山逝世，宋子文与宋庆龄、孙科、汪精卫等在病榻前送了孙中山最后一程。

孙中山逝世后，新成立的国民政府对宋子文仍然十分器重。1925 年 7 月 1 日，宋子文被任命为广东商务厅厅长、广东省省务会议委员，不久担任中央银行行长、两广盐务稽核所经理、实业投资委员会委员。9 月，又被任命为广东财政厅长、国民政府委员、国民政府财政部长。12 月，担任广东广州各属行政委员。1926 年 1 月，在国民党二大上当选为中央执行委员、中央党部商民部长、国民党中央政治委员会委员、政治委员会主席团成员、国民党中央军事委员会委员、国民政府委员、国民政府常务委员会委员等。至此，短短 3 年间，宋子文已经从一个年轻的洋行经理一跃成为国民政府和国民党中央举足轻重的人物。

但是，1927 年，在蒋介石发动反革命政变时，性格的软弱和对于革命的不坚定使宋子文最终倒向了蒋介石阵营。1927 年，蒋介石发动四一二反革命政变后，在南京建立起新的国民政府，他正需要一位财政家为其筹集军费，掌管大权。宋子文的才能令他十分欣赏。于是，利用宋到南京谈判的机会，干脆软硬兼施，逼其就范。而左派革命的激进行为也使生性怕事的宋子文心生恐惧。宋子文曾向美国记者文森特·希安讲述自己的感受。“……他（子文）对任何真正的革命都感到神经质的恐惧；人群使他害怕，劳工宣传和罢工使他不安，想到富人可能遭到剥夺，他感到惊慌。一天，在汉口的一次示威中，他的汽车被包围，汽车的一块玻璃被打破。当然，他很快被他的卫兵救出险境，但这次经历对他产生了永久性的影响——极端厌恶群众运动。这种厌恶支配了他的大部分政治生涯，并且最终将他投入了反动阵营，尽管他真诚地抱有理想主义。”

当时希安也曾经到武汉采访庆龄，他说尽管宁汉之争正在激烈进行，但武汉却显得很宁静，“我所看到的够得上称作国际事件的事情，就是一个喝醉酒的美国水手要到陈友仁先生的花园里摘花。”至于对庆龄的访问，他是这样记述的：“我曾听到过不少关于她的事情，其中多数是谎言。美国报纸不遗余力地报道这一题目。按照美国报纸的说法，孙夫人是‘中国的贞德’；是一营中国‘娘子军’的领导人；她是这，是那，不一而足，全凭新闻记者的臆想推测而定。她实际领导军队参加战斗的说法广为流传，甚至在中国的一些外国人也信以为真。在上海，这种荒唐的传说中还夹杂着中伤性的语言，诋毁她的人格其目的——在通商口岸上海，这是一种政治论战的司空见惯的手法。尽管我有足够的理智使我对这些故事的多数不以为然，但这些故事加在一起却给我造成了某种印象，因此，曾以为会碰到某种难堪之事。然而，我面对的却是一位极有魅力，典雅温柔，孩子般天真纯洁的人物……她那端庄的仪念，堪称庄严。这种气质有时可在欧洲的王子或公主，尤其是年龄较大的王子或公主身上看到；但他们的这种气质显然是终生训练的结果。孙夫人的庄严迥然不同。她不是矫揉造作、故作姿态，而是一种天生的气质，内在的流露。她还具有罕见的道义勇气，使她能够在危难中毫不动摇。她对孙中山这个名字和自己所肩负的责任的忠诚经得起永无休止的考验……自己家庭的恼怒和这个世界对她的中伤，都不能动摇她的意志，也没有向她认为错误的行径屈服。她是更为名副其实的‘中国的贞德’。报刊作者们仅仅把她说成是血肉之躯的贞德，这是不够的……在中国革命遭难之际……将军们和政客们纷纷不攻自破，变节屈服，抱头鼠窜，或噤若寒蝉。只有一位革命者巍然未被压倒，也永远不会被压倒。她就是孙中山的纤细文弱的遗孀。”

希安对于宋庆龄的高度评价是颇有道理的，因为那些自称忠于革命和孙中山的坚定分子，几乎都是须眉男子，此时却纷纷表现得摇摆不定，包括庆龄最为要好的弟弟子文。在当时的情况下，连孙中山十分器重看好的汪精卫也犹豫了。“共产党人建议我们同民众相结合……可民众在哪儿？大受赞扬的上海工人力量在哪儿？湖南的农民呢？根本就不存在这些力量。你瞧，蒋介石没有民众，却使他自己保持得相当强大。同民众相结合等于与军队相对抗。不，我们最好是不要民众，而同军队站在一起。”这就是大多数人的想法，连与庆龄商定要帮助她的冯玉祥也成了两面派，他悄悄地与蒋介石会谈，然后回过头来成为蒋的说客。他发给武汉的电报使庆龄等人对他彻底地失望了。“前在郑州与诸兄分途晤谈，谈及店员胁迫店主，职工胁迫厂主，佃户胁迫地主。补救之法，鲍顾问既经解职，亟宜设法使鲍回国。在武汉之国民政府委员，除愿出洋管事休息者外，余均可合而为一等语。玉祥迭聆之下，以为必须如此。现在双方处境之苦，业已完全了解。值此风雨飘摇之际，千钧一发之秋，既异地而同心，应通力合作。敢请诸位速决大计，早日实行。”连掌握兵权的人尚且屈服于此，宋子文被困在上海的境地当然不会好到哪去。不过蒋介石一心想要他帮助理财，再有当时正值蒋介石疯狂追求美龄之时，这位未来大舅哥当然不能过分得罪。何况宋家除了庆龄之外都在上海，他们力量可是不能小觑的。尽管蒋介石已经手下留情，但是宋子文还是着实被吓到了。希安这位热心的记者，被庆龄所深深吸引和打动，一心想帮助她。而希安认为子文与庆龄有相同的主张，他不过是被蒋介石扣留在上海，于是希安异想天开地计划把子文偷偷带回武汉。

“我想事情不难——我只需让子文化名充任我的翻译，便可由我带他出走。乘坐英国轮船旅行，让他待在我的客舱里是十分安全的。蒋介石最大胆的士兵也不敢闯入。但是我把事情想得太简单了，我没有考虑到子文本人的意见。

我去上海见他时，他似乎要同意我的计划……他看得出——或者说他过去看得出——国民党理想的真正继承人是（武汉）政府，而不是蒋介石的军事独裁。他不顾劝说和威胁，一直拒不参加蒋介石的政府。他的房子受到密探的不断监视（这所房子是二十四小时受监视的房子之一，自从房子建成以来就是如此）。子文非常紧张。他不敢走出法租办和公共租界，因为租界之外到处都是蒋介石的士兵，他们会立即抓住他。一旦被蒋介石抓住，他的选择很简单：或者当财政部长，或者坐牢。我不相信他会被处死，但他却没有十分把握。他实际上是处在极度恐慌的状态中。我（从武汉）带来的建议似乎给他提供了一条解脱困境的出路，他几乎马上就同意了，让我给他搞一张我的客舱船票，化名广州的翁先生。他对（武汉）事态的发展表现出强烈的好奇心。

第二天他改变了主意。在这期间他同他的母亲、姐姐、妹妹和姐夫都谈了话，而他们的家庭根本上是反对革命的。

‘我去武汉毫无意义’他焦虑不安地说道，‘你知道，我其实不是社会革命家。我不喜欢革命，也不相信革命。如果劳工政策吓得所有的商人和工厂主都闭店关厂，我怎么能平衡预算或保持货币流通呢？我无法使中央执行委员会理解……看看他们把我的钞票搞成什么样子了，我的漂亮的钞票！……都贬得一文不值了……’

‘唉，我的姐姐！……我姐姐不明白。没人知道事情有多么困难。我不知道我会不会到汉口的第二天就被暴民拖出财政部，撕得粉碎。我不知道我能否阻止货币贬值。只要他们继续鼓励罢工和群众集会，就什么也做不成。他们把群众煽动了起来，希望以此解决一切问题。可他们注定要失望……你要知道，我不讨人喜欢，我从来就不讨人喜欢。暴民们不喜欢我。若不是士兵们来得及时，他们去年冬天就把我杀了……他们都知道我不喜欢罢工和群众集会……我怎么办呢？’

他那一天的谈话是明显反对革命的。但第二天他又变了——觉得有可能说服中央执行委员会改变劳工政策；并念念不忘他的漂亮的钞票；认为南京政权不过是改头换面的个人独裁，而武汉尽管有共产党人，仍然代表着国民党的真正传统。”

西方记者安娜·路易斯·斯特朗当时也到了上海。她也感觉到了宋子文的变化。

"也许他一直是蒋介石的代理人，一个自觉自愿的伪君子。也许他过去的经历使他变成了一个社会懦夫。也许他认为合并可以挽救中国民族主义。从我与他的谈话来看，我认为显然他很清楚革命和党都在武汉，而且需要他去工作；可是，他在两条道路之间摇摆，没有选择革命那条道路。"

经过一番考虑衡量，子文终于作出了决定。希安的美好愿望落空了。

"'我不能走，'他说道，'我不能那样做。我很抱歉给你添了这么多麻烦，但我实在不能那样做。'

他很激动，心神不安。我坐在大厅的楼梯上，惊讶地凝视着他。那天下午他已经下定了决心，可现在——！

'我怎样对你姐姐说呢?'我问道。

'让我们同我的家人谈谈。'他答道。

我们上了罗尔斯——罗伊斯汽车，在半夜一点钟的时间拜访了一圈人。我没有参加宋家的谈话，只能想象他们所有的人怎样劝告子文不要破釜沉舟。在他谈话的人当中，有完全美国化的美龄……还有孔祥熙博士，他是子文的姐夫。争论了几个小时之后，子文走出孔家的内室，情绪低落，脸色阴郁地说道：

'决定了，我不走了，告诉我姐姐我会写信给她。白白给你添了麻烦，我很抱歉。'

我用一辆大汽车送他回家，像是坐在柩车里一样。我们两人都没有说一句话。我纯粹是被事情的变幻不定搞得疲惫不堪，他则是非常阴郁沮丧。我以后再也没有见过他。那天夜里的事情给我留下了我对宋子文的最终印象。这一印象既是对他个人的，也是对这一类人的，即在两岸之间不知所措的正直的自由派人物。"

与宋子文一样，庆龄也时常处于危险的境地，不同的是，他们采取了完全不同的态度面对威胁。

谢伟思的备忘录中曾经谈到宋庆龄在家族中的危险处境。"近来有几个团体邀请她访美……但是有人坦率地告诉她，不允许她出国……她谈到她的家'常受烦扰'……我不由得有这样一种印象，孙夫人的处境颇为紧张、困难，她比过去任何时候更像一个囚徒。"

随着蒋介石在宁汉之争中渐占上风，武汉的局势日益严峻。宋庆龄坚持留在武汉，她坚定地反对蒋介石。这使她对整个宋家都唱了反调，包括对她有着深深敬意的宋子文。安娜·路易斯·斯特朗记录了在武汉见到宋庆龄的情形，"我应邀同孙中山的夫人宋庆龄在一起……革命需要她；她也献身于革命，这不仅是由于她本人对革命的忠诚，也是由于数以百万计的朴实的中国人民因为她是孙中山的遗孀而把她当做半个孙中山来崇拜……她的朋友们劝她背弃汉口的革命政府，甚至准备了一条日本船供她调用，以便逃离，因为他们认为她是被迫留在武汉的。当她明白表示她留在武汉是完全出于自愿时，她便受到种种的诽镑中伤和攻击。"

此时，宋子文已经完全被他家族的大多数征服了，他当然不想与自己亲爱的姐姐对立起来。于是，趁着回到武汉替蒋介石办事的机会，他试图说服庆龄脱离危险的境地。他邀请庆龄出去散步，以摆脱监视他们的人。确定安全后，他小声地告诉庆龄不要回上海，因为那里他们的大姐霭龄"计划好对她进行暗杀，就像霭龄以前暗杀过的几个人一样。"

家族间的斗争血腥至此，庆龄尽管伤心，却依然坚持她自己的信仰和原则。正如当时也遭到迫害的苏联顾问鲍罗廷所说："我要尽可能来到最后的时刻。当我非走不可时，我会离开。但不要以为中国革命要完结了，或失败了。这只是最短暂的失败。革命将转入地下，成为一种非法运动，受到反革命的压制，被反动力量和帝国主义打入低潮；但是革命已经学会了应如何组织力量，怎样进行斗争。一年后，两年后，或五年后，它迟早要再度走向高潮。革命可能会失败多次，但最终一定会取得胜利……这里所发生的事情，人们是不会忘记的。"

确实，无论怎样掩饰，蒋介石在四一二反革命政变中的所作所为都无法令真正革命的人们信服。真相被不断的揭示出来。据埃德加·斯诺统计，上海在白色恐怖中死去的人数在五千到一万之间。

韩素音则写道："另有八千人在第二周内被杀。近六千余名妇女、少女、工人的妻子、女儿被转手卖给上海工厂去做工或给妓院当妓女。在上海外国女人的心目中，把杜月笙这个人贩子当成了英雄。蒋介石为他授勋，称他为社会栋梁。”

蒋介石不仅疯狂屠杀共产党和左派，还借机大发横财。记者索克思说蒋介石，“以捕捉共产党人为借口，进行了各种形式的迫害。人们被绑架，被迫付出巨额军事捐款……这种反共恐怖使上海和江苏的人民受到了近年来前所未有的恐惧。”这真是一举多得的买卖。

《纽约时报》也对此有所报道，“在上海市及其周围的中国商人的处境很惨。在蒋介石将军的独裁控制下，商人们不知明日命运如何。财产充公，强迫借款，流放他乡，也可能横遭处死。”

面对蒋介石的暴行，宋庆龄等国民党中央执委会人士公开表明了自己强硬态度，“鉴于蒋介石犯下屠杀民众、镇压吾党的罪行，鉴于他蓄谋从事反动之活动，其罪大恶极，昭然若揭……自应将他开除出党并撤销其一切职务……我军将士务必遵照镇压反革命法将他速捕归案，并送交中央政府严加惩处。”这样激烈的反应当然令蒋介石恨之入骨。

此事甚至也引起了当时在苏联求学，蒋介石的长子蒋经国的愤慨。他那时还是年轻的左派，加入了共青团。他在莫斯科一家报纸上发表了致蒋介石的一封公开信，信中写道：“蒋介石一度是我的父亲和革命朋友，现在却成了我的敌人。几天前，作为革命者的他已经死去，现在活着的是他反革命的鬼魂。对革命，他曾满嘴甜言蜜语，竭尽歌功颂德之能事，但机会一到却背叛了它……打倒蒋介石！打倒叛徒！”尽管后来，蒋经国还是“幡然悔悟”，回到了他这位伟大的父亲身边，并成为父亲的得力助手和接班人。但他此时的行为的确令蒋介石恼羞成怒，以至于若干年后，蒋经国不得不费尽力气才与父亲言归于好。

宋子文在这次事件中完全成为了蒋介石对付宋庆龄和武汉政府的说客。很快，他就取得了理想的进展，汪精卫开始为投降开价了。7 月 12 日，宋给孔祥熙发去密电，让其告诉蒋介石，汪精卫提出的条件。次日，孔即回电，称“请告出售人，商人同意按索价付款，盼如期发货。”显然，双方已经达成了协议。只等按计划实施了。

陈友仁则对此愤愤不平，“你想这个商人指的是谁？指的是蒋介石。被出售的商品——那是指叛卖武汉政府。这种语言表明了孔祥熙和宋子文的思想意识，这买办的语言。他们把中国的命运当做商品买卖。”

事情发展到这样的地步，莫斯科给鲍罗廷发来最后的指示：“武汉政府已完成其革命使命；它已变成反革命力量的代表。”根据莫斯科的指示，7 月 14 日，为了免于再次遭到迫害，中国共产党退出武汉政府。

尽管蒋介石想尽办法封住宋庆龄的嘴，但是 7 月 14 日，坚持奋战到底的宋庆龄还是在《密勒氏评论报》上发表了充满激烈言辞的声明。

“本党若干执行委员对孙中山的原则和政策所做的解释，在我看来，是违背了孙中山的意思和理想的。

……一切革命都必须是社会的革命，以社会的基本变革为基础；否则便不称其为革命，只是改换政府而已。

为了在中国革命中指导我们，孙中山把三民主义……交给了我们。目前存亡攸关的是民生主义，它是解答中国基本社会变革问题的主义。

从这个主义，我们可以看到他对于社会价值的分析和他对于工农地位的确定。这两个阶级在我们打倒帝国主义，废除奴役我们的不平等条约和有效地统一全国的斗争中，都是我们力量的基础。他们是建设自由新中国的新柱石……如果我们采取了削弱他们的支持的任何政策，我们便动摇了党的基础，出卖了群众，而反不是真正忠于孙中山……

但是现在有人说政策必须按照时代的需要而改变，这种说法虽然有一部分道理，但是政策决不应改变到如此地步，以至成为相反的政策，使革命政党丧失了革命性，变为虽然扯起革命旗帜而实际上却是拥护旧社会制度的机关；而本党就是为了改变这种制度才建立起来的。

……今天中国农民的生活比孙中山当初痛感人间不平而终生投入革命的时候更加困苦了。然而今天自命为孙中山信徒的人，口头谈的是阶级，心里想的却是一种实际上漠视中国千百万贫苦农民的疾苦的革命。

现在更有人非难农工运动为新近的外国产物。这是谎话。二三十年前孙中山在言论思想中就表示要用革命来改善中国农民的地位……

这些年来，他的目标是很明确的。但是现在人们又讲什么新近的外来影响了。当俄国还在沙皇铁蹄之下的时候，孙中山就已经倡导中国土地革命了。难道他是外国阴谋的工具吗？

孙中山的政策是明明白白的。如果党内领袖不能贯彻他的政策，他们便不再是孙中山的真实信徒；党也就不再是革命的党，而不过是这个或那个军阀的工具而已……是一部机器，一种压迫人民的工具，一条利用现在的奴隶制度以自肥的寄生虫……

革命在中国是不可避免的……我对革命并没有灰心。使我失望的，只是有些领导过革命的人已经走上了歧途。”

这份声明公开表明了宋庆龄对于蒋介石的否定和反对立场。也巧妙地将蒋介石的言论与孙中山的主张区别开来，使人一目了然，蒋介石并不是向他自己标榜的那样，在践行孙中山的原则，相反，他根本背叛了孙中山。

但是，有着多年青帮经验的蒋介石显然更精通于谋权之道。他成功地与对他完全对立的宋庆龄攀上亲戚——通过她的妹妹美龄。《大公报》的创始人胡霖对于蒋介石这一行动有过全面的分析。

“蒋介石再婚是一个深谋远虑的政治行动。他希望做他们的妹夫，以便争取孙中山夫人……和宋子文。当时蒋介石也开始想到有必要得到西方的支持。以美龄做他的夫人，他便有了同西方人打交道的‘嘴巴和耳朵’。另外，他很看重子文这个金融专家。不过，说蒋介石不爱美龄那是不公正的。蒋介石显然认为自己是个英雄。在中国历史上，英雄难过美人关。出于政治考虑，蒋介石无所不为。对蒋介石来说，在这种情况下娶一位新夫人似乎是理所当然之举。”

历史学家唐良礼则对此用了一句话来概括，“蒋介石渴望全盘继承孙中山的遗产。”

在这桩令庆龄与家族最终反目，也令子文曾经非常恼火的婚姻中，霭龄无疑扮演了一位有主见的家长角色。作家韩素音写道：“她一贯是牵线的媒人、策划者和家庭财富的积累者。把自己的小妹妹嫁给国民革命军的强有力的总司令不是一个绝招吗？‘我们可以利用这个人！’她说道。于是她立即着手说服固执的美龄，要她相信这一婚姻符合大家的利益，尤其符合宋氏家族的利益。”

宋霭龄与宋美龄

一开始庆龄也认为这桩婚事完全是“人为的安排”。埃德加·斯诺回忆说：“我首次见到庆龄时，她说双方都是在婚姻上投机，没有什么爱情。”而十年以后，庆龄的看法有了一些转变，她对斯诺说：“最初不是出自爱情，但现在我想是爱情。美龄和蒋介石现在真诚相爱。”因为明显的，她认为“倘若没有美龄，蒋介石会比现在更坏。”虽然庆龄与美龄的政见不同，但是骨肉亲情仍然使庆龄认定蒋介石这个坏蛋与妹妹在一起以后，受到了良好的影响，否定蒋并不代表完全否定美龄。

大姐霭龄的力量真是不可小觑，她细密的心思，精于谋划的头脑很快使宋母由原来坚决反对蒋宋联姻，转变为赞同。实际上，在宋母正式表示同意之前，霭龄已经在上海向新闻界宣布了“蒋将军将同我小妹喜结伉俪”的消息。在她上海西爱咸斯路家的花园里，这对未婚夫妇的合影迅速登上了国际主流媒体的版面。1927 年 9 月 17 日，驻上海记者米塞尔维茨在《纽约时报》上刊登的报道，宣布“蒋介石与孙夫人之妹即将婚配”。而一名英国裁缝正在为蒋介石赶制正式礼服。“据解释，蒋介石按照中国的旧例……宣布他第一个妻子不再是他的妻子……这便算离了婚。蒋介石已否认目前在美国的蒋夫人是他的妻子。除他的原配夫人之外，他似乎还送走其他两个‘妻子’，现已准备好与宋小姐结婚。”

就连远在俄罗斯的庆龄也从报上得知了蒋介石将要迎娶她的妹妹美龄的消息。这当然对她是一个不小的打击，因为蒋宋联姻意味着她与美龄之间将存在一个不可调和的矛盾。而此时的宋母还被她的宝贝女儿们蒙在鼓里，因为她在上海时坚决不同意蒋介石的求婚，于是就被霭龄刻意安排去了日本，这样上海的事情就完全脱离她的掌控了。9 月 26 日，蒋介石拿到了他定做的英式礼服后整装上路，前往日本向宋母提出迎娶美龄的要求。现在，宋母在霭龄的软磨硬泡下态度也发生了转变。项美丽记录道：“蒋介石证明他已与少年时代的配偶离婚，并已解决了人们私下议论纷纷的其他纠葛。然而还有他的守教问题尚未解决。宋母问他是否愿意皈依基督，幸运的是他的回答使宋母倍感满意。他说他将试一下；他将研究圣经，尽最大的努力。但他不能保证在未弄懂之前接受基督教。宋母的偏见开始动摇了。不久便宣布了订婚。”

1927 年 12 月 1 日，在上海大华饭店举行的豪华婚礼上，宋子文亲手将妹妹美龄交给了蒋介石。从此将自己的余生与蒋介石牢牢联系在一起。也正是这样，注定了他将在家族的夹缝中终生挣扎，直到最后也没有能够找回最初兄弟姐妹之间纯真的骨肉亲情。这不能不成为他一生的悲剧。

婚后，蒋介石按捺不住得到强大后盾的激动心情，急于表明自己热心革命事业的决心，他立即发表了一项声明，称：“我们婚后，革命工作无疑将取得更大进展，因为此后我可安心承担革命重任……从现在开始，我们两人决心为中国革命事业竭诚竭力。”新婚的喜悦看来并没有冲昏蒋介石的头脑，他似乎对于事业的追求更加急迫了。

12 月 2 日，《纽约时报》以头版头条的重要位置刊登了蒋宋联姻的盛况，并敏感地将此事与即将召开的国民党全会联系起来。报道称：“如果会议成功，蒋介石将东山再起。”

果然，8 天后的 12 月 10 日，蜜月中的蒋介石又添新喜，重登总司

1927年12月1日，在上海大华饭店举行的豪华婚礼上，宋子文亲手将妹妹美龄交给了蒋介石。从此将自己的余生与蒋介石牢牢联系在一起。

令宝座，并且还当选为中央执行委员会主席。

重掌大权的蒋介石令新夫人喜出望外，美龄似乎有些对手中突然膨胀的权力飘飘然了。她甚至忘记了蒋介石赖以发达的基础——青帮。这个小小的忽视给了她一个深刻的教训。若干年后，端纳向伊洛娜·拉尔夫·休斯讲述了美龄这次的危险遭遇。

“在上海，重要人物都要向青帮交纳保险费，这是惯例。蒋介石一向交‘费’。但美龄在蜜月期间开始做蒋介石的工作。她说蒋介石现在是总司令，是中国最重要的人物，不属需要交保险费的人之列。

她是一个任性不羁的年轻女人，常常不注意穿着打扮、眼神锐利，像是要把一切事情看穿。她对自己的身份深感自豪。纵使宋子文多年来一直暗中为她付保险费，她也不会知道。

蒋介石被美龄的话冲昏了头脑。他和新娘再下山时，他们就微服出行，悄悄进上海。那天总司令有一些紧急约会，要晚些回家。

两小时后，一辆豪华的罗尔斯·罗伊斯轿车来到西摩路宋公馆。汽车里有一个司机和一个漂亮的使女，要送美龄‘去见她姐姐’。

美龄上车去了，但根本没到霭龄家。几小时后总司令回来了，越想越着急。他感到有可疑之处。在这种情况下是不能去直接查问的。他给子文打了电话。

蒋介石的大舅子很快就明白了总司令讲的是怎么回事。子文挂上电话，又拨了一个鲜为人知的私人号码。听筒里马上出现了一个熟悉而又可怕的声音。那是杜月笙。

蒋夫人安然无恙，不必担心。她健康良好。她被人发现只由一个使女陪伴，在危险的上海街道上开车。考虑到无时不有危险存在，这是非常冒失的行为。为了她的安全，她已被送到一所舒适的别墅。由于大家极为尊重她的地位，尊重她是中国新统治者的夫人，所以她在那儿得到了一切应有的礼遇。尽管大家苦心奉承，但她似乎并不高兴，拒绝进食。自举行婚礼以来，总司令公务如此繁忙，以至于未能为自己和夫人安排较为妥当的保护。在像上海这样危险的城市里，实在是疏忽大意。杜月笙对此深表遗憾。

也许宋先生愿意前来，为这一意外事件作出适当安排。这不过是履行对他妹妹的安全有利的一点儿例行手续。”

事情最终的解决当然是宋子文出面，赶到杜月笙的私邸履行例行手续，然后将美龄接出送还给蒋介石。这次的遭遇使美龄深深地意识到，即使是中国的最高统治者也需要他自己的根基。忽视这个根基绝对不是个明智的选择。

与宋子文再次位高权重和美龄平步青云相反的是，他们的姐姐庆龄正在莫斯科经受难以想象的折磨。流亡生活前赖以生存的经济来源已经断绝。艰苦的环境使她变成了“一个哀婉动人的形象”。希安在他给国务院的报告中说：“她被各种纠缠不休的要求所困扰，要她对共产党关于中国问题互不相同的声明和政策公开表态。一般的意见显然认为，俄国人在中国受到严重的‘挫折’。因而，所有到莫斯科的中国革命者都是身无分文，而且也永无获得金钱的希望，除非都去美国谋生。”

在这样窘迫的情形下，宋庆龄唯一的安慰是一直陪伴在她身边的朋友雷娜·普罗梅，她们一起从中国逃亡苏联，患难与共，感情深厚。然而，这个最后的牵挂不久也离开了她。11 月 20 日，雷娜因为脑炎去世。在苏联，她的病一直被医生认为是肺结核，这显然耽搁了治疗的良机。感恩节那天，雷娜的葬礼在暴风雷中举行，几乎所有的中国流亡者都来参加。这个场面对于庆龄又是一个不小的打击。希安的记述使人们深切地感受到了庆龄当时的无助和孤独。

"在葬礼举行的那天下午，我们经过数小时的跋涉，穿过莫斯科，到达新建的火葬场。参加葬礼的有中共、苏共及美共的代表团，他们当中有不少人与雷娜素不相识。那天天气寒冷。途中，我注意到了孙中山夫人那瑟瑟发抖、微微弯曲的身影。她从中国方面的收入来源已告断绝，而她自尊自重，不愿接受陌生人的资助。她连件冬大衣都没有，只裹着一件单薄的黑斗篷，在阴冷刺骨、冰雪凌凌的街道上缓慢地行走着。苏联外交部借给她的一辆轿车就跟在送葬者队伍的后面，至少车子里总要暖和些。我曾劝她上车，但她不肯。她两臂交叉，低垂着端庄秀丽的脸，亦步亦趋地穿过了这个城市。仅仅几天之前，她的病才痊愈，脸色仍是十分苍白。甚至透过那使万物飘忽不定的寒雾，我仍能意识到，宋庆龄现在是所有流亡者中最孤独的人了。她正在早降的夜幕中紧跟着她那公而忘私的朋友的灵柩之后战栗前进。"

好朋友的去世使庆龄对于莫斯科没有了最后的牵挂。1927 年 12 月，她借口要参加布鲁塞尔的国际反帝大会，离开了冰冷的莫斯科，来到另一个完全不同的城市——柏林。在这里，她又开始战斗了。这里有她志同道合的老朋友邓演达，还有正在轰轰烈烈进行的国际反法西斯运动和反帝联盟。她的生命又焕发出热情和力量。12 月，刚刚抵达柏林的宋庆龄就当选为反帝联盟的名誉主席，一年半以后，她再次当选。当然，所有的活动仍然属于革命的性质，不得不秘密进行，庆龄又回到了革命初期的年代。

庆龄的行动一直是美国关注的对象，一份美国使馆呈报华盛顿的秘密备忘录对此有所记述。

我从一位密友处获悉，孙中山夫人三周来在柏林一直隐匿。行止十分神秘，甚至警方也不知道。

在莫斯科的半年侨居，彻底粉碎了她对布尔什维主义和布尔什维克在中国的宣传所抱的幻想。

她对现在国民革命政府治理下的中国不抱任何希望，认为这个政府普遍贪污腐败，其中也包括靠政治发财致富的孙中山前妻之子孙科。

孙科正在世界各国访问，昨天抵达柏林。而他的继母则可能在听到他来访的消息的前一天就离开了她的藏身之处。

她与中国保持密切联系，正在研究如何忠实地贯彻实行她丈夫的“三民主义”，以拯救这个国家。

她在这里过着俭朴、甚至是清苦的生活。

她曾被邀请去美国，以每晚五百美元的报酬作三十次讲演，但迄今为止尚未接受。

这边庆龄在柏林继续她的革命事业，国内羽翼渐丰的蒋介石也没有闲着。他正忙着进一步证明自己是孙中山的正派继承人。他在南京紫金山为孙中山修建了一座宏大的陵墓，并想借此将庆龄拉入自己的阵营。他派宋家的小弟子良去柏林接庆龄回国参加葬礼，用意十分明显。首先，子良没有参与政界的纠纷，是个只顾自己生意的良民，他和庆龄一直保持着良好的姐弟关系。子良出面，庆龄不会给他太大的难堪。其次，孙中山的正式葬礼是蒋介石一手安排的。庆龄回国参加国葬无疑是接受了蒋的好意，也意味着蒋可以利用这个机会对自己的正统地位大肆宣传。这是两人缓和关系的良好契机。但是，庆龄早就看透了蒋介石的这一伎俩，她虽然同意回国，但在回国前却发表了一份公开声明，表明了自己回国只是参加葬礼，与政治主张无关。

“我将动身回中国，参加中山先生遗体移葬紫金山的仪式。他生前曾希望能安葬在那里。

为消除任何可能发生的误会，我郑重重申，我将恪守本人1927年7月14日在汉口发表的声明，即：由于国民党中央执委会的反革命政策与活动，我宣布不再参加国民党的活动……

因此，很显然此行我参加葬礼绝不意味着，也不能被解释为我对以前的决定有任何更改或转变。只要国民党领导层仍与孙中山的基本政策背道而驰，我就绝不直接或间接参加国民党的任何活动。”

这番声明使蒋介石的如意算盘一下子落空了。子良当然也明白其中的道理。尽管他也希望姐姐和姐夫能够尽释前嫌，但是庆龄的坚决拒绝也使他无可奈何。此时，庆龄用一句话概括了自己与宋家多数人的区别，即：“是宋家为中国而存，不是中国为宋家而存。”这简直就是经典的讽刺。

回国的路线是从西伯利亚铁路首先抵达哈尔滨。当时的媒体报道了人们欢迎庆龄的热烈场面，这很有些像后来宋子文从美国回国时的盛况。

“从边界起，沿途各站均有人迎送。列车正点到达哈尔滨。一大群人在站上恭候，其中有中国官员，铁路负责人，商界、财界及社会各界的代表；在场的人中还包括苏联和日本的总领事。孙夫人很快地从专车来到贵宾候车室，内有香槟和水果招待。在拍照后，她即动身前往宾馆。晚七时，在摩登大饭店设宴为她洗尘。十点四十，她返回车站，动身前往北京。送行的人比迎接的人还要多得多，人们向她献了很多花束。列车在旗帜挥舞中，在军乐的伴奏下驶出了车站。”

面对热烈欢迎她回国的人群，她也没有忘记一再重申她对于革命和国民党的主张，“国民革命运动已遭背叛和彻底歪曲。……而对中国来说最大的污辱是，这种无耻的反革命活动正是由那些一直被公众视为国民革命运动化身的人们领导的。……这些人……正竭力把中国再次拖到为了个人私利和权欲而不断混战的旧道上去。”

到达南京参加完丈夫的葬礼，庆龄就回到上海莫里哀路宋家的老房子里，在那里她又开始对蒋介石发起新一轮的进攻。1928 年 8 月 1 日，国际反战日当天，庆龄发给柏林反帝联盟一份电报，公开对南京政府进行谴责。

“……反动的南京政府在野蛮镇压中国人民方面是帝国主义的同盟军。反革命的国民党领导人的叛徒嘴脸从未像今天这样无耻地公开暴露于世人面前。由于背叛了国民革命，他们便不可避免地堕落为帝国主义的工具，并力图对俄国进行战争挑衅。但是中国人民既不畏残酷的镇压，也不受欺骗宣传的蒙蔽，他们只为革命战斗到底。恐怖行为只会使更广泛的人民群众动员起来，只会加强我们战胜血腥反动统治的决心。”

这份电报激励了广大的真正的革命者，他们通过各种途径来传播这个令人振奋的檄文。而庆龄在上海的住处也时常被不明来历的人窥视，但是这些都没能恐吓住这位勇敢的战士。她说：“在发出电报后，我内心感觉平安……对我个人有什么后果是无关紧要的。”“我心里从未对革命感到失望，我感到失望的只是有些领导过革命的人背叛了革命的道路。”这样的人物不只是蒋介石一人，许多一开始发誓要追随孙中山先生的“激进的革命者”，最后都成为蒋介石的“同志”，这当中也包括深得孙中山器重，曾任孙秘书的戴季陶。这时，他也“好心”地来看望处境不妙的孙夫人了。在庆龄的笔记里，对这段精彩的唇枪舌剑有着详细的记录。

“经过一段寒暄之后，戴君首先便说他的身体坏极了，几次想离国远去，去年他已经打定主意要到欧洲去了，蒋介石和其他许多朋友大家都来劝勉共勷国家的建设工作，阻止了他许久存在心里的计划。戴君还说，他既不为金钱，亦不贪图地位，只不过分担一分党国艰难事业的责任，此外他是没有其他什么动机，敢于恋栈的。我明白戴君是带了蒋介石的使命来探我的消息的，我马上把这些话打断了，就说他没有能出国，是很可惜的。他被我的话窘住了，默不作声。

在这当儿，戴君似乎要立起来的神气，嗫嚅着像是有什么东西要给我看，同时他的手在他的口袋里摸索了一会儿，后来取出一张折着的纸。他正要递到我手里来，我已经看清楚了，我就冲着他讲，那好像就是我拍给反帝国主义大同盟的电稿，是南京政府不许发表的。

戴：这真是从你这里发出去的吗？我真不大相信，像您这种地位，取这态度，实在是有点不可思议。这诚然是一桩很严重的事啊！

宋：这是唯一诚实的态度，即使孙先生处于这种环境之下，也是要取这种态度的。你散布谣言把我的电报视做共产党的捏造不免太遗憾了。我有权可以证明，一字一句都是出于我自己的。

戴：共产党是要负一切罪恶的责任的，尤其是现在，共产党受莫斯科的指导，在中国全国杀人放火，你怎能发出这种电报来攻击政府呢？我们把私人关系搁在一边，政府对这种严重的过失，是不能忽视的。纵使政府有了错误，你也没有权利公然的说话。你应该遵守党的纪律。而且这件事尤其不好的地方，是拍电报给外国人啊！这无异丢政府和民族——你自己的民族——的脸啊！

宋：遵守党纪，虽然，谢谢你们把我的名字列上你们的中央执行委员会，其实我并不属于你们的贵党。你竟有这种勇气告诉我，说我是没有权利说话。你们可是把我当做招牌去欺骗公众吗？你的蓄意正是一种侮辱。相信吧，没有哪个以为南京政府是代表中国的人民的。我是代表被压迫的中国民众说话……这是你也知道的。……你们的爪牙杨虎，在法国巡捕房控告我装置秘密无线电，这不是丢脸吗？你们对于中国革命的历史，留下了多少的玷辱，民众将有一日要和你们算账啊！

戴：你太性急了。孙夫人，革命不是一日能够成功的，请你不要枉费精力于这种破坏方面，来攻击政府和几个领袖，需要与我们歙和才是你的义务。你的愤激和感情，我都能够十分了解，这也是过去几年痛苦经验的结果。但是孙先生不是一个寻常人，他较一切人超拔，天赋予他一种非常的智慧和才能……

宋：……我要警告你，不要把孙先生当作偶像了，他的思想与行动始终只是一个革命家。我很担心，觉得你的心理已经堕落了。

戴：正好相反，我的心理已经与时俱进了。改进社会情形、改良人民生活，这不是革命的吗？

宋：国民党原来是一个革命的组织，绝对不是一个改良派的会社，否则，它就应该叫做进步党了。

戴：那么请问你，对于一个革命者的意见是怎样呢？这就似乎有很多不同的定义了。

宋：革命者就是这样，他不满意于一切的现状，努力以求建设有利益于社会广大群众的新社会制度来代替旧的社会。然则我又可以问你，几年来你们更有什么革命的成绩呢？

戴：恐怕你没有留心到政府各部的进步吧，有新的建设，废除了旧日朽败的房屋重新建筑了新的，同时并计划推广新的铁道改革国家交通，救济人民的痛苦……

宋：我觉得除了看见你们妄肆屠杀几十百万将来可以代替腐败官僚的革命青年以外，没有什么了；除了穷苦绝望的人民以外，没有什么了；除了军阀争权自私自利的战争以外，没有什么了；除了横征暴敛苛取于民以外，没有什么了。老实说，你们什么都没有，只有反革命的活动罢了……

你是不是以为孙先生改组国民党是要使富人更富，便于吸吮中国几万万垂死人民的膏血吗?

戴：介石正在极端努力以谋实现孙先生的建国大纲，他负着极大的责任，前途要超过无穷的阻碍，全体忠实同志，都应该来辅助他。但是现在处于这种情形之下，是很困难而又复杂的。诚然，即使蒋介石把政府交给你，或汪精卫，我敢断言，情形纵使不更变坏，也不会有半点改善的吧?

宋：实在说我并不希冀代替蒋君……

戴：你不能够到南京来一游吗?那里有你的亲族，在那样的环境里面，你也会比较的快活一些。我们同是人类，而且还是富于感情的人类呢。

宋：假如快乐是我的目的，我就不会回到这样痛苦的环境里面。目击我们的希望与牺牲白白葬送，我宁可同情于民众，比对于个人还重视些。

戴：孙夫人，我希望你不要再发表宣言。

宋：戴君使我不说话的唯一办法，只要枪毙我，或者监禁我，假如不然，这简直就是你们承认了你们所受的指责并不冤枉。但是你们无论做什么事情，都要和我一样的光明，不要使用鬼祟的毒计，把侦探来包围我。

戴：我到南京回来以后，再来看你吧。

宋：再来谈话也是没用的了，我们彼此之间的鸿沟相差得太远了啊！”①

这番针锋相对的谈话着实惹恼了戴季陶，他看在孙中山面子上的容忍几乎已经到达尽头。因此，在告别孙夫人时，他忍无可忍地说出了自己最真实的想法，“如果你不是孙中山夫人，而是别的什么人的话，我们会砍掉你的头。”而其实这早已是庆龄意料之中的事，而她也对此毫无畏惧，“如果你们真是像自己所标榜的那样是革命者，你们尽管砍掉我的头好了。”

虽然蒋介石没有砍下宋庆龄的头，但是却在精神上百般折磨她，试图摧毁她斗争的意志。国民政府四处散播谣言，诋毁庆龄的名誉。安娜·路易斯·斯特朗对于当时的情况记述说：“她过去的共事者想以诽谤毁坏她的名声，经常有人造谣说她与在俄国的或在德国的这个人或那个人结了婚。任何有名的中国革命者，只要前来找她共事，都可能被说成是她的新丈夫……这类诽谤也许还不如另一类诋毁更使她恼火。有人散布谣言，说她根本没有作出独立判断的能力……她在巴黎告诉我：‘每当我发表一项声明，他们总认为我一个妇道人家不可能有自己的独立见解，似乎我所有的观点都是受莫斯科的影响。’”

庆龄回到上海后不久，她的亲密战友邓演达也从柏林秘密返回了上海，住在公共租界的一处隐蔽房子里。他们继续共同进行反对暴政的斗争。然而，邓演达却没有庆龄那样有效的保护外衣，使蒋介石不敢对他动手。在被公共租界内的英美警察交给南京的秘密警察后一年，受尽折磨的邓演达被蒋委员长下令处死。之间庆龄的多方奔走，甚至亲自找到蒋求情都没有起到任何效果，这使庆龄又经受了一次沉重的打击，也使她更为愤怒。她说：

“当作一个政治力量来说，国民党已经不复存在了。这是一件无法掩盖的事实。促成国民党灭亡的，并不是党外的反对者，而是党内自己的领袖……

---

① 《宋庆龄选集》第43—49页。

残暴的大屠杀和恐怖迫使革命转入地下。国民党以反共为名来掩饰它对革命的背叛，并继续进行反动活动。在中央政府中，国民党党员力争高位肥缺，形成私人派系，以巩固他们的地位……但是，忠实的、真正的革命者却被有意地百般拷打，以至于死。邓演达的惨遭杀害就是最近的例子。我不忍见孙中山四十年的工作被一小撮自私自利的国民党军阀、政客所毁坏……我深信：虽然今天当权的反动势力在进行恐怖活动，中国千百万真正的革命者必不放弃自己的责任；反之，由于国家当前形势的危急，他们将加紧工作，朝着革命所树立的目标胜利前进。”

看来，邓的牺牲并没有削弱庆龄的斗志，反而激励了她与蒋介石斗争到底的决心。这样的结果令她的妹妹非常不快，因为后者正在借着蒋介石的权势春风得意，同样风头正劲的还有她的弟弟子文，似乎宋家除了庆龄之外都正在走好运。当然，这与庆龄的落魄形成了鲜明对比。具有讽刺意味的是，最初使这一家走上这条荣誉道路的却是被他们极力反对的庆龄与孙中山的婚姻。

此时，蒋介石已经俨然成为宋家最名正言顺的一员。他甚至充满“虔诚”地接受了基督教的洗礼，成为主的仆人。同时令宋家更乐意接受他。这个举动引起了国内外的强烈反响。国内对此议论纷纷，国外则表示欢迎，毕竟中国元首皈依基督意味着传教在中国将更为顺利。当然，也有一些有识之士敏感地将蒋的做法将他目前的处境联系起来，指出其目的在于取得欧美的好感和援助。

美国杂志《基督教世纪》的社论写道：

“蒋是政府首脑。从其颁布的教育及其他法令来看，人们普遍认为这个政府对基督教会在中国的传教规划是持反对态度的……基督教领袖们……正在严肃辩论此种规划有无实行可能……人们对蒋介石加入基督教社团将持有克制的热情态度。确切地说，中国以外的教会希望在作出这次受洗是一个重大胜利的结论之前，应用一段相当长的时期，静观事态的发展……大多数有见识的基督徒都认为，康斯坦丁改变宗教信仰曾使西方教会蒙受一次最大的不幸；同样，弗拉基米尔宗教信仰的改变也未被看做一次胜利，而对东欧真正的基督教来说毋宁是一次失败……当前中国局势带有其他因素应予考虑……例如，它明显而又急迫地需要外援，特别是外国贷款……需要资金是如此迫切，以致传闻鸦片贸易在官方或半官方的纵容下又兴盛起来……南京政府领导人……明白如有一个受过洗礼的基督徒当该政府首脑，西方对他们是会兴趣倍增的……在鼓励主席采取这一步骤时，他们心目中肯定已在盘算有哪些直接和实际利益……奉劝各地的基督徒，不要把这件事……看成是上帝的王国在中国取得巨大进展的具体标志。”

各种看法不停出现，但这并不影响蒋介石继续和欧美亲近。他现在已经有了一位向西方侃侃而谈的美丽夫人，美龄成为他走向西方的喉舌。与蒋介石联姻使美龄更加注意到国家大事，并开始频繁地在美国发表各种文章，这也正是蒋所需要的。美龄发表的第一篇文章是她写给威尔斯利学院同学的一封信，1928 年在《威尔斯利专刊》上发表。信中描述了她眼中的丈夫和中国。

“你无疑已从报上得知，中国军阀尚未被打倒。他们为了保持各自利益范围满足私欲，公然反抗中央政府，而置唯有统一才能救国于不顾。我丈夫身为国民政府主席和国民革命军总司令，已尽最大努力阻止反叛将军阎锡山和冯玉祥作乱。可是这些将军封建意识浓厚，只顾私利而不知其他，因而中央政府只得颁布戡平叛乱的命令，我丈夫作为总司令统辖全军……一想到我国面临的种种灾难我就感到痛心疾首。连年旱涝饥荒，共匪乘机作乱；而现在，为了满足无耻军阀的贪婪欲望，又要进行一场血腥战争。”类似的文章不断见诸报端，而且显然文笔越来越顺畅和充满煽动性。美龄真是蒋介石绝对忠实而能力超凡的支持者，或者说是合作者。她将外国传教士和妇女吸引在她周围，施加自己的影响。这样的做法使她在妇女界和国外迅速成为令人尊重的名人。

1933 年，庆龄被蒋介石施以重创，还未平复内心的伤口时，美龄已经开始以更坚决的行动表示对蒋的支持了。她执意来到江西山区的“剿匪”前线，这里正在进行着蒋介石消灭共产党的惨烈计划。尽管蒋听从了希特勒派来的冯·塞克特的建议，采取了焦土战术，当地民众的生活被破坏得一塌糊涂，而且耗费了巨额的军费，但是“围剿”的收效并不算大。共产党还在他们的根据地里神出鬼没。美龄在这里的确吃了一些苦，但她也的确够坚强，这次江西之行使她体会到很多从未经历的事情。或许在她看来，这是一次英雄的冒险历程。1934 年 1 月，她把这次旅行描述成夫妻共同的一次令人感动的爱国行为，写信寄给威尔斯利学院的一位老师。

"我在离开上一个战地司令部后，乘舶舨航行四天，于本月九日到达建瓯。您或许知道，我一直跟着我丈夫在江西前线'围剿''共匪'。我担任士兵慰问团的领导，尽心指导江西妇女慰问伤兵。我们要随军向腹地推进。生活是艰苦的，但我很高兴，我的健康良好，能够坚持，这样我就能同他在一起，就能协助他。假如我静坐家中，等到中国真正实现和平，那么我们将长期无法团聚，所以我宁愿同他在一起。我军进展迅速，我们每到一处停留一般不超过两周。我们虽不得不放弃一些物质享受，但那不算什么，因为我俩互不分离，各有工作。

……我想到上月围剿中发生在江西抚州的一件事，我们的战地司令部就设在那儿。一天，夜半更深，忽然听到城墙那边劈劈啪啪传来一阵枪声。出什么事了？我丈夫叫我赶紧穿好衣服，接着命令便衣队前去查看。这时枪声更急猛了。寒气袭人，我直发抖，借着昏暗的烛光，我匆匆穿好衣服，挑出一些绝不可落入敌手的文件放在身边，准备万一我们不得不撤离时就在火炉里销毁。然后我拿出左轮枪，坐待将要发生的事。我听到我丈夫在命令所有在场卫兵组成警戒圈。这样，一旦我们真被共产党包围，也可以杀出一条路来。我们不知道此时外面发生什么事，但我们知道敌人已感到绝望，我们打了许多胜仗。他们彻底被歼的日子就在眼前，因此他们拼命挣扎，想尽一切办法消灭我们。我丈夫把身边所有的人都送到战斗部队，仅留少数卫兵，所以我们实际上毫无防备。不过，我丈夫从来不要很多警卫，而且，他常拿自己的性命冒险，令人不寒而栗。这也是广为人知的事实。我若在他身边，他还稍加谨慎。不过他常对我说，一个真正的领袖切不可把自己的命看得过重，因为，对个人安危考虑过多势必要削弱军队的战斗士气。而且，我们是在为国家而战，苍天定会保佑我们的。即使我们被杀，难道还有比在战斗中死去更光荣的吗？

……再说说抚州的事件吧。一小时后卫兵送来报告。原来是城门哨兵在黑暗中把几辆载有我们自己人的卡车误认为是敌人的。在争吵中，车上一名士兵开了枪，这就激怒了守城哨兵，他们一起向假想敌人还击。挑起事端的人第二天一早便被军事法庭处决。我深为惋惜，但我想维持军纪还是必要的。在我们尚不明白这起事故的真相时，我毫不恐惧。当时我心中只考虑两件事：首先，标明我军行动方向和驻地的文件绝不能落入敌人手中；第二，一旦我要被俘，就开枪自杀，因为只有死才能保持清白、光荣，才算死得其所，那些被共匪俘虏的妇女个个都遭到难以言状的野蛮蹂躏和侮辱。

新年前夕，我丈夫和我一起到附近山上散步。我们发现了一株白花盛开的梅树。真是个好兆头！……他小心地摘下几枝，我们回到家中，点起蜡烛，他把这几枝花装在一个小竹篮里送给了我。这是一件真正的新年礼物！我想从这件事你也会了解为什么我愿意和他共同生活，他有战士的勇气和诗人的情感！"

当美龄对蒋介石的强硬手段深深着迷的时候，庆龄却正饱受着蒋介石和宋家联合起来"铁腕"的折磨。

美国1983年解密的备忘录中谈到了庆龄，"她想到华盛顿来，但是不敢来，因为害怕'宋帮'会杀死她……她希望公开阻止挪用租借法案款项的行为，她告诉（谈话人）只有总统一个人有权力阻止这种情况发生，她希望美国政府制订出某种办法，核查租借物资基金的分配情况，并对环球贸易公司进行调查。"谈话人也提到了1927年宁沪之争时，国民党左派政府的支持者宋庆龄拒绝向右派蒋介石政府妥协，宋子文好心的警告。"她在远离宋子文家的地方同他谈了很久。当时（宋子文）警告（孙夫人）不可单独去上海。他十分激动，握着她的手，在她耳边轻说出警告她的话。他直截了当地说，她如去上海，他就不能期望再见到她活着，因为她将要再背部挨上一刀。（孙夫人）听了付之一笑，（宋）表示必要时他能提出证明，他知道她有危险，因为（他们的姐姐孔夫人）正如以前已筹划过暗杀几个其他人一样，已经有暗杀她的计划。”

作为庆龄在家中最为亲密的人，宋子文与庆龄曾经有过相同的政见，尽管后来子文的软弱导致他转向庆龄的对立一方，但这并不妨碍他们在抗日问题上再次达成一致。1938 年 4 月，宋庆龄发起保卫中国同盟，并担任主席。这是个非党派性的救济机构，旨在争取国际援助，帮助中国抗战。庆龄邀请宋子文担任同盟会长，他欣然应允，并无偿地为同盟提供了很多物质帮助，还为同盟提供了位于香港西摩道 21 号的办公场所。在保卫中国同盟工作的 3 年，姐弟两人亲密无间，仿佛又回到了没有政见分歧的纯真童年。他们在 1940 年 4 月 15 日联名发表《帮助中国就是帮助你们自己——致海外友人的一封信》，呼吁世界人民支持中国抗战，信中说：“我们的人民毫无怨言地坚持着，因为他们知道，只有长期抗战，直到把最后一个侵略者赶出国门，才能赢得自由和美好的未来。我们希望你们能以同样的决心，尽你们的一切力量来减轻他们的苦难，坚持工作，不间歇、不懈怠，一直到我们获得胜利、亦即你们获得胜利为止。”1941 年 1 月 1 日，他们再次发表公开信，揭露日本在进入相持阶段后试图用政治诱降瓦解中国抵抗意志的阴谋，他们号召：“所有太平洋国家更紧密地团结，增强对中国的支持，并在日本改变政策之前，停止对日本所有直接或间接的援助。”并表明“保卫中国同盟坚定地站在中国的团结、民主和继续抗战的一边。没有民主就没有团结，没有团结就没有抗战。”这些掷地有声的呼吁激起的抗战热情还未消退，蒋介石就发动了震惊中外的皖南事变，掀起第二次反共高潮。尽管宋子文与蒋介石之间也存在这样那样的矛盾，尽管他也颇看不惯蒋介石军阀官僚的一些作风，但是每当遇到重大问题，他还是会坚定地支持蒋，这次也是同样。

事变发生后，同盟的机关刊物《新闻时讯》连续发表文章，揭露事件真相，谴责蒋介石的分裂行径。而远在美国的宋子文则匆忙表示要与国民党中央保持一致，对于同盟的言论不能苟同。姐弟之间的分歧再次凸显。5 月 30 日，宋子文致电同盟，宣布退出。他说：当初决定接受保卫中国同盟会长这一职务，“是基于这样一种认识，即同盟将致力于向国内外朋友募捐物资，以援助中国的抵抗力量和帮助受日本侵略蹂躏的平民”；现在决定退出同盟，是因为“同盟不应变为国内政治党派性的工具。既然同盟未征得我的同意，就在它的正式的《通讯》上刊登这类性质的文章，我很遗憾我必须退出同盟”。

6月1日，宋庆龄公开答复宋子文，称：“我作为保卫中国同盟的主席，对于宋博士感到必须采取这一步骤，只有表示遗憾。我认为我们之间没有什么原则的分歧，因为宋博士一向支持中国的团结、民主和继续抗战，这些也正是同盟的主要目的。

现在，任何有关党派性的说法，都可能是极为混淆视听的。

目前在中国只有两种现实的政策：以我们的全部力量来抵抗日本帝国主义；或者是妥协、屈服和投降。

保卫中国同盟全力支持第一种政策。如果我们这样做是‘有党派’的话，那么我肯定宋博士也是有党派的，而且我们真诚地希望他将保持这一点。

我们在保盟《通讯》中公布了一些事实，发表了一些观点，因为我们认为必须让海外朋友知道这些事实和观点。我们信仰民主和言论自由，我们为能让外国朋友从这些事实中作出他们自己的判断而感到高兴。

我们对中国团结的支持决不动摇，对任何危及中国团结的事情坚决反对。

同盟当然会应宋博士的要求发表他的电文。我们确实为宋博士担任会长长达三年之久而感到高兴，也为他现在离开我们而感到遗憾。”①

1945年8月，宋庆龄和子文一起前往莫斯科，他们在那与斯大林签订了中苏同盟。这是这对姐弟多年来的再次合作，也是他们的最后一次相聚。

抗战胜利后，庆龄仍然住在上海莫里哀路的老房子里，她还是对蒋介石充满谴责，她痛恨美国卷入中国的事务。西方这次对于她的言论给

---

① 《保卫中国同盟新闻通讯》第33期，1941年6月15日。

予了报道。“（1943 年 7 月 23 日上海消息）中华民国缔造者的遗孀孙中山夫人昨天说，美国和中国的‘反战派’正在尽力促使俄国和美国为中国内政问题打一场战争。

孙中山博士的遗孀，知名的宋氏姐妹之一，打破了两年来对中国政局保持的沉默，指责他的妹夫蒋介石政府，说美国军队待在中国无助于和平事业。她说，如果美国明确表示它将不对（任何一方）提供武器和军事援助……中国的内战就不会扩大。

她说：‘威胁却起自国内，起自内战。反动分子企图将美国卷进我国的内战，从而将全世界都卷入这个战争。’她申明这场战争的目的是要在中国彻底消灭共产主义。她补充说：‘这种内战已经是不宣而战地开始了。’”

庆龄反对中国的内战，但她的反对无法阻止蒋介石的决心。就像她无法阻止宋氏家族半个世纪的内战一样。在家族的内战中，庆龄是坚定勇敢的战士，而子文只能算是在战争夹缝中痛苦挣扎的走卒。

第九章

昔人已乘黄鹤去——黯淡收场

最后的晚餐

1971年，寓居美国的宋子文已经77岁。经过1963年回台的经历，他已经彻底脱离了国民党的政治漩涡，同时也向人们表明了他退隐江湖的毅然决心。八年间，他只是安心地享受着悠闲的退休生活，偶尔过问一下自己旗下公司的经营状况。现在，再也没有那些可疑的人来探头探脑，打扰他的生活了，这令他十分满意。他可以随意地去各地探望朋友，参加各种聚会，而不必再为安全问题大费脑筋，兴师动众了。人到晚年，通常不愿意冷冷清清地度日，喜欢热闹一些。宋子文也不例外，从未感到的轻松和自由让他感觉充满了活力。他热衷于邀请老朋友们到家里做客，也喜欢应邀拜访他们。张乐怡一直精心地照顾着他的身体，陪伴在他身边。宋子文虽然早就年过古稀，可是仍然红光满面，精神矍铄，说话声音洪亮有力，而且食欲旺盛。张乐怡常常开玩笑说他还是一副年轻小伙子的模样。

4月下旬，宋子文夫妇到旧金山拜访故交亲友，在那里，他们有很多朋友。他们在旧金山是忙碌而备受欢迎的。每天，都有朋友们的邀请，不是游玩就是盛宴。他们很乐于享受这种其乐融融的融洽气氛，因为这是完全没有掺杂政治目的的交往。24日，广东银行的老朋友董事长爱德华·尤（余经铠）邀请宋氏夫妇到他的府邸参加晚宴，宋子文欣然前往。

在旧金山琼斯大道1250号公寓1601室，爱德华的家中，宋子文夫妇受到了由衷的欢迎。这位在广东银行任职的老朋友与宋子文已有几十年的交情，彼此了解的程度恐怕不亚于他们的亲兄弟们，而一致的欧美作风和思考方式令他们更加投缘。因此，面对爱德华宋子文显得轻松随意，无拘无束。晚餐当然很丰盛，布置豪华、舒适的餐厅里笼罩着一股浓浓的暖意。屋顶上的大吊灯散发出柔和的灯光使桌子上的美味佳肴越发诱人，舒缓的轻音乐使每个人都不由自主地放松下来，而宋子文最喜欢的得克萨斯牛排散发着阵阵的香气。

老友相伴，美食当前。宋子文在这样的环境中心情出奇的好，胃口也大开。他一边大口地享受美味，一边和爱德华兴致勃勃地谈论着他们共同感兴趣的股票，美国的经济，石油等。而张乐怡则跟爱德华的夫人也早就熟识，她们的共同话题更为广泛，从丈夫的脾气到儿女情况，从流行的服饰到明星的传闻，两个人早就交流得热火朝天。晚餐的气氛非常好，宋子文不时地哈哈大笑。

突然，谈兴正浓的宋子文倏地站了起来，刚刚说了一半的话也就此没有了下文。他的举动让大家吓了一跳，几个人都愣愣地望着他，不知道发生了什么。宋子文伸手抓住自己的喉咙，脸上的肌肉痛苦地扭曲着，眼睛里发出惊恐的目光，他望着张乐怡，似乎要说些什么，可是还没等张乐怡反应过来，他就砰地倒在了地上。这意想不到的一幕吓坏了所有人，他们手忙脚乱地跑过来，将宋子文扶起来，试图叫醒他，可是他已经毫无知觉。几个人赶紧将宋子文送到医院急救，在急救室外等候的时间并不长，可是张乐怡感觉似乎过了几个世纪。不久，医生正式宣布，宋子文已经在送到医院前就去世了，也就是说在几分钟之内他就失去了生命。而夺走他生命的只是一大块食物，这块食物进入了他的气管堵住了呼吸，当他想把食物咳出时，剧烈的刺激使他的心脏不堪重负，引起了心脏衰竭。这位曾经叱咤风云、蜚声国际的著名人物就这样以如此简单的方式离开了人世。

宋子文的突然离世给了张乐怡一个沉重的打击，很长一段时间她都无法接受这样的事实，而宋子文的朋友们听到这个消息也都感到震惊。

当宋子文的灵柩从旧金山运回纽约后，悲痛万分的张乐怡不得不打起精神料理宋子文的后事。她不想让这位生前显赫的人物走得冷冷清清。可是，有些事的确是她无法掌握和控制的。而宋子文也绝对没有想到，自己的离世竟是这样的突然。而在他离世的同时，国际上又发生了一系列轰动一时的大事。具有讽刺意味的是，他的朋友美国和敌人中共已经握手言和。如果宋子文生前知道了这样的消息，不知道他会作何感想，或许会感叹世事难料，或许会为美国的背叛和抛弃而气恼，或许依然置身事外、冷眼旁观，或许更添一份失落和灰心。总之，他的离去使他永远摆脱了世俗的困扰，也结束了许多的纷争和矛盾，这未尝不是一件好事。

值得纪念的时代

1971 年，正是国际上的多事之秋，宋子文的去世赶上了一个热闹的时代。各方政治力量重新组合，局势的迅速变化促使各国改变原有的外交政策，去选择一种新的适合长远发展的路线。成立已经 20 年，在国际上仍处于困境的新中国和超级大国美国吸引了全世界关注的目光。他们之间关系的历史性解冻令世人震惊。宋子文的逝世在这个紧张、忙碌的时代里不能不被从一定程度上忽略，个人和国家相比的确是太渺小了，即使他与这些国家都密切相关。舆论和民众的热情都集中于不断变化、发展的国际局势，铺天盖地的各种跟踪报道和最新消息充斥着各种媒体，街头巷尾谈论的都是新近发生的令世人瞠目结舌的一个又一个重量级事件。

4 月 10 日，正当宋子文准备开始他的旧金山之旅时，美国乒乓球队正式访问北京，从此掀开了中美历史上新的一页。14 日，周恩来总理在接见美国乒乓球队代表团时称赞是代表团“打开了两国人民友好往来的大门”。21 日，周恩来请巴基斯坦总统给尼克松总统转去一个口信，表示“愿意公开接待美国总统特使如基辛格博士，或美国国务卿甚至美国总统本人来北京直接商谈”。由此，新中国已经明确表示了与美国修好的愿望。而 24 日，就在宋子文前往爱德华家赴宴当天，巴基斯坦总统叶海亚·汗将周恩来的口信转告了尼克松总统。尼克松表示接受中方的邀请。宋子文有生之年的最后一天成为开启中美两国关系史的关键。对于宋子文来说，不知道这是他的荣幸，还是他的不幸，或者说他是应该为此感到骄傲，还是为此而遗憾。因为他没能最终看到中美之间的最终正式建交，也没能看到台湾的蒋介石因为中美建交而暴跳如雷。

中美之间关系的缓解，并不是突然发生的。这个结局可以说是在国际多方力量的促动下，自然而然水到渠成的。而在这个过程中，中美双方领导人也起到了不可忽视的重要作用。

1969 年，尼克松总统入主美国白宫，他为美国带来了新的执政理念。他认为当时美苏争霸令美国的实力有所削弱，而苏联的威胁日益严重。同时，越战使美国深陷战争泥潭，损失巨大，国内反战情绪高涨。而同年春天，中苏边境发生武装冲突，两国关系发生严重倒退，中国也在抵制苏联的不断扩张，这与欧美各国有着共同的战略利益。因此，尼克松决定调整对中政策，缓和两国关系。1969 年 11 月 7 日，美国低调停止了已经持续了 19 年的第七舰队在台湾海峡的巡逻。这一行动向新中国发出了友好的信号，也表明了美国在台湾问题上的态度有所改变。

1970 年 1 月 20 日，在华沙大使级会议上，美国表示在台湾问题上，美国将不会妨碍两岸之间达成任何和平解决台湾问题的谅解。一个月后的最后一次大使级会谈中，美方默认台湾问题应由中国人自己用和平方式解决，而中方则放弃了原来坚持的不解决台湾问题就不改善中美关系的原则。这样，双方首次达成了默契，并希望进行更高级别的会谈。10 月 13 日，加拿大与中国正式建交，随后赤道几内亚、意大利、埃塞俄比亚先后与中国建交，承认中华人民共和国是中国的唯一合法政府。从而掀起了国际社会与中国建交的热潮。

到 1971 年，美国对新中国的态度更加温和，并开始了两国间的直接接触。4 月的乒乓外交得到了中美两国人民的普遍支持，美国队员在中国受到了空前的热烈欢迎。通过他们的双眼，世界人民看到了一个稳定发展的社会主义国家，那里曾经被视为禁区，从而披上神秘的面纱。现在，这个红色的中国开始向世人展示他们友好的笑容了。乒乓外交为中美两国关系的发展打开了新的局面，根据秘密会谈达成的一致意见，7 月 9 日，美国总统国家安全事务助理基辛格秘密访华。在华期间，基辛格与周恩来总理就双方建交问题进行了会谈。在会谈中，周总理提出了中方建交三原则，即美国承认台湾是中国一个省；美国从台湾撤军；废除美台“安全防御条约”。16 日，中美发表联合公报，将基辛格访华的情况公之于众，并宣布尼克松总统将于 1972 年 5 月以前正式访问中国。这无疑是又一颗重磅炸弹，在世界上引起了轩然大波。有了美国这个领头羊的行动表率，各国纷纷主动向中国示好，与台湾当局断绝外交关系，与中国建交。台湾在国际上逐渐陷入孤立的状态。10 月 20 日至 25 日，基辛格再次访华，针对中美之间的分歧进行深入磋商。最终，中方接受了美国的提法“美国承认海峡两岸的中国人都认为只有一个中国，台湾是中国的一部分，美国对此并无异议。”10 月 25 日，是新中国历史上值得永远纪念的日子，这天第 26 届联合国大会以压倒性的多数通过决议：恢复中华人民共和国在联合国的合法席位，同时将台湾蒋介石派驻的代表逐出联合国。联合国合法席位的恢复标志着新中国得到了国际社会的普遍认可和承认，从此新中国在国际中的地位得到重新确立，并发挥了越来越重要的作用。虽然，中美之间经过多次谈判，直到 1979 年 1 月 1 日才正式建立外交关系，但是 1971 年却是中美关系的解冻之年。

命运将 1971 年作为宋子文生命旅程的最后一年，不知道是否顺应了他彻底不问政事的意愿，抑或是帮助他摆脱了变化无常的人世纷争，也或许他会遗憾没有赶上这些热闹的大事呢！

葬礼风波

宋子文去世之时正值中美外交开始解冻，“乒乓外交”正在中美两国热烈地进行。美国总统尼克松认为宋子文这位宋氏家族中最为矛盾人物的去世，恰好可以提供一个将美国的宋霭龄、大陆的宋庆龄和台湾的宋美龄齐聚美国的机会。利用这个难得的机会，尼克松可以大大促进中美两国建交的进程。因此，他立即邀请宋家三姐妹来美参加葬礼。

当时的三姐妹由于选择了不同的道路，处境各异。

大姐宋霭龄1947年最后拜访了留在南京的小妹美龄后就来到美国定居。从此告别了祖国，再也没有踏上中国的土地。在美国，霭龄依旧习惯于隐居起来，做一个幕后女王。她和孔祥熙先是住在偏僻的里弗代尔独立大道4904号，那里的楼房林立，树木茂盛，显得十分幽静。后来，他们又选中了纽约长岛蝗虫谷的菲斯克巷。这里地处郊区，视野开阔，风景优美，空气清新，最重要的是相当偏僻、安静。可以说是一个世外桃源。当然，这样优美的环境，优越的条件，地价也非常昂贵，可是这对宋霭龄来说显然不成问题。她和妹妹美龄合资在这里一下子购买了37英亩土地，并兴建了一组庄园式的豪华建筑。这里从此成为霭龄享受余生的安乐窝。她延续了自己深居简出的一贯作风，除了至亲好友很少跟外界来往。1967年，孔祥熙去世后，霭龄更加不问世事，几乎完全沉浸在自己的天地之中了。多年以来，霭龄和子文虽然同在美国，但是由于子文和孔祥熙的矛盾，两家互不往来。就连孔祥熙的葬礼，子文也没有参加，更没有安慰和陪伴过霭龄。也许正是由于这些多年的恩怨，霭龄对子文也始终难以释怀。

宋庆龄是宋家唯一的叛逆，她与其他的兄弟姐妹都持有不同的政见，因而在国民政府时期就与他们来往不多。那时，她的处境颇为艰难。但是，当蒋介石败逃台湾之后，宋家那些曾经得意风光的人物都离开了大陆，开始了寄居他乡的生活。只有庆龄义无反顾地留了下来，共产党和人民对这位忠实的朋友相当尊重，给予了她极高的荣誉和地位。在新中国成立后，她被任命为国家副主席，这已经超越了宋家任何一员所取得的成就。1971年，宋子文逝世时，庆龄正在北京。当时席卷全国的轰轰烈烈的“文化大革命”正在走向尾声，庆龄并没有为此受到很大的影响。

跟随蒋介石败退台湾的宋美龄依然稳坐着第一夫人的宝座。虽然蒋介石一直在培养长子作为自己的接班人，蒋经国也已于1969年担任行政院副院长，开始掌握实权，但是宋美龄的影响力仍然不减。无论是蒋介石还是蒋经国都对她的建言献策青睐有加。尽管台湾在国际上的处境每况愈下，连美国这个最牢固的靠山也开始松动，但是这些丝毫没有影响到美龄在台湾的舒适生活。她和美国的大姐霭龄常有联系，她们一直保持着亲密的关系。

得到宋子文去世的消息，三姐妹反应不一，各怀心事。宋庆龄立即回复接受邀请。但由于中美没有正式建交，无法直接由北京飞赴美国，只能想办法租包机前往。宋美龄也同意来美，并很快飞到了夏威夷，稍事修整后，计划4月27日飞抵纽约。而就在美国的宋霭龄也表示要参加葬礼。

但随即事情就发生了戏剧性的变化。蒋介石在得知宋庆龄将赴美后立即给已经抵达夏威夷的宋美龄拍发急电，指示“勿入中共统战圈套，停止飞赴美国参加葬礼”。宋美龄进退两难，一边是骨肉相连的亲情，一边是丈夫的政治利益，实在不好取舍。无奈，她只好先在夏威夷滞留几日，以观形势。同时，宋霭龄左思右想，还是觉得不够妥当，干脆以身体不适为由，通知宋子文家属，决定不来参加葬礼。就在葬礼前一天，中国政府来电，由于租不到包机，宋庆龄无法飞赴美国参加宋子文的葬礼了。得到这个消息，尼克松赶紧通知宋霭龄和宋美龄，希望她们能够来纽约参加葬礼，毕竟这是他们姐弟、兄妹见面的最后机会了。但是，滞留夏威夷的宋美龄在与蒋介石商议后，还是觉得此事有政治圈套的可能，最终决定宋美龄不予出席。为了“党国事业”，宋美龄只好再次牺牲了亲情，放弃与哥哥的最后一面，匆忙返回台湾。而美国的宋霭龄这时也对此事发生了怀疑，她对是否参加葬礼一直犹豫不决，直到举行葬礼的当天上午还没有决定。为了等候宋家最后一位可能前来的亲属，宋子文的葬礼改在下午举行。可是宋霭龄直到最后一刻也没有出现。就这样，宋家的最后一次聚会以失败而告终。政治意见的分歧和经济利益的纠葛使这个昔日无比辉煌的家族最终分崩离析。甚至至死，他们也没有找回儿时浓浓的骨肉亲情。这不能不说是一大悲剧。连尼克松都感慨地说：“我真不理解你们中国人!”

最终，除了张乐怡和他们的子女，参加宋子文葬礼的只有弟弟宋子良和其他一些朋友。

宋子文的灵柩曾停放于纽约州北部的佛恩崖公墓的地下室，当时的考虑是“以备将来安葬”。因为宋子文生前一直希望能够叶落归根，他对祖国还是充满了感情。据他的外孙冯英祥说，他曾经多次找到许多美国政要，与他的老朋友们商议他回国的可能性。但是，由于各种条件所限，一直未能成行。这可能也是他的一大遗憾。在亲人稀少的葬礼后，宋子文最后被安葬在纽约北部的芬可利夫墓园。在那里，他终于抛开了一切烦恼，安静地享受他的世界了。

第十章

独留青冢向黄昏——身后故事

遗产谜团

宋子文逝世后，纽约的报纸报道：宋子文的家产仅有“一百万美元”。这笔钱将分给他的妻子和孩子们。这样的报道根本不能为人们所相信，因为这位被称为“世界首富”的人物不可能最终落魄到这种地步。大家都只当这是为了掩饰真相而作出的漏洞百出的谎言，因而一笑置之罢了。

但是，有的报道又绘声绘色地描述，宋子文在美国的理财并不成功。他将大笔的资金投资到股票当中，可是，显然他炒股的技术远没有主持财政那么熟练。巨额财富就这样被吸入股市不见了踪影，在股票上宋子文损失巨大。甚至有一次为了弥补股票的亏空，他曾经将位于纽约第五大道的豪宅以 28 万美元的价格向银行抵押。如此说来，似乎宋子文没有为家人留下巨额遗产也合情合理。

根据最近公开的宋子文档案记载，1940 年时他的财产为 200 万美元，1971 年逝世时为 800 万美元，除去遗产税等，他留给夫人张乐怡的财产只有 500 多万美元。档案中还有三份他亲笔记载的个人资产统计，1968 年 3 月 30 日统计的他名下的资产合计为 1349299 美元，而存在张乐怡名下的资产为 1125986 美元。

在宋家人的记忆中，宋子文在美国的生活并不像外界想象得那样奢华，他们都觉得宋家只是一个普通的家庭，而宋子文留给他们的也并非什么巨额财富。在宋子文逝世后，他的家人平分了他在美国的股票。

2006 年 6 月 18 日，宋子文的外孙冯英祥第三次回到上海，这次他带着儿子参观了宋家故居。他说：“我不能想像宋家居然曾有那么大的花园，我不能想象我的外祖父以前住那么大的房子，他后来在纽约住的房子大概是上海房子的五分之一都不到。”

2008年3月23日，宋子文的长女宋琼颐已经年逾八旬，阔别祖国60年后她首次回国，抵达上海。在接受采访时她说：“我们是很普通的家庭，我的父母希望我们和其他人一样，所以我们从来没感觉到宋家很特殊。”

而面对众多有关宋家巨富的传闻，宋子文的外孙冯英翰则感觉不可思议。他说：“如果我们有这样多的财富，我们现在就不会这样努力工作了”，他还回忆说1971年外祖父宋子文去世时，纽约州政府曾对宋子文经济状况进行过一次调查，“因为纽约州政府要收取房产税、遗产税，他们应该很希望发现外祖父有很多财富，但让他们很失望，跟外界传言与《宋家王朝》里所说的相比，外祖父的财富要少得多，纽约州政府的这个调查结果也已公开”。

尽管一直笼罩在巨额遗产继承人的光环之下，宋子文的家人们却依旧过着平凡的生活。他的长女琼颐，与冯彦达结婚；次女曼颐，嫁给了余经鹏；小女瑞颐，夫君是杨成竹。他们都早就定居美国，有的从政，有的从商。宋子文去世后，他的夫人张乐怡留在美国安度晚年，她依然偏爱中式服装，喜欢自己挑选布料，然后按照固有的模板定做衣服。张乐怡晚年得了帕金森症，她的女儿们对她一直悉心照料。1988年，张乐怡在纽约病逝，终年79岁。

尽管已经离开中国三十余年，但是张乐怡仍然对故乡充满了感情。她生前曾多次表示，她很关心大陆的发展，尤其是家乡庐山的变化，作为炎黄子孙，她希望有生之年能回到大陆，对于海峡两岸的统一大业她也给予了很多关注。在她去世后，身为纽约“华美协进社”主席的长女宋琼颐也积极投身中美两国的文化交流，以此来告慰父母。1993年1月，她主办了“末代皇帝生平文物展”活动，并联系到北京博物馆，商借了一批溥仪使用过的文物展出，通过这个活动来宣传祖国——中华人民共和国的空前发展。这个爱国之举受到了纽约广大华人的热烈欢迎。另外，母亲患病后，宋琼颐还担任了美国帕金森症医学研究基金会理事。

在宋子文的9个外孙中，只有冯英翰、冯英祥兄弟住在美国，其他外孙则分别住在香港和菲律宾。在他们的印象中，外祖父只是个慈祥的老人，而并不是什么特殊的人物。

冯宋琼颐的长子冯英翰儿时曾经看到外祖父与罗斯福、丘吉尔等一些政要的合影，当时他猜想，“外祖父也许是位重要人物”，但他从未向宋子文求证，也没有缠着大人刨根问底。后来，随着年龄的增长，他开始接触到宋子文的历史。他说：“在我15岁时，我看历史书，才知道外祖父是一位重要人物。但对我而言，他只是我的外祖父”。

1975年，宋子文逝世四年以后，他最为亲近的外孙冯英祥进入宾州大学学习政治学，他对外祖父的那段历史很感兴趣，他说“选择政治学也许是受外祖父的影响”。现在，冯英祥和父亲冯彦达一样从事与银行相关的理财投资规划。他在瑞士信贷银行负责管理工作。

冯英祥并不认为自己来自一个特殊的家庭，这与他母亲的看法很一致。他说：“经过五六十年后，在美国的企业界，很少有人注意到我来自宋家，更重要的是要靠个人后天的努力。”但是，他并未忽略对孩子们进行家族历史的教育，他的两个儿子长子冯永康和小儿子冯永健都已经成人，他说：“我常常鼓励我的两个儿子，让他们了解祖先过去所做过的事情，我希望他们对宋家历史多了解一些。”

看来，在家人们看来，宋子文留给他们最重要的不是财富，而是一段惊心动魄的历史。

微妙的评价

宋子文毕竟是曾经在美国叱咤风云的人物，他的去世轰动一时。尽管当时尼克松总统正在积极与新中国接触，同时逐渐冷却与台湾的关系，他还是给蒋夫人和蒋总统发了一封唁电，称：“他报效祖国的光辉一生，特别是他在第二次世界大战期间为我们共同的伟大事业所作的贡献，将永为美国朋友们铭记不忘。和你们一样，我们感到他的逝世是一个损失。”这份唁电将对宋子文的评价集中于第二次世界大战期间，从而不露痕迹地将他在此前后的令美国不满的种种言行忽略不提。表面上看来，似乎这已经浓缩了宋子文生命中最出色的表现，但是人们仍然可以感觉到这个微妙的评价背后隐藏的不露声色的深刻含义。

1971 年 4 月 27 日，正是当年大肆刊登宋子文贪污、挪用公款消息的台湾《中央日报》以第一版的版面报道了宋子文去世的消息，同时还颇为正式地附上了宋子文的遗像。为了显得对宋的重视，第三版上还特别刊载了《宋子文事略》，对于宋的一生给予略述和评价：“宋故院长一生热爱祖国，于北伐、抗战与戡乱诸役，或主持政府度支，或折冲于国际坛站，或主持中央与地方政府，皆有重大贡献……大陆局势逆转后，他出国赴美。在旅美期间，仍时以祖国情况为念。”这个评价看起来似乎较为高调，但是实际上，国民政府即无高规格的表示，也没有向孔祥熙的待遇标准看齐，由官方出面在台湾举行追悼大会，更没有派政界要人或至亲赴美国参加宋子文的葬礼。唯一的荣誉是由蒋介石“颁挽”了一块匾额，上面题有“勋猷永念”四字。

至于宋美龄没有赴美参加葬礼的原因，据台湾当局发言人称，宋美龄原打算赴美参加葬礼，在“获悉”中共方面可能派宋庆龄赴美时，“立即决定取消此行”。看来，宋子文的去世并没有让蒋介石和美龄放松对中共的警惕，在他们心中，亲情仍然无法战胜政治。

当宋家在纽约为子文举行追思礼拜时，台湾方面出席的只有台湾驻美“大使”刘锴。作为宋子文的同学、好友，顾维钧高度赞誉了宋子文在外交方面的突出成就。他在追思礼拜仪式上致词称“宋先生猝然逝世，我们莫不震惊！不论在国内，或在国际，宋氏令誉将永垂不朽。宋先生对废除清廷与外国签订的治外法权，及领事裁判权等不平等条约的贡献，是最值得赞美。”

宋子文在美国的挚友杨曼也致辞说：“当第二次世界大战期间，宋先生曾有效而且富有想像力地处理不可缺少的美援事务。又宋先生率领代表团在旧金山签字于联合国宪章，无异说服其他大国领袖，使其相信，曾经为人类历史主要贡献者之中华民族，将来有权与当时列强居于平等地位，这方面担任主角。”

虽然也不乏亲朋，但是这样的简单场面显然无法与孔祥熙逝世时的排场相比。在台北举行的孔祥熙追思礼拜上，蒋介石亲自到场，当时的副总统严家淦主持，由国民党中央执行委员会秘书长谷凤翔宣读蒋介石手撰的《孔庸之先生事略》。随后，台湾各界代表纷纷前往拜祭，场面热闹一时。

虽然同为蒋介石的至亲，也同是寓居他乡，被开除党籍的国民党政要。宋子文身后得到的荣耀与孔祥熙相比可谓天上地下，不可同日而语。不论生前多么显赫，这两个争斗了一辈子的对手仍然无法摆脱生命的自然规律，不论在世时怎样互相憎恶，他们最终还是拥有了相同的归宿。在这一点上，他们没有胜负之分。

宋家集体谢幕

宋子文在宋家兄弟姐妹中第二个去世。此后，国际局势发生了重大变化。1972 年 2 月 21 日，尼克松总统访问北京，与新中国领导人会谈。27 日，中美在上海发表联合公报，双方都申明了只有一个中国的立场。经过多年的谈判，1978 年 12 月 16 日，中美达成一致，签署建交公报。随着中美关系翻开新的一页，宋家也被历史的车轮远远地抛在了后面。连政治生命最长的美龄也已经悄悄隐退，叱咤中国政坛几十年的显赫家族终于集体谢幕。

霭龄是家族中最为低调的一个，却是最有影响力的人。她在国民政府时期在很大程度上左右着宋家的每一个人，当然，庆龄除外。霭龄的丈夫孔祥熙和妹夫蒋介石都对她推崇备至，妹妹美龄更是将她视为偶像，言听计从。通过他们，霭龄虽然从不出面，却实际上掌握着巨大的权力。然而，当蒋介石在解放战争中的败局无可挽回之时，霭龄却和孔祥熙一起远赴美国，开始了隐居生活。除了偶尔与至亲好友联系外，她很少抛头露面，这也是她一贯的作风。在孔祥熙去世后，霭龄就更加深居简出了。人们很少听到关于霭龄晚年活动的消息，在宋子文葬礼上见到她的期望也都落了空。从此，霭龄似乎人间蒸发了一样，杳无声息。宋子文去世两年以后，1973 年 10 月 19 日，宋霭龄在纽约哥伦比亚长岛医院去世，终年 85 岁。

1972 年 2 月 21 日，尼克松总统访问北京，与新中国领导人会谈。

与霭龄相比，庆龄的晚年过得多姿多彩。虽然没有子女，庆龄身边却一直围绕着众多的挚友和追随者。作为孙中山的遗孀，庆龄并不像她的姐妹们那样爱慕金钱和权力，她只是执著地为了国家和民族的振兴，为了自己的信仰而不懈追求。她赢得了其他宋氏家族成员都无法望其项背的尊敬和荣誉。

庆龄在 60 年代收养了两个养女，她们的英文名字叫约兰达和珍妮特，是庆龄警卫员的孩子。她们的父亲在与红卫兵发生不愉快的经历后喝酒过量死亡。于是，在庆龄快七十岁时，她有了两个女儿。在以后的 15 年里，她尽心竭力地培养她们，珍妮特被送到康涅狄格州哈尔福特市圣三一学院学习。约兰达成为了电影演员。

庆龄在中国大陆度过了享有盛誉的晚年，新中国成立时，她被任命为中央人民政府副主席。50 年代，她成为仅次于毛泽东的中华人民共和国副主席。在生命的最后岁月里，她被任命为中国的名誉主席，成为中共党员。但是荣誉的取得是经过痛苦的过程的，正如她在接受作家韩素音采访时所说：“我们必须学会武装自己，防范自我毁弃。”

宋庆龄对于家族成员其实一直都十分想念，尤其在晚年的时候，她越发惦记远在美国的亲人们。1979 年，她在给老朋友理查德·杨的信中写道：你有没有见过戴维（指孔令侃，宋霭龄和孔祥熙的长子），同他谈过话吗？我所有亲属的地址都没有。最近听上海的一个老朋友谈起，子安（她最喜欢的小弟弟，已故）的妻子婷婷（胡其瑛）嫁给了一个埃及人，大约六七年前，我亲爱的小弟弟在香港突然去世之后，她就到美国斯坦福大学去念书了。他们有两个儿子，但我从来没有见过他们，因为子安是战时在美国结婚的。

后来我又听说我的第二个弟弟子良病得很厉害，自己的积蓄已经花光了，现在靠亲属赡养他。战时我同这位单身的弟弟同住，后来他同银行家席德懋的女儿结了婚，也是在美国，我也没有见过这位弟妹。……但我知道他们有一个女儿，他非常宠爱她……

此后不久，经过多方努力，庆龄终于与胡其瑛取得了联系。为此她非常高兴，她说："婷婷终于把子安的照片寄给我了。我真难以相信他已经离开了我们！他是我的多好的弟弟，他从不伤害任何人。对他的猝然去世，我止不住掉泪。"

庆龄与在美国的弟弟子良也偶有联系，在庆龄因病住院期间，子良还曾经从纽约州哈里森来电慰问说："获悉你患病在身，不胜难过。为你的健康祈祷。"

1981年5月29日，宋庆龄在北京因病逝世。为此，中国共产党中央委员会、中华人民共和国全国人民代表大会常务委员会、中华人民共和国国务院联合宣布："我国爱国主义、民主主义、国际主义和共产主义的伟大战士，杰出的国际政治活动家，卓越的国家领导人，中华人民共和国名誉主席，中华人民共和国全国人民代表大会常务委员会副委员长宋庆龄同志因患慢性淋巴细胞性白血病，于1981年5月29日20时18分在北京逝世，终年90岁。宋庆龄同志的逝世，是我们国家和全国人民的巨大损失，决定为宋庆龄同志举行国葬，以表达我国各族人民的沉痛悼念。"

治丧委员会向庆龄的亲友们发出了通知，请他们前来参加丧礼。其中有宋美龄、孙科夫人、宋子良及夫人、宋子文夫人、宋子安夫人、蒋经国、蒋纬国以及宋霭龄和孔祥熙的子女孔令侃、孔令杰、孔令仪、孔令伟等。另外，为使台湾的亲属能够顺利抵达，治丧委员会还特别通知，台湾中华航空公司的专机可以在上海或北京的机场任意降落，来京人员费用由中国方面负责。这本是一个缓解宋家矛盾的最好机会，也是告慰故者的最好方式，但是结果却并不遂人意。

孙科夫人陈淑英给庆龄敬献了花圈，上面写道："沉痛哀悼亲爱的妈妈——儿媳陈淑英敬挽。"宋子良及夫人，宋子安的夫人，大弟宋子文的长女则从美国发来唁电。只有台湾的宋美龄没有任何表示，实际上，台湾电信局根本就拒绝接收中共方面拍去的电报。也许美龄没有想到二姐其实一直都想念着她。

虽然庆龄与美龄的政见完全不同，并且庆龄一直坚决地反对蒋介石，但是她对妹妹的感情却依然深厚。邹韬奋的夫人沈粹缜曾经回忆，庆龄希望美龄能到北京来。沈说："宋庆龄有一个未能实现的愿望。她很思念美龄。她告诉我，如果美龄来了，觉得住在她家里不方便，可以安排她住到钓鱼台（国宾馆）去。她把许多细节都想到了。现在她已经故去了，但我还要把话传给宋美龄：她姐姐思念她，甚至于想到她可以在哪儿住。"

6月3日下午4时，宋庆龄追悼大会在人民大会堂召开。中共中央总书记胡耀邦宣布大会开始。邓小平在悼词中说："宋庆龄同志鞠躬尽瘁，七十年如一日，把毕生精力献给中国人民民主和社会主义事业，献给世界和平和人类进步事业。她在任何情况下都保持着坚定的政治原则性，威武不屈，富贵不淫，高风亮节，永垂千古。尤其难能可贵的是，她跟随历史的脚步不断前进，从伟大的革命民主主义者成为伟大的共产主义者。中国共产党和党的领袖毛泽东、周恩来、刘少奇等同志，很早以前就把她当作自己的亲密的战友、同志和可敬的无产阶级先锋战士。宋庆龄同志逝世前不久，被接收为中国共产党正式党员，实现了她长时期来的夙愿。这是宋庆龄同志的光荣，也是中国共产党的光荣。宋庆龄同志永远活在中国各族人民心中，永远活在中国共产党人心中。"根据庆龄的遗愿，她被安葬在上海万国公墓她父母的墓地旁，斗争了一生的庆龄终于回到了她的亲人身边。

庆龄用毕生的艰苦奋斗和顽强毅力赢得了她最大的荣誉。虽然她在宋家屡遭排斥，但是却在最后用事实证明了她坚持的正确。

与庆龄晚年的备受尊敬不同，美龄虽然极力保持自己在台湾政坛的地位，但仍无奈地败下阵来。

1950 年来台后，美龄心中就充满了失落和苦闷，好在不久她就找到了一个很好的排遣方式。她说："我晚上未能入眠时，就画画。"这个爱好帮助她打发掉很多时间，也让她能够暂时忘掉许多不快。因此，她潜心钻研，技艺提高很快。70 年代初，她先后出版了兰、竹、山水、花卉四本画册，蒋介石对于爱妻的作品颇为赞赏，他在《山水集》的序言中评价说："虽清逸处落笔草草，而灵气浮动：沉厚处则笔墨苍深，气象宏大。"在另一本《花卉册》的序言中他又称赞美龄的画作："笔墨沉酣，敷色古艳，质象淳朴自然，经犹之璞玉浑金、光华内敛、神韵自高，非尽力学所可至也。"

当然，在作画的同时，美龄并没有改变对于政治的热衷。她仍然坚定地支持蒋介石。从某种程度上来说，蒋氏的权力也就是她权威的代表。1966 年 5 月 19 日，她参加了美国国会议员眷属联谊会，在发言中她说："我们如以同样公平的心地，超然的观察，不存辩护之心，亦无厌恶烦腻之感，而是注意'共匪'方面的诽谤诋毁分子及其代言人过去和现在说'蒋总统'如何如何，我们可以说，不论他有什么瑕疵，历史和有良知的人都将在记录和口头上说蒋介石'总统'不仅是目标统一不二的伟大爱国者，而且也是一位天赋睿智的人。他的真知灼见超越了狭隘的民族主义，这可以从一件事得到证明，他很早就对斯大林，'毛匪'及其共党所实行的马列主义的性质及他俩有深切的认识，并向世人提出了警告。当共产主义还只是一种批判性的学术课题，供给那些假知识分子和富有阶级在起居室和客厅里作一种聊天的话题时，为共产主义的狂热与阴险跟虚无主义与无政府主义混淆不清时，他早向世界揭示共产主义的真面目。在共产主义变成今日世界普遍流行的毒害及造成如许痛苦、不幸、纷乱与失望以前，他早已认清了共产主义的性质。它是本世纪中心问题，也是对政治认识未成熟者的欺骗。'蒋总统'在对种种邪恶势力作战之中，充分表现了他那坚定不移和始终一贯的毅力。”

美龄是蒋介石忠实的拥护者和支持者，她当然希望能够一直在丈夫权威的保护之下，但是她仍然无法阻挡岁月的流逝。1975 年 4 月 5 日深夜，89 岁的蒋介石在台北病逝。不久，‘副总统’严家淦继任‘总统’，蒋经国当选为国民党主席，此时台湾政权已经实际上掌握于蒋经国手中。从此，台湾进入蒋经国时代。痛失夫君的美龄留在台湾已经毫无意义。1975 年 9 月 17 日她飞赴美国，名义上是去美国治病，但她除了在蒋介石逝世周年回台祭奠外，在美国居住长达 11 年。

临行前，宋美龄就此次赴美发表了“赴美就医行前书面谈话”，其中她回顾了多年来亲人相继去世给自己的沉重打击，她说：“近数年来，余迭遭家人丧故，先是姊妹夫庸之兄去世，子安弟、子文兄相继溘逝，前年霭龄大姊在美病笃，其时，‘总统’方感不适，致迟迟未行，追赶往则姊已弥留，无从诀别，手足之情，无可补赎，遗憾良深，国难家忧，接踵而至。二年前，余亦渐染疾，但不遑自顾，盖因总统身体违和，医护唯恐稍有怠忽，衷心时刻不宁，总统一身系国家安危，三民主义之赓替，‘中华民国’之前途，全担在其一人肩上，余日夜侍疾，祷望‘总统’恢复健康，掌理大事，能多一年领导国家，国家即能多一年扎实根基，如是几近三年，不意终于舍我而去，而余时身在长期强撑坚忍，勉抑余之悲痛，及今顿感身心惧乏、憬觉确已罹疾，亟须医理。”

来到美国后，美龄住在孔令侃的一栋别墅中，这座古老的住宅位于纽约长岛蝗虫谷附近的拉丁镇，占地 15 顷。在这座偏僻的府邸中，美龄开始了一段几乎与世隔绝的生活。她很少会客和外出，只是在家中写字、作画、看报纸、读《圣经》。

洋派作风的宋美龄人到晚年更加醉心于中国画，这成了她的一大精神寄托。她说：“在全世界的艺术中，中国画是独一无二的，因为画与诗融为一体，两者使中国文化更加丰富。对中国画有素养的人们，都能涵泳于画中，所传达的一种幽美，沉静的音韵，与蕴藏着的无比智慧。中国画的特色，由于深涵诗意与灵感，更含有的文学性，并且有深刻的和谐性，且又能使人们感受平静的吸引力，此即中国画之能超国界的特质。”

每周宋美龄都要坚持做礼拜，通常她的祷文是：“哦！主啊！请接受我的全部自由、我的记忆、我的了解和我整个的意志。所有我的存在，我所有的一切，都是你赐予我的。现在我愿将它还给你，凭你的意志处置。只要将你的爱你的仁慈赐给我，有了这些，我便足够富有，我不再奢求其他。”

在这样看似平静、悠闲的日子里，宋美龄其实并没有忘记失去亲人的痛苦，更没有忘记关心台湾的局势。1978 年蒋经国就任台湾第六任“总统”，他邀请美龄回国参加就职典礼并拜祭蒋介石。虽然美龄宛然拒绝了邀请，但她在 4 月 1 日给蒋经国的电文中表达了对蒋介石的深深怀念。她说：

经国览：

三月廿七、廿九来电均悉。父亲去世三年之期将届，在此三年中，余每倏而悲从中来，上年返回士林，陈设依旧，令我有紧紧人去楼空之感，以往？常之言音足声皆冥冥肃然，不禁唏嘘。余与父亲除数次负任去美，其他时日相伴近百年岁，尤以诸多问题，有细有巨均不惮有商有量，使彼此精神上有所寄托，二人相勉，所得安慰非可形诸笔墨。自恃余对我之生父，相处总共仅仅短短九年余，因我八岁即离家来美求学。返国后年余被即弃养与余母亲相处总共只十七年，即与父结褵，可谓自龀龄启蒙，最亲近最长久伴侣，兼相依为命者，乃父亲耳……

从中可以看出，虽然蒋宋的结合从一开始就掺杂着政治的成分和目的，但是两人相伴多年产生的深厚感情也是不容置疑的。

1986 年是蒋介石的百年诞辰。10 月，宋美龄终于从美国返台参加纪念活动，并在台湾发表了题为《我将再起》的专文。这个题目引起了广泛的关注和猜测。人们认为宋美龄可能有再次复出的打算。蒋经国也将美龄的故居士林官邸修缮一新，为美龄在台湾长期居住做好了准备。

20 世纪 50 年代初的蒋经国，巡视中部横贯公路的施工情况。

可是，就在美龄回到台湾一年多以后，台湾政局又发生了动荡和巨变。1988 年 1 月 13 日下午 3 时 50 分，78 岁的蒋经国突然病逝，继任者之争由此展开。这次，宋美龄的余威没有对国民党产生决定性的影响，尽管她对于党主席的推举办法颇为不满，可是李登辉仍然如愿登上宝座。从此，蒋家王朝彻底成为历史，反蒋言论也开始在民间萌芽。这令宋美龄非常懊恼，却无计可施。就在她处境窘迫时，打击接踵而来。1989 年 4 月 14 日长孙蒋孝文病故，1991 年 7 月 1 日，次孙蒋孝武（蒋经国次子，前“驻日代表”）暴病身亡。已经 95 岁高龄的宋美龄身体情况也每况愈下。自从 1989 年 1 月接受卵巢良性肿瘤切除手术之后，她的视力、听力、记忆力均严重衰退，进食也渐渐成了问题。这些都使她感到不堪重负。

1991 年 9 月 26 日，宋美龄再次离开台湾，到美国居住。这次赴美宋美龄携带了 100 多箱行李，做好了长期定居美国的准备。此后，除了孔家甥辈过世外，她没有再回过台湾，从此彻底结束了自己的政治生涯，淡出了人们的视线，专心地颐养天年。

台湾的报纸曾有过这样的评论：她告别这块土地，带走了“蒋家王朝的最后一片云”，也带走了“一个渐行渐远的年代，为蒋氏家族在台湾政坛的影响力划下了句点”。

1994年以后，宋美龄长居纽约。后来，她又搬到了曼哈顿一栋老公寓的9楼，这里面对公园，临近东河，虽然位于中心位置，但环境幽雅。更令宋美龄满意的是，孔令仪和她的夫婿黄雄盛就住在附近的第五大道公寓中，他们可以经常来照顾她。就在此后几年中，宋美龄的三个晚辈孔令侃、孔令伟和孔令杰相继辞世，这使她的晚年生活更加孤单。

1995年，美国为纪念第二次世界大战结束50周年举办了众多活动，美国参议院多数党领袖杜尔及参议员赛蒙，分别代表共和党和民主党向宋美龄发出了参加纪念活动的邀请。宋美龄应邀出席了美国国会为她举行的盛大致敬会，会上表彰了她在二次世界大战期间，对中美关系所做的贡献。

2003年10月23日，一生跨越了三个世纪的宋美龄在纽约逝世，享年106岁。她的逝世，引起了国内外的广泛关注。标志了蒋宋王朝的最终结束。

陈水扁颁布褒扬令对宋美龄给予褒扬，原文为：“故‘总统’蒋中正夫人宋美龄女士，资赋颖秀，维四岳之通灵；才慧双修，随百花而诞降。早岁负笈游美，卒业麻州卫斯理女子学院，学贯中西，超群拔萃；相夫弼政，沥胆披肝，历经开国、靖难、剿共、抗战、戡乱等诸役，尤以西安事变，蹈危履险，深入虎穴，厥绩至伟。抗日战争期间，周旋坛坫，应邀赴美国国会参众两院演讲，蜚声海甸，巩固中美邦谊，终至胜利。出席开罗会议，确保我国领土完整，盛誉扬辉，贡献至巨。为我国空军建军，展布新猷；创办华兴育幼院，施爱遗孤；成立‘中华妇女反共抗俄联合会’，恢弘妇权；筹设振兴复健医学中心，泽惠群民。综其生平，跨历三世纪，惠爱在朝野，简册留芬，允垂世范。上寿归真，殊深轸悼，应予明令褒扬，以示政府崇念懿德之至意。——‘总统’忍辱负重的共谋陈水扁。”

美国总统布什则表示：“蒋夫人是美国人民的亲密中国朋友，为她的过世感到难过。”

宋美龄告别仪式在纽约举行，蒋家在这里实现了少有的集会。除了身体健康不佳的蒋方良没能前去外，蒋孝文遗孀徐乃锦、蒋孝章俞扬和夫妇、蒋孝武前妻汪长诗、遗孀蔡惠媚、蒋孝勇遗孀方智怡、蒋纬国遗孀丘如雪，子蒋孝刚以及第三代的蒋友梅、蒋友兰、蒋友松、蒋友柏、蒋友常、蒋友青等都出现在仪式现场。随后，宋美龄安葬于纽约芬可利夫墓园，在那里与她为邻的还有宋子文、宋霭龄和孔祥熙，几个生前没能团聚的家人终于在死后聚到了一起。

随着美龄的最终消逝，宋氏家族的光辉也渐渐熄灭。这个现代中国在世界上最有影响力的家族终于结束了大半个世纪的辉煌演出。在这部情感复杂、情节曲折的宏伟巨制中，有红脸、有白脸、有丑角，也有众多你方唱罢我登场的过客。如今激烈的矛盾冲突已归于平静，大幕缓缓落下，宋家的各色角色集体谢幕！